경복궁
현판으로 읽다

초판발행: 2020년 3월 20일
지은이: 최동군 • **펴낸이**: 서경원 • **디자인&편집**: 나진연
펴낸곳: 도서출판 담디 • **등록일**: 2002년 9월 16일 • **등록번호**: 제9-00102호
주소: 01083 서울특별시 강북구 삼각산로 88 2층 • **전화**: 02)900-0652 • **팩스**: 02)900-0657
이메일: damdi_book@naver.com • **홈페이지**: www.damdi.co.kr

ⓒ 2020 최동군, 도서출판 담디
지은이와 출판사의 허락 없이 책 내용 및 사진, 드로잉 등의 무단 복제와 전재를 금합니다.

정가: 16,000원

Printed in Korea
ISBN: 978-89-6801-096-5
ISBN: 978-89-6801-095-8(set)
이 도서의 국립중앙도서관 출판예정도서목록(CIP)은 서지정보유통지원시스템
홈페이지(http://seoji.nl.go.kr)와 국가자료공동목록시스템(http://www.nl.go.kr/kolisnet)
에서 이용하실 수 있습니다. (CIP제어번호: CIP2020006695)

경복궁
현판으로 읽다

머리말

"아는 만큼 보인다"라는 말 아시죠? 우연한 기회에 경복궁의 모든 현판을 천자문으로 해설한 책을 보았습니다. 그런데 세자의 처소인 자선당(資善堂) 앞에 있는 진화문(震벼락 진/化될 화/門문 문)을 "벼락이 되는 문"으로 설명했더군요. 그러면서 "벼락이 귀하기 때문에 세자를 상징한다"라고 풀이했습니다. 귀한 것이라면 세자가 아니라 오히려 왕을 상징해야 하는 것 아닌가요? 상식적으로 설득력이 매우 부족한 설명입니다.

심지어 광화문(光빛 광/化될 화/門문 문)도 "빛이 되는 문"이며 "이 문을 들어서면 빛이 되라는 의미"라고 설명합니다. 참으로 얄팍한 설명입니다. 그러면서 "창건 당시에는 오문이라 불렸었다"라는 사실관계도 틀린 말을 하고 있습니다. 경복궁 창건 당시의 오문(午門)은 '광화문'이 아니라 '홍례문'입니다. 아무리 그 책이 학생을 대상으로 한 학습용 책이라고는 해도, 이건 아니다 싶었습니다. 성리학(性理學)적 기반 위에 모든 것이 설계된 경복궁을 단순 천자문으로 해설하다뇨? 아인슈타인의 상대성원리를 미적분학이 아니라 산수책으로 풀이하겠다고 나선 꼴입니다.

진화문은 주역(周易)의 기초 이론인 팔괘(八卦)를 모르면 결코 설명할 수 없습니다. 또한, 광화문의 화(化)는 무엇이 되라는 뜻이 아니라 임금의 교화(敎化)를 의미합니다. 그렇기에 모든 궁궐의 정문 이름에는 임금의 교화를 뜻하는 화(化) 자가 들어가 있습니다. 창덕궁은 돈화문(敦化門), 창경궁은 홍화문(弘化門), 경희궁은 흥화문(興化門)이죠. 각각 임금의 교화가 돈독[敦]해지고, 넓어[弘]지고, 일어[興]나라는 뜻입니다. 따라서 광화문은 임금의 교화가 세상을 빛[光]처럼 비추라는 뜻임을 알 수 있습니다.

한자(漢字)는 중국어를 표기하는 중국 고유의 글자(문자)입니다. 원래 글자를 크게 분류하면, 사람이 말하는 '소리'를 기호로 나타내는 것과 말하고자 하는 '뜻'을 시각적으로 전달하는 것으로 나뉘는데, 전자를 표음문자(表音文字)라 하고, 후자를 표의문자(表意文字)라 합니다. 로마자(알파벳)나 한글 등은 '소리'를 표기하는 표음문자에 속하고, 그에 반해 이집트 상형문자나 한자는 그 '뜻'을 표기하는 표의문자에 속합니다.

우리 민족은 세종대왕의 '훈민정음' 창제 이전까지만 해도 우리말을 표기할 독자적인 문자가 없었습니다. 따라서 문자 생활을 위해서는 부득불 한자로 표기해야 했는데 이로 인해 발음하는 '말'과 표기하는 '글'이 완전히 일치하는 않는 비효율적인 상황이 벌어지게 되었습니다.

또한, 한자는 표의문자의 특성상 글자의 수가 단어의 수만큼 있어야 하는 불편이 있으며, 새로운 단어를 위해서는 새로운 문자를 지속해서 만들어야 했습니다. 그리고 이미 만들어진 수많은 글자를 모두 기억해야만 원만한 문자 생활이 가능하므로, 자유로운 문자 생활을 위한 일정 수준의 한자습득에는 엄청난 시간과 노력을 기울여야 했습니다. 이런 상황을 개선하고자 이두(吏讀)와 같이 한자의 음(소리)과 훈(뜻)을 빌려서 우리말을 표기하는 대안을 마련해 보기도 했으나 상황은 별반 달라지지 않았습니다.

그러던 중 세종대왕은 '훈민정음'이라는 엄청난 선물을 우리 민족에게 안겨주었습니다. 하지만 획기적인 훈민정음의 창제 이후에도 이 땅에서는 한자의 사용이 전혀 줄지 않았으며, 국가 공식문자의 지위에도 변함이 없었습니다. 그 이유는 조선의 국가운영 시스템이 전적으로 한자를 기반으로 한 유교 문화에 의해 이루어졌으며, 또한 정신문화의 또 다른 한 축을 담당하고 있던 고등 종교(불교와 도교)의 모든 경전도 한자로 이루어져 있었기 때문입니다.

다행히도 1945년 해방 이후 한자폐지론 및 한글전용론이 급부상하여 그 결과 현재는 모든 공문이 한글로만 쓰이고, 신문과 초·중·고등학교의 모든 교과서에서 한자의 노출 표기가 없어지는 등 한자 없는 한글 사용환경이 어느 정도 구축되었습니다. 그러나 해방 이전까지의 우리 전통문화는 대부분이 한자로 기록되어 있으므로 우리 고유의 문화임에도 불구하고 한자를 모르면 전혀 이해가 안 되며, 한자를 제대로 배우지 않은 현세대는 우리 고유의 전통문화로부터 점점 이방인이 되어 가는 것이 지금의 안타까운 현실이자 불편한 진실입니다.

한학(漢學)을 따로 공부한 적이 없는 저 역시도 한자로 기록되어 있어서 이해가 어려운 우리의 전통 문화재를 문화답사 현장에서 많이 접해 왔습니다. 그러나 한자를 잘 모른다고 언제까지 한탄만 하고 있을 수만은 없었습니다. 다행히도 인터넷 강국인 우리의 IT 환경은 온라인 한자 사전 등을 이용하여 한자 해독에 많은 도움을 주고 있습니다. 이에 저는 한자로 표기된 문화재 본래의 참뜻은 유지하되 최대한 쉽게 풀어내어 한국인으로서의 정체성을 확고히 하면서 그 결과물을 일반 대중들과 함께 나누는 작업에 작은 보탬이 되고자 개인 차원의 장기 프로젝트를 추진하게 되었으며 그 첫 번째 결과물이 바로 이 책입니다.

이 책은 경복궁의 현판만을 설명한 것이 아니라 중국 자금성의 주요 전각에 대한 부분도 간략하게 설명을 곁들였습니다. 그 이유는 같은 한자 문화권 국가의 궁궐들을 서로 비교·분석해 봄으로써 우리 궁궐의 의미가 한층 더 뚜렷이 나타날 것을 기대했기 때문입니다. 그뿐만 아니라 앞으로도 추가 작업을 통해 경복궁 이외의 조선 궁궐과 국가 사당, 향교와 서원, 불교 사찰, 고택 등의 현판과 문화재급 비석, 각석의 한자에 대해서도 노력을 이어갈 것입니다.

끝으로 항상 저의 모든 작업을 지원해준 내 인생의 절반인 아내 원지연과 더불어, 언제나 따뜻한 내리사랑을 주시는 양가 부모님들께 감사드리며, 15권째의 졸고가 세상의 빛을 볼 수 있도록 10년째 지속해서 지원을 아끼지 않은 담디출판사의 서경원 사장님과 직원분들께도 고맙다는 말씀을 전합니다.

2020. 2. 14. 늦은 밤, 파주 운정 자택에서
저자 최동군

•• 차례

머리말 _4

궁성(宮城)과 궁문(宮門) _14

 경복궁(景福宮) _16

 광화문(光化門) _21

 건춘문(建春門) _25

 영추문(迎秋門) _27

 신무문(神武門) _30

 계무문(癸武門), 광무문(廣武門) _33

 협생문(協生門), 용성문(用成門) _37

 수문장청(守門將廳) _43

 영군직소(營軍直所), 초관처소(哨官處所) _46

흥례문(興禮門) 일원 _52

 흥례문(興禮門) _54

 영제교(永濟橋) _61

 유화문(維和門), 기별청(奇別廳) _67

 덕양문(德陽門) _72

근정전(勤政殿) 일원 _74

 근정문(勤政門), 근정전(勤政殿) _76

 일화문(日華門), 월화문(月華門) _81

 융문루(隆文樓), 융무루(隆武樓) _85

사정전(思政殿) 일원 _90

 사정문(思政門), 사정전(思政殿) _92

 만춘전(萬春殿), 천추전(千秋殿) _95

협선당(協善堂), 용신당(用申堂) _100
천자고(天字庫) ~ 월자고(月字庫) _104
사현문(思賢門), 연태문(延泰門) _107

자선당(資善堂) 일원 _110

중광문(重光門) _112
진화문(震化門) _115
길위문(吉爲門) _120
자선당(資善堂) _124
이모문(貽謨門) _126
비현각(丕顯閣) _128
숭덕문(崇德門) _132
삼비문(三備門) _134
미성문(美成門) _137
이극문(貳極門), 구현문(求賢門) _139

강녕전(康寧殿) 일원 _142

향오문(嚮五門) _144
강녕전(康寧殿) _149
연생전(延生殿), 경성전(慶成殿) _152
연길당(延吉堂), 응지당(膺祉堂) _155
청심당(淸心堂), 연소당(延昭堂), 건의당(建宜堂) _157
안지문(安至門), 용부문(用敷門) _161
흥안당(興安堂), 계광당(啓光堂), 수경당(壽慶堂) _164
내성문(乃成門), 지도문(志道門) _167

교태전(交泰殿) 일원 _170

양의문(兩儀門) _172

교태전(交泰殿) _175

원길헌(元吉軒) _180

함홍각(含弘閣) _182

내순당(乃順堂), 승순당(承順堂) _184

보의당(輔宜堂), 체인당(體仁堂) _186

재성문(財成門), 만통문(萬通門) _190

함형문(咸亨門) _192

낙하담(落霞潭), 함월지(涵月池) _193

건순문(健順門), 건순각(健順閣) _195

원지문(元祉門), 연휘문(延暉門) _198

함원전(含元殿) 일원 _200

함원전(含元殿) _202

흠경각(欽敬閣) _204

자안당(資安堂) _207

융화당(隆和堂) _209

대재문(大哉門) _210

선장문(善長門) _212

경회루(慶會樓) 일원 _216

경회루(慶會樓) _218

하향정(荷香亭) _222

이견문(利見門), 함홍문(含弘門), 자시문(資始門) _224

만시문(萬始門), 필관문(必觀門) _232

수정전(修政殿) _238

자경전(慈慶殿) 일원 _240

- 만세문(萬歲門) _242
- 자경전(慈慶殿) _243
- 청연루(清讌樓) _246
- 협경당(協慶堂) _247
- 복안당(福安堂) _249

소주방(燒廚房) 일원 _252

- 복회당(福會堂) _254
- 난지당(蘭芝堂) _255

집경당(緝敬堂)과 함화당(咸和堂) 일원 _258

- 집경당(緝敬堂) _260
- 향명문(嚮明門), 봉양문(鳳陽門), 백상문(百祥門) _264
- 계명문(啓明門), 영춘문(迎春門), 응복문(應福門) _267
- 함화당(咸和堂) _270
- 진덕문(進德門), 승광문(承光門) _272
- 영지문(迎祉門), 창무문(彰武門), 하지(荷池) _274
- 예성문(禮成門), 신거문(辰居門) _278

건청궁(乾淸宮) 일원 _282

- 건청궁(乾淸宮) _284
- 초양문(初陽門), 장안당(長安堂) _288
- 추수부용루(秋水芙蓉樓), 정화당(正化堂) _292
- 함광문(含光門) _294
- 곤녕합(坤寧閤), 옥호루(玉壺樓), 사시향루(四時香樓) _296
- 정시합(正始閤) _302

녹금당(綠琴堂), 복수당(福綏堂) _306

필성문(弼成門), 관명문(觀明門), 취규문(聚奎門) _310

인유문(麟遊門), 청휘문(淸輝門), 경화문(瓊華門) _316

향원정(香遠亭) _320

열상진원(洌上眞源) _324

집옥재(集玉齋) 일원 _328

집옥재(集玉齋) _330

협길당(協吉堂) _334

팔우정(八隅亭) _335

광림문(廣臨門), 유형문(維亨門) _338

태원전(泰元殿) 일원 _342

건숙문(建肅門), 경안문(景安門), 태원전(泰元殿) _344

홍경문(弘景門), 공묵재(恭默齋), 경사합(敬思閤), 유정당(維正堂) _349

영사재(永思齋), 건길문(建吉門), 대서문(戴瑞門) _356

기원문(綺元門), 인수문(仁壽門), 숙문당(肅聞堂) _359

일중문(日中門), 보강문(保康門) _364

사진 협조 및 구입 _366

경복궁 현판 통계

종류	수	현판 또는 주요 시설 이름
전(殿)	12	강녕전, 경성전, 교태전, 근정전, 만춘전, 사정전, 수정전, 연생전, 자경전, 천추전, 태원전, 함원전
당(堂)	30	건의당, 계광당, 난지당, 내순당, 녹금당, 보의당, 복수당, 복안당, 복회당, 수경당, 숙문당, 승순당, 연길당, 연소당, 용신당, 유정당, 융화당, 응지당, 자선당, 자안당, 장안당, 정화당, 집경당, 청심당, 체인당, 함화당, 협경당, 협길당, 협선당, 홍안당
합(閤)	3	경사합, 곤녕합, 정시합
각(閣)	4	건순각, 비현각, 함홍각, 흠경각
재(齋)	3	공묵재, 영사재, 집옥재
헌(軒)	1	원길헌
루(樓)	7	경회루, 사시향루, 옥호루, 융무루, 융문루, 청연루, 추수부용루
정(亭)	3	팔우정, 하향정, 향원정
문(門)	77	건길문, 건숙문, 건순문, 건춘문, 경안문, 경화문, 계명문, 계무문, 관명문, 광림문, 광무문, 광화문, 구현문, 근정문, 기원문, 길위문, 내성문, 대서문, 대재문, 덕양문, 만세문, 만시문, 만통문, 미성문, 백상문, 보강문, 봉양문, 사정문, 사현문, 삼비문, 선장문, 숭덕문, 승광문, 신거문, 신무문, 안지문, 양의문, 연태문, 연휘문, 영지문, 영추문, 영춘문, 예성문, 용부문, 용성문, 원지문, 월화문, 유형문, 유화문, 응복문, 이견문, 이극문, 이모문, 인수문, 인유문, 일중문, 일화문, 자시문, 재성문, 중광문, 지도문, 진덕문, 진화문, 창무문, 청휘문, 초양문, 취규문, 필관문, 필성문, 함광문, 함형문, 함홍문, 향명문, 향오문, 협생문, 홍경문, 홍례문
교(橋)	1	영제교
궁(宮)	2	경복궁, 건청궁
청(廳)	2	기별청, 수문장청
못(池)	4	낙하담, 함월지, 하지, 열상진원
소(所)	2	영군직소, 초관처소
고(庫)	10	천자고, 지자고, 현자고, 황자고, 우자고, 주자고, 홍자고, 황자고, 일자고, 월자고
합계	161	

궁성(宮城)과 궁문(宮門)

경복궁 전경

景	볕	경	1. 볕, 햇빛, 햇살 2. 해, 태양 3. 경치, 풍치, 풍물 4. 바람의 이름 5. 남풍, 온화한 바람 6. 환하다, 빛나다 7. 경사스럽다, 상서롭다 8. 우러러보다, 숭배하다 9. 크다(=京)
福	복	복	1. 복, 행복 2. 제육(祭肉)과 술 3. 폭(幅), 포백(布帛)의 너비 4. (복을) 내리다, 돕다 5. 상서롭다 6. 음복하다
宮	집	궁	1. (왕족의) 집, 가옥 2. 대궐(大闕), 궁전(宮殿) 3. 종묘(宗廟) 4. 사당(祠堂) …

조선 건국 직후 정도전이 한양에 지은 새 궁궐의 이름을 '큰〔景〕 복(福)'이라는 뜻의 경복궁으로 추천한 이유는 태조 4년(1395) 10월 7일 실록 기사 속에 들어있다. 일단 한문으로 된 기사원문〔誦周雅既醉 以酒既飽以德君子萬年介爾景福請名新宮曰景福〕을 이해하기 쉽도록 띄어쓰기를 한 다음, 하나씩 해석해 보자.

誦周雅(송주아) 〔誦외울 송. 周두루 주. 雅맑을 아〕

　(『시경』 속에 있는) 주周나라의 아雅악 부분을 암송誦해 보겠습니다.

-既醉以酒(기취이주) 〔既이미 기. 醉취할 취. 以써 이. 酒술 주〕

　이미既 술로써以酒 취하고醉

　You have made us drink to the full of your spirits;

-既飽以德(기포이덕) 〔既이미 기. 飽배부를 포. 以써 이. 德덕 덕〕

　이미既 덕으로써以德 배가 불렀으니飽

　You have satiated us with your kindness,

-君子萬年(군자만년) 〔君子군자. 萬일만 만. 年해 년〕

　군자君子는 영원토록萬年

　May you enjoy, O our lord, myriads of years!

-介爾景福(개이경복) 〔介낄 개, 爾너 이, 景별 경, 福복 복〕

그대爾의 큰景 복福이 더욱 커지리라介.

May your bright happiness 〔ever〕 be increased!

請名新宮(청명신궁) 〔請청할 청, 名이름 명, 新새 신, 宮집 궁〕

청請컨데 새新 궁궐宮의 이름名을

曰景福(왈경복) 〔曰가로 왈, 景별 경, 福복 복〕

경복景福이라 부르소서曰

경복이라는 이름은 『시경』 대아(大雅) 중에서 생민지십(生民之什) 기취(旣醉)편에 나오는 첫 시구에서 뽑아낸 말이다. 이 중 마지막 부분의 한자 뜻은 介(사이에 낄 개), 爾(너 이), 景(별 경), 福(복 복)인데 소개(紹介)하다 할 때처럼 '사이에 낀다'라는 뜻의 개(介)는 '크게 하다, 돕다'라는 뜻으로도 활용되며 이(爾) 자와 합치면, 결국 당신의 '경복'이 크게 될 것이다. 또는 당신이 '경복'을 이루도록 도와줄 것이라는 뜻이다.

〔介낄 개: 1. (사이에) 끼다, 사이에 들다 2. 소개하다 3. 깔끔하다, 얌전하다 4. 의지하다, 믿다 5. 크다, 크게 하다 6. 작다, 적다 7. 묵다, 머무르다 8. 모시다 9. 강직하다, 굳게 지키다 10. 착하다 11. 돕다〕

그런데 경복의 경(景) 자는 '별'이라는 뜻 이외에 '크다'라는 뜻도 있다. 경(景) 자는 날 일(日) 자가 서울 경(京) 자 위에 올라간 모습이다. 그리고 경(京) 자는 원래 높은 망루의 모습을 나타내는 상형문자다. 높을 고(高) 자도 경(京) 자와 같은 어원에서 나왔는데 높은 망루[京] 밑에 짐[口]을 놓아둔 모습이다. 또한, 경치가 좋은 산꼭대기에

1. 궁성과 궁문
2. 흥례문 일원
3. 근정전 일원
4. 사정전 일원
5. 자선당 일원
6. 강녕전 일원
7. 교태전 일원
8. 함원전 일원
9. 경회루 일원
10. 자경전 일원
11. 소주방 일원
12. 집경당 일원
13. 건청궁 일원
14. 집옥재 일원
15. 태원전 일원

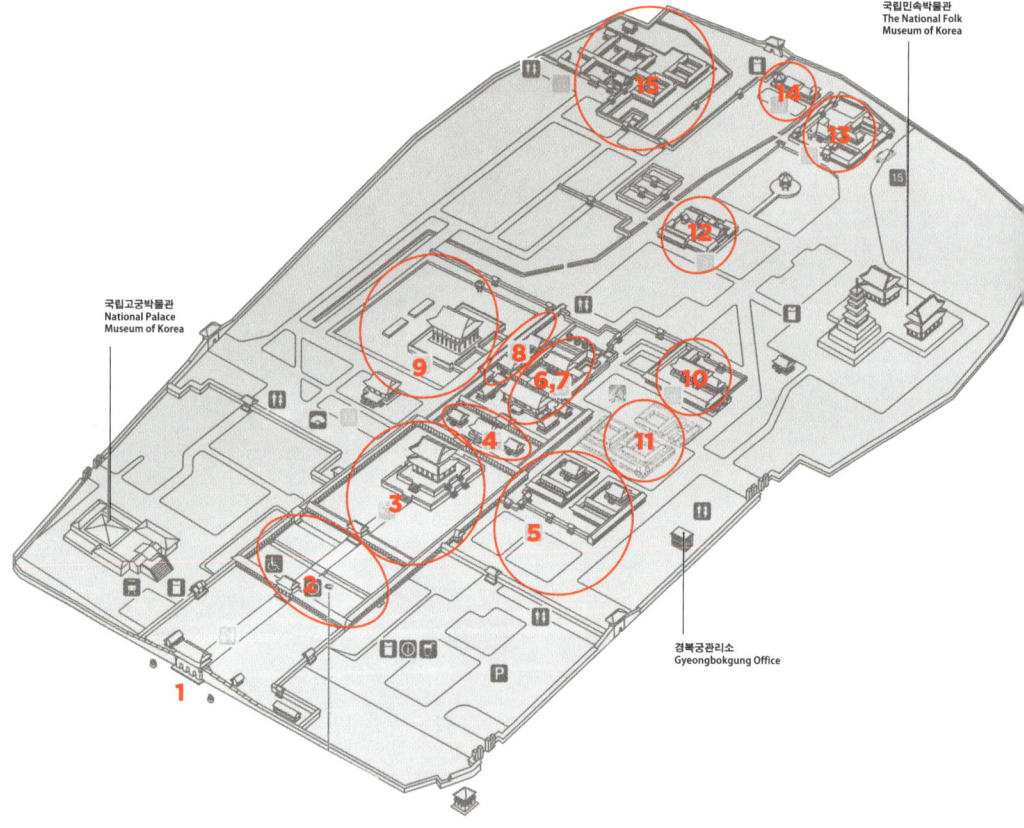

경복궁 배치도

는 어김없이 정자가 들어서 있는데, 정자를 뜻하는 정(亭) 자도 높을 고(高) 자 아래에 소리를 담당하는 고무래 정(丁) 자를 합친 모습이다.

따라서 경(景) 자는 해[日]가 높이[京] 떠 있는 모습이기 때문에 '빛, 경치, 밝다'라는 뜻이 있고, 또한, 해는 크기 때문에 '크다'라는 뜻도 가지고 있다. 따라서 개이경복(介爾景福)의 뜻은 '당신의 밝고 큰 복이 더욱 커질 것이다. 또는 당신이 큰 복을 누리도록 도와드리겠다.'라는 뜻이다. 참고로, 서울 경(京) 자는 '높다'라는 뜻 때문에 누구나 서울로 가는 것을 '올라간다'라고 표현하지, '내려간다'라는 말은 하지 않는다. 한자로는 상경(上京)이라고 한다.

•• 뱀의 발

紫禁城(자금성, 쯔진청, Forbidden City)

紫자줏빛 자	1. 자줏빛(紫朱-) 2. 자줏빛의 옷
禁금할 금	1. 금하다(禁--) 2. 견디다, 이겨내다 3. 누르다, 억제하다 4. 꺼리다 5. 삼가다(몸가짐이나 언행을 조심하다) 6. 위협하다 7. 규칙, 계율 8. 금령(禁令) 9. 비밀 ...
城성 성	1. 재(높은 산의 고개) 2. 성(城) 3. 도읍, 나라, 도시 4. 무덤, 묘지 5. 구축하다, 성을 쌓다 6. 지키다

중국 발음으로는 '쯔진청'이라 하는 자금성(紫禁城)은 명(明)·청(淸) 시대에 중국 황제가 살았던 베이징[北京]에 있는 궁궐이다. 예로부터 중국 황제는 하늘의 아들이라는 뜻으로 천자(天子)라고 불렸다. 따라서 천자의 원래 거처는 당연히 하늘로 여겨졌으며, 하늘 중에서도 1년 내내 볼 수 있는 북극성을 중심으로 하는 영역인데 이를 자미원(紫微垣)이라 불렀다. 그래서 북극성은 황제, 임금을 뜻한다.

따라서 중국 황제의 거처를 가리키는 '자금성'은 자미원을 상징하는 뜻에서

'자(紫)' 자를 뽑았고, 또한 황제의 허락 없이는 그 누구도 접근할 수 없는 금지된 곳이라는 뜻에서 '금(禁)' 자를 뽑았으며, 마지막으로 궁성(宮城)으로 둘러싸인 곳이기에 '성(城)' 자를 뽑았다. 그러나 자미원이라는 동양의 천문학 지식이 없었던 서양 선교사들은 뒤의 두 글자인 '금할 금(禁)' 자와 '성 성(城)' 자만을 각각 '금지된'과 '성벽을 둘러친 도시'란 뜻으로 직역했다. 따라서 자금성은 영어로 Forbidden City, 즉 금지된 도시라는 이상한 뜻으로 번역되어 버렸다.

자금성은 20세기 들어서면서 청 왕조의 몰락 이후 궁궐의 기능을 상실한 뒤로는 고궁박물원(故宮博物院, Palace Museum)이라는 이름으로 오늘날까지 대중에게 공개되고 있는데, 현지 중국인들은 주로 '고궁(故宮)'이라고 부른다.

중국 자금성 전경

光	빛	광	1. 빛, 어둠을 물리치는 빛 2. 세월 3. 기세, 세력, 기운 4. 경치, 풍경 5. 명예, 영예 6. 문화, 문물 7. 문물의 아름다움 8. 빛깔, 번쩍거리는 빛 …
化	될	화	1. 되다, 화하다(化--) 2. 교화하다(教化--), 감화시키다(感化---) 3. 가르치다 4. 따르다, 본받다 5. 변천하다(變遷--), 달라지다 … 11. 교화(教化) …
門	문	문	1. 문 2. 집안 3. 문벌(門閥) 4. 동문(同門) …

광화문 현판

광화문은 정남향하고 있는 경복궁의 정문이다. 모든 조선 궁궐의 정문은 공식적으로 임금과 백성이 만날 수 있는 접점이다. 이 때문에 모든 조선 궁궐의 정문 이름에는 될 화(化) 자가 들어있는데 이는 임금이 덕으로써 백성들을 '교화(化)'시킨다는 의미를 담고 있다.

경복궁의 광화문(光化門)은 임금의 교화(化)가 빛(光)처럼 온 나라를 밝게 비춘다는 뜻이고, 창덕궁의 돈화문(敦化門)은 백성에 대한 교화를 돈독〔敦〕하게 한다는 뜻이다. 창경궁의 홍화문(弘化門)은 백성을 넓게〔弘〕 교화시킨다는 뜻이고, 경희궁의 홍화문(興化門)은 백성에 대한 교화를 일으킨다〔興〕는 뜻이다. 덕수궁(경운궁)도 예외는 아니어서 현재의 정문은 동향(東向)의 대한문이지만 이는 구한말 때 변경된 것일 뿐, 원래 정문은 지금은 없어진 남향의 인화문(仁化門)이었다.

조선이 건국될 당시로 돌아가 보면, 경복궁이 처음 만들어졌던 1395년에는 궁궐의 주요 전각과 부분적인 궁성만이 완성되었을 뿐, 궁궐 전체를 에워싸는 궁성은 아직 공사 중이었고, 따라서 당연히 광화문도 없었다. 실제로 훗날 궁성이 모두 완성되고 남쪽 정문이 광화문이라고 이름 붙여진 것은 세종 8년인 1426년에 이르러서였다.

세종 8년(1426) 10월 26일
집현전 수찬(修撰)에게 명하여 경복궁 각 문과 다리의 이름을 정하게 하니, 근정전(勤政殿) 앞의 둘째 문을 홍례(弘禮), 세 번째 문을 광화(光化)라 하고, 근정전(勤政殿) 동랑(東廊) 협문(夾門)을 일화(日華), 서쪽 문을 월화(月華)라 하고, 궁성(宮城) 동쪽을 건춘(建春), 서쪽을 영추(迎秋)라 하고, 근정문(勤政門) 앞 석교(石橋)를 영제(永濟)라 하였다.

•• 뱀의 발

天安門(천안문, 톈안먼, Gate of Heavenly Peace)

天하늘 천	1. 하늘 2. 하느님 3. 임금, 제왕(帝王), 천자(天子) 4. 자연 5. 천체, 천체의 운행 6. 성질, 타고난 천성 7. 운명 8. 의지 9. 아버지, 남편 10....
安편안 안	1. 편안(便安) 2. 편안하다 3. 편안하게 하다 4. 안존하다(安存--) 5. 즐거움에 빠지다 6. 즐기다, 좋아하다 7. 어찌 8. 이에(乃), 곧 9. 어디에
門문 문	1. 문 2. 집안 3. 문벌(門閥) 4. 동문(同門)

　한양도성(漢陽都城)[1] 안에 궁성(宮城)[2]만 있는 2중 성곽 구조의 조선과는 달리, 중국의 베이징은 외성(外城)[1], 내성(內城)[2], 황성(皇城)[3], 자금성(紫禁城)[4]의 4중 구조로 되어있다. 굳이 억지로 비교하자면 한양도성=북경 외성+내성, 경복궁=황성+자금성 정도로 이해할 수 있겠다. 또한, 황제나 임금을 만날 때까지 거치는 궁성의 궁문만 따졌을 때 광화문[1], 흥례문[2], 근정문[3]의 3문을 거치는 제후국 조선과는 달리, 자금성은 황제의 예에 따라 대청문(大淸門, 미복원)[1], 천안문(天安門, Gate of Heavenly Peace)[2], 단문(端門, Upright Gate)[3], 오문(午門, Meridian Gate)[4], 태화문(太和門, Gate of Supreme Harmony)[5]의 5문을 거치는 구조다.

　흔히들 '하늘[天] 아래 가장 편안한[安] 곳'이라는 뜻의 천안문(天安門)을 자금성의 정문으로 알고 있는 사람이 많으나, 실제 자금성의 정문은 천안문이 아니라 5문 중 네 번째인 오문(午門)이다. 자금성은 네모난 해자(垓子, moat)로 둘러싸여 있다. 천안문은 자금성을 둘러싸고 있는 황성(皇城)의 정문이다. 황성은 남쪽의 천안문[1] 이외에도 북쪽의 지안문(地安門)[2], 동쪽의 동안문(東安門)[3], 서쪽의 서안문(西安門)[4] 이렇게 사대문 구조로 되어있었다. 한편, 황성을 싸고 있는 내성은 남쪽 정문이 정양문(正陽門, 속칭 前門)이었고, 가장 바깥쪽의 외성은 영정문(永定門)이 정문이었다. 따라서 외부인이 자금성의 황제를 만나려면 영정문[1], 정양문[2], 대청문[3], 천안문[4], 단문[5], 오문[6], 태화문[7]을 차례로 거쳐야 했다.

중국 자금성 오문

황성의 정문인 천안문(天安門)과 자금성의 정문인 오문(午門) 사이에는 단문(端門, Upright Gate)이 있다. 이는 진시황(秦始皇) 때 유래된 궁 제도로서 시황제(始皇帝)는 궁성의 대문 앞에 또 다른 문을 건설하여 궁을 출입하는 이들이 예를 갖추는 곳으로 삼았다. 자금성도 이 제도를 따라서 단문(端門)을 세웠고, 문무백관을 비롯한 모든 사람은 이곳을 통과할 때 의관을 단정(端正)히 고쳐 입어야 했다. 자금성의 사대문은 남쪽 정문인 오문(午門, Meridian Gate)[1]과 함께, 북쪽에는 신무문(神武門, Gate of Divine Might)[2], 동쪽에는 동화문(東華門, East Glorious Gate)[3], 서쪽에는 서화문(西華門, West Glorious Gate)[4]이 있다.

한편, 천안문의 남쪽(바깥쪽)에는 지금은 철거된 대청문(명나라 때는 대명문(大明門)이라 불렸고 현재는 그 위치에 모주석기념당이 있다)이 있었다. 그리고 천안문과 대청문 사이에는 엄청나게 큰 궁정 광장(宮廷廣場)이 있었는데 그것이 바로 지금의 천안문 광장이다. 청나라 시기의 천안문 광장은 지금과는 달리 사방이 큰 담으로 둘러싸여 일반 백성들은 접근할 수 없는 곳이었다. 다만 그때의 천안문 광장은 텅 비어 있었던 것이 아니라 우리의 육조거리처럼 광장 좌우 양쪽에 천보랑(千步廊)이라 하여 정부의 주요 관공서 사무실로 사용되던 공간이 있었다. 문관들은 주로 동쪽에 있는 동천보랑(東千步廊)을, 그리고 무관들은 서쪽에 있는 서천보랑(西千步廊)을 사용하였다.

建 세울 건 1. 세우다 2. 일으키다 3. 아뢰다(말씀드려 알리다)
春 봄 춘 1. 봄 2. 동녘 3. 술 4. 남녀의 정 5. 젊은 나이 6. 정욕(情慾)
門 문 문 1. 문 2. 집안 3. 문벌(門閥) 4. 동문(同門) …

건춘문

　건춘문(建春門)은 경복궁의 동문이다. 그런데 그 이름 속에 봄이라는 뜻의 봄 춘(春) 자가 들어가 있으니, 봄(春)을 일으키는(建) 또는 봄(春)을 알리는(建) 문이라는 뜻으로도 풀이된다. 음양오행에서는 사계절을 방위별로 분류할 때 동쪽은 춘(春), 남쪽은 하(夏), 서쪽은 추(秋), 북쪽은 동(冬)에 해당한다. 이는 아침에 해가 동쪽에서 떠서, 한낮에는 남쪽을 거쳐, 저녁에는 서쪽으로 지는 하루의 시간 흐름을, 1년으로 확대하여 방위별로 재배치한 것이다. 따라서 건춘문이라는 이름만으로도 동쪽 문이라는 것을 알려주고 있다.

한편, 이 건춘문으로는 주로 왕족과 척신(戚臣), 상궁들이 드나들었는데, 왜냐하면 건춘문의 밖으로 종친부가 있었기 때문이다. 종친부는 조선 왕실의 친족 관계 일을 맡아보던 관청의 하나인데, 현재도 근친(近親)을 존경한다는 뜻의 경근당(敬近堂)과 왕족의 계보[玉牒]를 뜻하는 옥첩당(玉牒堂) 건물이 남아 있다. 이 건춘문은 한때 경복궁의 정문으로 사용되었던 적도 있었다. 바로 일제강점기 때 지금의 광화문 자리에 조선총독부 건물이 들어서면서 주 출입구가 막히자, 광화문은 건춘문의 북쪽으로 이건 되었고, 따라서 경복궁의 정문 출입 기능을 건춘문이 대신했기 때문이었다.

•• (뱀의 발)
자금성의 동문은 죽어서 나가는 문이었다

경복궁의 건춘문에 해당하는 자금성의 동문은 동쪽[東]이 빛난다[華]는 뜻의 동화문(東華門, East Glorious Gate)이다. 청나라 때는 황제나 황후, 황태후가 세상을 떠난 후 그 재궁(梓宮=관)이 이 문을 통해 나갔기 때문에 속칭 '귀문(鬼門)'이라고도 불렀다. 자금성의 동문이라고는 하지만 정확히 말하자면 앞쪽으로 치우쳐 있으므로 정동(正東)이 아니라 동남쪽에 해당한다.

풍수지리에서는 정남향의 집이나 궁궐은 24방위 중에서 손(巽) 방향(4시와 5시 방향 사이, 즉 동남쪽)에서 나쁜 기운이 들어온다고 한다. 한양도 마찬가지여서 그 방향에 있는 광희문(光熙門)으로 시체를 내보냈고, 그래서 광희문을 속칭 시구문(屍口門)으로 불렀다. 동화문을 나가면 자금성을 둘러싸고 있는 해자 위의 동쪽 다리를 건너게 된다.

迎 맞을 영 1. 맞다 2. 맞이하다 3. 영접하다 4. 마중하다 5. 맞추다 6. ~를 향하여 7. ~쪽으로
秋 가을 추 1. 가을 2. 때, 시기 3. 세월 4. 해, 1년
門 문 문 1. 문 2. 집안 3. 문벌(門閥) 4. 동문(同門) …

영추문

영추문(迎秋門)은 건춘문의 반대편에 있는 경복궁의 서문이다. 한때 맞을 영(迎) 자 대신에 늘일 연(延) 자를 써서 연추문(延秋門)이라고도 불렀다. 건춘문 역시 연춘문(延春門)으로도 불렀다. 음양오행에 따라 서쪽을 뜻하는 '가을(秋)을 맞이하는(迎, 불러들이는) 문'이라는 뜻으로, 조선 시대 문무백관들이 주로 출입했던 문이다. 왜냐하면, 영추문의 안쪽이 궐내각사가 밀집한 외조(外朝) 구역이었기 때문이다.

[延늘일 연: 1. 늘이다. 잇다 2. 늘어놓다. 벌여놓다 3. 끌다, 끌어들이다 4. 불러들이다 5. 이끌다, 인도하다 6. 서로 통하다 7. 넓어지다, 퍼지다 …]

영조 48년(1772) 5월 23일
(전략)… 임금이 말하기를, "지금 구전(舊殿)의 기지(基址)를 찾아온 것이 어찌 우연한 일이겠는가? 연춘문(延春門)·연추문(延秋門)·신무문(神武門)의 동·서·남·북의 방민(坊民)들에게 금년을 한정해서 부역을 면제해 주도록 하라." 하고, 드디어 회란(回鑾)하였다.

영추문은 규모와 형태 면에서는 반대편에 있는 건춘문과 같은데, 광화문과 마찬가지로 석축을 쌓아 무지개 모양의 홍예문(虹霓門)을 하나 만들고, 그 위에 단층의 문루를 올렸다. 이는 광화문이 홍예문이 3개, 문루가 2층으로 된 것임과 비교해 볼 때, 격을 일부러 한 단계 낮춘 것이다.

•• 뱀의 발
자금성의 서문은 황제, 황후의 나들이 문이었다
경복궁의 영추문에 해당하는 자금성의 서문은 서쪽[西]이 빛난다[華]는 뜻의 서화문(西華門, West Glorious Gate)이다. 서화문을 나가면 자금성을 둘러싸고 있는 해자 위의 서쪽 다리를 건너게 된다. 영추문이 건춘문과 규모와 형태 면에서 같은 것처럼 서화문도 반대편에 있는 동화문(東華門, East Glorious Gate)과 같은 모양이다. 또한, 서화문의 맞은편에는 황실의 원림인 서원(西苑)이 있었기

위: 광화문, 왼쪽 아래: 건춘문, 오른쪽 아래: 영추문

때문에 황제와 황후가 서원에 행차할 때 이 문을 자주 사용했다. 실제로 내전 건물 중에서는 태황태후, 황태후, 태비, 태빈 등의 정궁으로 사용되었던 자녕궁(慈寧宮, Palace of Compassion and Tranquility) 영역이 서화문에서 가장 가까우며 옹정제(雍正帝)부터 광서제(光緖帝)까지 8명의 황제가 침궁으로 사용했던 양심전(養心殿, Hall of Mental Cultivation)도 자녕궁과 붙어있다.

神 귀신 **신** 1. 귀신(鬼神) 2. 신령(神靈) 3. 정신(精神), 혼(魂) 4. 마음 5. 덕이 높은 사람 6. 해박한 사람 7. 초상(肖像) 8. 표정(表情) 9. 불가사의(不可思議)한 것 10. 신품(神品)
武 호반 **무** 1. 호반(虎班: 무관(武官)의 반열(班列)) 2. 무인(武人) 3. 무사(武士), 병사(兵士) 4. 군대의 위용, <u>무위(武威)</u> 5. 병법, 전술 …
門 문 **문** <u>1. 문</u> 2. 집안 3. 문벌(門閥) 4. 동문(同門) …

신무문

    신무문(神武門)은 경복궁의 북문이다. 신무라는 이름은 사신도 중에서도 북쪽을 담당하는 현무(玄武)에서 따온 것이며 '신묘한(神) 현무(武)'라는 뜻인데, 실제 신무문의 천장에는 현무가 그려져 있다. 음양오행론에서 북쪽은 음기가 강하다고 하여 평소에는 굳게 닫아 두었다가, 비상시 또는 왕의 비밀 행차 때나 사용하였는데, 규모와 형태는 건춘문, 영추문과 같다.

신무문 천장 현무그림

조선 시대 신무문 밖에는 회맹제(會盟祭)를 지내던 회맹단(會盟壇)이 있었다. 회맹제는 임금이 공신들과 산 짐승을 잡아 하늘에 제사 지내고, 그 피를 서로 나누어 마시며 단결을 맹세하던 의식인데, 원래 고대 중국의 회맹의식에서 비롯된 것이다. 회맹이란 주(周) 왕조의 제후국 간에 국방, 전쟁, 제후위(位) 계승 등 국가 명운을 좌우할 만한 중대 현안과 관련되어 체결된 맹약을 가리킨다.

그런데 춘추시대에, 점차 퇴색해가는 주나라 왕[천자]의 존엄과 권위를 대신하여, 일반 제후들보다는 우위를 점하면서 춘추시대의 수많은 제후국 간의 분쟁과 대립을 조정하고, 회맹 또는 그에 반대하는 반맹에 의한 국제 질서를 주도한 특정 제후 1인을 일컬어, 패자(覇者)라고 불렀다. 현재에도 '패권을 잡다. 패기가 넘치다. 3연패의 위업을 달성하다' 등의 표현 속에 그 흔적이 남아 있다.

•• 뱀의 발

자금성의 북문은 경복궁과 이름이 똑같다

중국 자금성 신무문(문동)

자금성의 북문도 경복궁과 똑같은 신무문(神武門, Gate of Divine Might)이다. 자금성을 처음 지었을 때는 현무문(玄武門)이었지만 청나라 때 강희제(康熙帝)의 이름이 현엽(玄燁)이어서 피휘(避諱)하기 위해 신무문으로 고쳤다. 1924년 청나라 마지막 황제 선통제(宣統帝, 溥儀푸이)가 자금성에서 쫓겨날 때 이곳을 통해 출궁했다.

그런데 자금성의 사대문인 오문[1], 동화문[2], 서화문[3], 신무문[4]에는 바로 앞의 천안문이나 단문과는 차별화되는 공통점이 있다. 모든 성문의 돈대(墩臺) 밑에는 문동(門洞)이라 부르는 터널같이 생긴 긴 통로가 있는데, 자금성의 사대문은 이 문동의 앞뒤 모양이 다르다는 점이다. 즉, 천안문이나 단문의 경우, 문동의 형태는 앞면과 뒷면이 모두 둥근 타원형이지만, 자금성의 사대문은 밖에서 보면 문동이 사각형이고, 안에서 보면 타원형이다. 이는 무엇을 의미할까?

자금성은 하늘의 아들인 천자가 사는 곳이다. 곧 자금성은 하늘을 상징한다. 따라서 자금성의 밖은 땅이고, 자금성의 안쪽은 하늘이다. 그래서 하늘은 둥글고 땅은 네모나다는 천원지방(天圓地方)의 사상을 반영하여 자금성 사대문의 바깥쪽 문동은 네모나게, 그리고 안쪽 문동은 둥글게 만든 것이다.

癸 북방 계 1. 북방(北方), 북쪽 2. 겨울 3. 열째 천간(天干) 4. 경도(經度), 월경(月經) 5. 무기
6. 헤아리다
武 호반 무 1. 호반(虎班: 무관(武官)의 반열(班列)) 2. 무인(武人) 3. 무사(武士), 병사(兵士)
4. 군대의 위용, 무위(武威) 5. 병법, 전술 …
門 문 문 1. 문 2. 집안 3. 문벌(門閥) 4. 동문(同門) …

계무문

현재 경복궁에는 광화문[1], 건춘문[2], 영추문[3], 신무문[4]의 사대문 이외에도 계무문(癸武門)과 광무문(廣武門)이라는 2개의 소문(小門)이 더 있다. 옛날에는 춘생문(春生門)이나 추성문(秋成門) 등 더 많은 소문이 있었다. 두 소문의 이름에 모두 북방을 지키는 현무를 뜻하는 호반 무(武) 자가 들어가 있으므로 위치가 경복궁성의 북쪽 지역임을 금방 알 수 있다. 계무문은 신무문으로부터 성벽을 따라서 동쪽으로 약 100m 지점에 있고, 광무문은 계무문으로부터 다시 동쪽으로 약 100m 지점에 있다.

석축을 쌓고 문루를 올린 사대문과는 달리 두 소문은 모두 궁성

계무문 현판

담장을 뚫어 간단한 출입 기능만 부여했기 때문에 눈에 잘 띄지 않는다. 따라서 암문(暗門)의 성격도 있다. 또한, 계무문과 광무문은 사대문처럼 현판을 내거는 방식이 아니라 출입문의 홍예(무지개문) 정상 부분 바로 위쪽에 음각으로 문의 이름을 새겼다. 게다가 글씨도 전서체여서 한자에 어느 정도 익숙한 사람이라도 판독하기가 쉽지 않다. 특히 계무문의 계(癸) 자는 마치 포크처럼 보인다.

먼저 계무문의 뜻을 살펴보면 계(癸) 방향의 현무(武)를 뜻한다. 계는 24방위 중에서도 북쪽을 가리키는 임·자·계(壬子癸) 중의 하나다. 이름으로만 판단하면 원래 신무문이 경복궁의 북대문이어야 하지만 실제로는 궁성의 북쪽 중앙 부분에 있는 것이 아니라 서쪽으로 상당히 치우쳐 있다. 그래서 궁성의 정북 중앙 쪽 가까운 곳에 계무문을 별도로 배치한 것이 아닐까 여겨진다. 한편 궁성 밖에서 계무문을 열고 안으로 들어가면 곧바로 건청궁의 뒷문인 무청문(武淸門)이 나오기 때문에 계무문은 경복궁의 북쪽 담 밖에서 건청궁으로 곧장 들어갈 수 있는 통로로 활용되었음을 알 수 있다. 무청문에도 역시 북쪽을 의미하는 무(武) 자가 들어있다.

廣 넓을 광 1. 넓다 2. 넓게 되다 3. 넓히다 4. 널찍하다 5. 공허하다 6. 비다 7. 빛나다 8. 널리
武 호반 무 9. 넓이 10. 무덤
門 문 문 1. 호반(虎班: 무관(武官)의 반열(班列)) 2. 무인(武人) 3. 무사(武士), 병사(兵士)
          4. 군대의 위용, 무위(武威) 5. 병법, 전술 …
          1. 문 2. 집안 3. 문벌(門閥) 4. 동문(同門) …

한편 광무문의 뜻은 '현무(武)의 기운을 넓히다(廣) 또는 무용(武勇)을 넓히다'로 해석할 수 있는데, 문의 규모와 형태는 약 100m 떨어진 계무문과 비슷하다. 궁궐지에서는 돌로 만든 월문(石月門)이라고 표현했는데, 월문은 돌을 쌓아 둥근 무지개(아치)형을 이루도록 만든 문을 가리키는 말이다.

광무문

궁성(宮城)과 궁문(宮門) 035

•• 뱀의 발

경복궁이 자금성을 베꼈나? 자금성이 경복궁을 베꼈나?

경복궁과 자금성의 구조를 살펴보면 규모의 차이가 있을 뿐, 기본적인 구조는 어딘지 모르게 비슷한 부분이 꽤 많다. 두 궁궐 모두 전체적으로는 좌우대칭의 형태를 취하고 있고, 정중앙에 배치된 여러 개의 문을 직선으로 통과하여 황제나 임금에게 접근하도록 설계되어 있다. 또한, 황제나 임금을 만나기 직전의 문 앞에는 (풍수 명당) 물길이 있어서 그것을 건너가는 돌다리가 있다. 그뿐만 아니라 궁궐의 동쪽에는 국가의 사당(태묘, 종묘)이 있고 궁궐의 서쪽에는 사직단이 만들어져 있다. 그래서 혹자는 자금성을 모방하여 경복궁이 만들어졌을 것이라고 지레짐작을 한다.

그러나 경복궁은 1393년부터 2년간 공사를 하여 1395년에 궁궐 형태가 갖추어졌지만, 자금성은 명나라 제3대 황제인 영락제가 수도를 남경에서 북경으로 옮기면서 1406년부터 1420년까지 무려 14년에 걸쳐 만든 궁궐이다. 따라서 경복궁이 완공되고 11년이 지나서야 자금성의 공사가 시작된 셈이다. 그렇다고 해서 자금성이 경복궁을 모방한 것도 아니다. 그럼 왜 두 궁궐의 구조가 비슷한 것일까?

그 이유는 중국과 조선이 모두 같은 유교 문화권 국가이기 때문이다. 유교 문화권에서는 새로운 국가(왕조)가 세워지면서 새 도읍과 궁궐을 만들 때 아무렇게나 만드는 것이 아니라, 유교국가의 이념적 토대를 완성시킨 주나라 주공(周公)이 만든 『주례고공기(周禮考工記)』를 근거로 해서 만들기 때문이다. 즉, 같은 설계도를 보고 나서 도읍과 궁궐을 만들기 때문에 결과적으로 자금성과 경복궁은 비슷한 형태가 되는 것이다.

協	화합할	협	1. 화합하다 2. 돕다 3. 복종하다 4. 적합하다 5. 좇다 6. 맞다 7. 합하다(合--) 8. 협력하다
生	날	생	1. 나다 2. 낳다 3. 살다 4. 기르다 5. 서투르다 6. 싱싱하다 7. 만들다 8. 백성 9. 선비 10. 자기(自己)의 겸칭(謙稱) 11. 사람 12. 날(익지 않음)…
門	문	문	1. 문 2. 집안 3. 문벌(門閥) 4. 동문(同門) …

협생문

광화문 안쪽에 형성된 큰 마당의 동쪽과 서쪽 담장에는 각각 협생문과 용성문이라는 출입문이 서로 마주 보고 있다. 그런데 동쪽 협생문은 정면 1칸의 일각문이지만, 서쪽 용성문은 정면 3칸의 솟

을삼문으로 규모가 더 크다. 그 이유는 용성문의 경우, 왕이 신무문(神武門, 북문)이나 영추문(迎秋門, 서문)을 통해 궁 밖으로 이동할 경우 사용되었으나, 협생문은 주로 세자가 동궁의 이극문(貳極門)에서 출발하여 광화문 밖으로 이동할 때 거치는 용도로 사용되었기에, 문을 자주 이용하는 왕과 세자의 서열을 출입문에 반영한 것이 아닐까 한다.

그런데 협생문의 뜻은 글자만 해석해서는 바로 알아차리기가 어렵다. 그 이유는 협생문의 의미가 단독으로 만들어진 것이 아니라 맞은편의 용성문과 함께 고려되어 만들어졌기 때문이다. 협생문(協生門)을 직역하면 '화합하여〔協〕 태어나는〔生〕 문'이라는 다소 생뚱맞은 뜻이다. 하지만 맞은편의 용성문과 종합적으로 비교하면서 해석하면 내용이 풍부해진다.

用 쓸	용	1. 쓰다 2. 부리다, 사역하다(使役--) 3. 베풀다, 시행하다 4. 일하다 5. 등용하다 6. 다스리다 7. 들어주다 8. 하다, 행하다(行--) 9. 작용, 능력 10. 용도(用度), 쓸데 …
成 이룰	성	1. 이루다 2. 이루어지다 3. 갖추어지다, 정리되다, 구비되다 4. 살찌다, 비대해지다 5. 우거지다, 무성해지다 6. 익다, 성숙하다(成熟--) 7. 일어나다, 흥기하다…
門 문	문	1. 문 2. 집안 3. 문벌(門閥) 4. 동문(同門) …

용성문

　용성문(用成門)도 단독으로 직역하면 밑도 끝도 없이 '쓰임이〔用〕 이루어지는〔成〕 문'이라는 뜻이다. 그런데 협생문과 용성문은 그저 마주 보고 있는 단순한 출입문이 아니다. 왕과 세자가 자주 이용하는 문이기 때문이다. 따라서 왕과 세자의 서열을 문의 구조에 반영해 놓기도 했다. 그뿐만 아니라 협생문의 가운데 글자인 생(生)과 용성문의 가운데 글자인 성(成)은 대구(對句)를 이루고 있다. 이런 사실

궁성(宮城)과 궁문(宮門)　039

은 태조실록에서 찾아볼 수 있다.

태조 4년(1395) **10월 7일**
판삼사사 정도전에게 새 궁궐 전각의 이름을 짓게 하다. …(중략)… 天地之於萬物, 生之以春, 成之以秋 [하늘과 땅은 만물(萬物)을 봄에 낳게 하여 가을에 결실하게 합니다.] …(후략)

정도전이 태조에게 경복궁의 주요 전각과 문의 이름을 지어 올리면서 했던 말 중에는 "만물에 대한 천지의 이치는 봄에는 태어나게[生] 하고, 가을에는 결실을 맺게[成] 한다"라는 것이 있다. 여기서 봄=생(生), 가을=성(成)이라는 공식이 성립된다. 따라서 봄을 상징하는 동쪽 출입문에는 생(生)을, 가을을 상징하는 서쪽 출입문에는 성(成)을 넣어 이름을 지은 것이다. 뒤쪽에서 다시 언급되겠지만 임금의 동소침(東小寢)을 연생전(延生殿), 서소침(西小寢)을 경성전(慶成殿)이라 한 것도 같은 이치다.

이제 협생문과 용성문을 종합적으로 해석해 보면 협생문(協生門)은 세자의 신분으로 만물의 탄생[生]을 돕고 화합하는[協] 것을 상징하고, 용성문(用成門)은 왕의 신분으로 만물이 완성[成]되도록 잘 다스리라는[用] 뜻을 담고 있다고 볼 수 있겠다.

이렇듯 동쪽의 문에 생(生)을, 서쪽의 문에 성(成)을 넣어 이름을 지은 또 다른 유명 사례로는 지금은 없어진 춘생문(春生門)과 추성문(秋成門)을 들 수 있다. 춘생문은 현재 청와대 춘추관 부근으로 신무문 밖 경복궁의 북동쪽 후원으로 통하는 동쪽 출입문이었다. 반대쪽인 추성문은 현재 효자동과 삼청동을 잇는 청와대 앞길의 서쪽 진입로 부근으로 추정된다.

특히 춘생문은 역사에서 '춘생문 사건'으로 유명하다. 춘생문 사건은 1895년 을미사변(명성황후 시해사건) 이후, 친일세력에 의해 감금되다시피 한 고종을 친미파와 친러파, 개화파가 계파를 초월하여 협력하고 서양 선교사와 외교관까지 직간접적으로 연계한 뒤, 춘생문을 통해 고종을 경복궁 밖으로 탈출시키고자 시도했으나 실패한 사건이다. 일본 측은 이 '춘생문 사건'에 서양인이 직간접적으로 연루되어 있음을 대서특필한 뒤, 이를 빌미로 그때까지 서양의 눈치 때문에 히로시마 감옥에 수감 중이던 을미사변 관련 주모자들을 증거 불충분이라는 이유를 내세워 전원 석방하였다. 하지만 이 사건의 주동세력 중 하나였던 정동파는 다음 해 2월, 고종을 경복궁에서 빼낸 아관파천(俄館播遷)을 전격 성사시켰다.

•• 뱀의 발
베트남에도 자금성이 있다?

중국의 최남단 월(越)나라의 남쪽에 있다 하여 월남(越南)이라고도 불렸던 베트남에도 과거 왕조 시대에 임금이 살았던 궁궐이 남아있다. 베트남 중부에 있는 도시 '후에(化, Hue)'에 있는 궁궐로 1802년부터 1945년까지 약 150년 가까이 응우옌 왕조의 황궁이었다. 1993년에 유네스코 세계문화유산(Complex of Hue Monuments)으로 등재되기도 했다. 월남전 중에 크게 황폐화되었지만 현재는 복원 작업이 진행되고 있다.

일반인들에게는 다소 생소할 수 있겠지만 지역적으로 동아시아로 분류되는 한·중·일과는 달리, 동남아시아로 분류되는 베트남도 이웃하고 있는 중국의 영향을 받아 같은 유교 문화권에 속한다. 따라서 베트남의 후에 황궁(Imperial City, Hue)도 중국으로부터 유교 문화의 영향을 받았음은 당연하다. 그러나 그 정도가 아주 심하다. 베트남의 응우옌 왕조는 자신들의 황궁을 아예 대놓고 자금성을 본떠 지었으며, 심지어 황궁의 내정(內庭) 이름마저도 자금성이라고 불렀다. 네모난 해자로 둘러싸인 '후에 황궁'의 외관은 자금성과 정말 많이 닮았다. 또한, 황궁의 정문은 오문(午門)이며, 정전(正殿)의 이름까지도 태화전(太和殿)으로 중국과 똑같다.

守	지킬	수	1. 지키다, 다스리다 2. 머무르다 3. 기다리다 4. 거두다, 손에 넣다 5. 청하다, 요구하다 6. 지키는 사람 7. 직무, 직책, 임무
門	문	문	1. 문 2. 집안 3. 문벌(門閥) 4. 동문(同門) …
將	장수	장	1. 장수(將帥), 인솔자 2. 장차(將次) 3. 문득 4. 청컨대 5. 무릇, 대저(大抵) 6. 만일, 만약, 혹은 7. 또한, 한편 8. 거의, 대부분…
廳	관청	청	1. 관청(官廳), 관아(官衙) 2. 마루, 대청(大廳) 3. 마을 4. 건물(建物)

수문장청(동편)

수문장청(守門將廳)은 궁궐 문의 수위(守衛)를 맡아보던 수문장(守門將)들이 소속되었던 관청이다. 수문장청 소속 수문장들의 정원은 초기 23명에서 후기 29명까지 시대에 따라 변동이 있는데 대체로 9인씩 입직(入直)하면서 각 문을 지켰다.

보통은 궁문 하나에 하나의 수문장청이 설치되지만, 광화문이나 돈화문 같은 법궁의 정문에는 2개의 수문장청이 설치되었다. 경복궁도 광화문 안쪽에 동서 양쪽으로 수문장청이 설치되어 있다. 서반(武班) 소속이라서 그런지 서쪽의 수문장청이 동쪽의 것보다 규모가 2배이다. 수문장의 실제 임무는 무력으로 궁문을 지키기보다는 각 문의 개폐를 책임지는 것이었다. 또한, 평상시 궁문을 지키는 대략적인 인원은 대문(大門)의 경우 30명, 중문(中門)은 20명, 소문(小門)은 10명이었다.

경복궁에서는 수문장 교대의식이 매일 벌어지고 있다. 그런데 덕수궁에도 비슷한 행사가 벌어지고 있다. 이는 어찌 된 일일까? 두 행사를 비교해 보면, 경복궁에서는 '수문장 교대의식'이라고 하고, 덕수궁에서는 '왕궁수문장 교대의식'이라고 한다. 이름만 다른 것이 아니라 행사에 참여하는 사람들의 복장이나 악기, 기물에서 모두 차이가 난다.

결론부터 말하자면 경복궁의 수문장 교대의식은 경복궁이 세워진 조선 초기인 15세기를 기준으로 해서 고증하여 진행하고 있지만, 덕수궁의 왕궁수문장 교대의식은 19세기 말 대한제국 때 덕수궁이 제대로 된 궁궐로서 역사에 등장했을 때를 기준으로 진행하기 때문에 내용에 차이가 있는 것이다.

위: 경복궁 수문장 교대의식, 아래: 덕수궁 왕궁수문장 교대의식

營	경영할 영	1. 경영하다(經營--) 2. 짓다 3. 꾀하다 4. 계획하다 5. 두려워하다 6. 변명하다 7. 오락가락하다 8. 재다 9. 현혹하다 10. 갈다
軍	군사 군	1. 군사(軍士) 2. 진(陣)을 치다
直	곧을 직	1. 곧다, 굳세다 2. 바르다, 옳다 3. 굽지 아니하다 4. 기울지 아니하다 5. 부정이 없다, 사(私)가 없다 6. 펴다, 곧게 하다 ... 19. 숙직(宿直) ...
所	바 소	1. 바(일의 방법이나 방도) 2. 것 3. 곳, 일정한 곳이나 지역 4. 처소(處所) 5. 관아(官衙), 어떤 일을 처리하는 곳 6. 지위, 자리, 위치 7. 장소를 세는 단위...

영군직소

영군직소(營軍直所)를 '군사(軍)를 경영(營)하는데 곧게(直) 하는 곳 (所)'으로 해석한 책이 있다. 천자문 글자만 가지고 해석하면 그런 엉뚱한 뜻밖에 나오지 않는다. 조선 시대 군사제도와 관련된 주요 내용을 전혀 모르기 때문이다. 조선 시대에는 수도 한양뿐만 아니라 지방의 군사요충지 곳곳에 특수 행정구역으로 진(鎭)과 영(營)이 설치되었는데 그곳에서 복무하는 군사를 각각 진군(鎭軍)과 영군(營軍)이라고 했다.

지방군은 주로 진(鎭)을 위주로 운용되었는데 이를 진관(鎭管)체제라고 한다. 중강진, 부산진, 청해진, 강화 초지진과 광성진, 덕진진, 세종 때의 4군 6진 등이 모두 진(鎭)의 사례이다. 반면 한양을 주로 방어하기 위한 중앙군은 조선 전기에는 오위(五衛) 체제였으나 임진왜란 이후 조선 후기에는 오군영(五軍營) 체제로 운용되었다. 궁궐의 궁문 수비 역시 중앙의 오군영에서 일부 담당했기에 영군(營軍)이라고 부른 것이다.

실제로 북궐도형(北闕圖形: 19세기 말에 제작된 것으로 추정되는 경복궁의 평면 배치도)을 살펴보면 동문인 건춘문에는 훈국군 번처소(訓局軍番處所), 서문인 영추문에는 훈국군 영직소(訓局軍營直所)가 설치되어 있어 중앙의 오군영 중에서도 훈련도감(＝훈국) 소속 훈국군이 건춘문과 영추문의 수비를 담당하고 있음을 알 수 있다. 결론적으로 영군직소는 '영군(營軍)이 입직(入直: 관아에 들어가 차례로 숙직/당직함)하는 곳(所)'이라는 뜻이다.

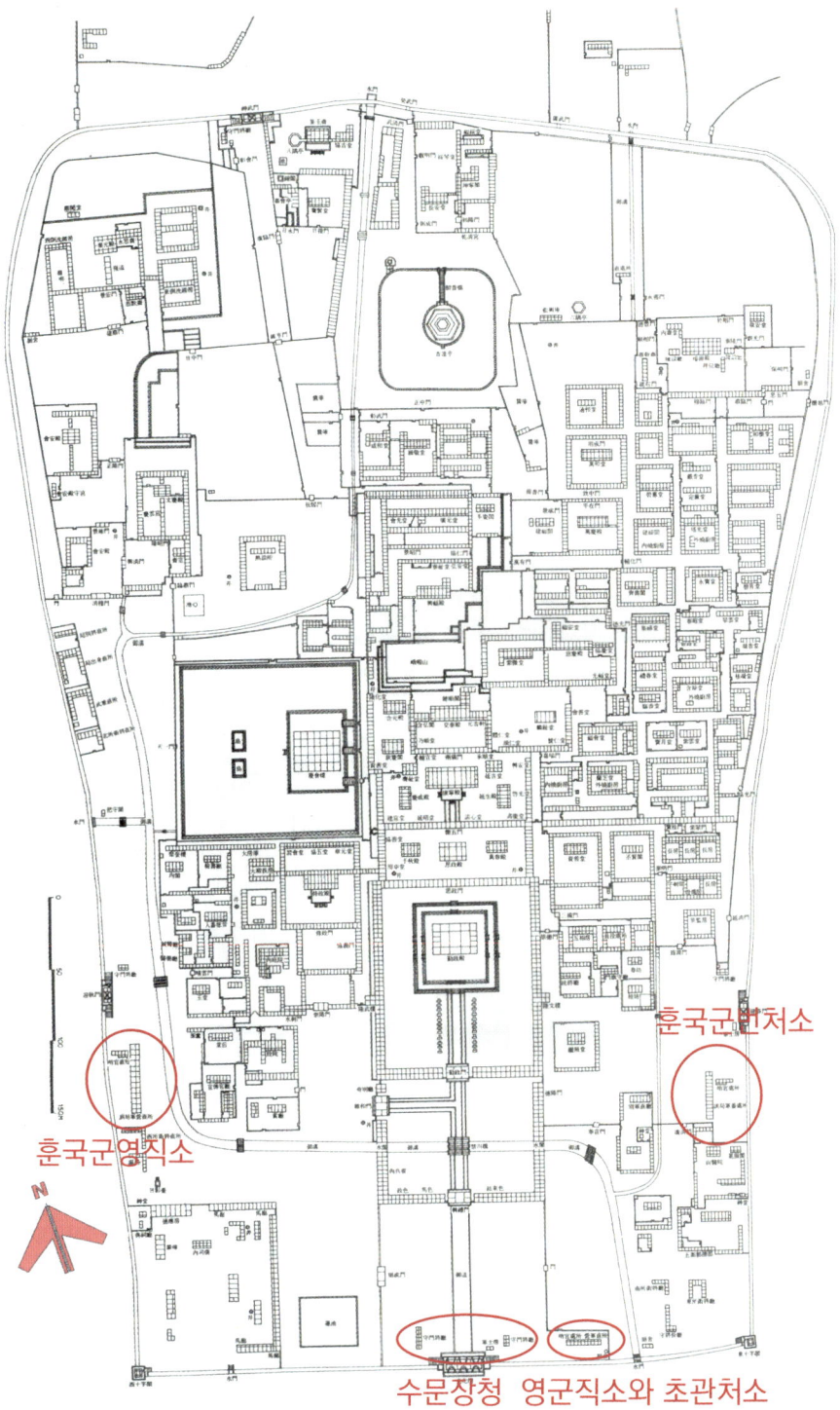

경복궁 북궐도형 [국립문화재연구소]

哨 망볼 **초** 1. 망보다(望--), 보초 서다 2. 경계하다 3. 작다, 잘다 4. 날카롭다 5. 바르지 않다,
官 벼슬 **관** 비뚤어지다 6. 받아들이지 않다 7. 수다스럽다 8. 망보는 사람 9. 병제(兵制)의 하나
處 곳 **처** 1. 벼슬, 벼슬자리 2. 벼슬아치 3. 마을 4. 관청, 공무를 집행하는 곳 5. 기관(機關)
所 바 **소** 6.일, 직무(職務) 7. 임금, 아버지, 시아버지 8. 관능(官能), 이목구비 등 사람의 기관

1. 곳, 처소(處所) 2. 때, 시간 3. 지위, 신분 4. 부분 5. 일정한 표준 6. 살다, 거주하다
7. 휴식하다, 정착하다 8. 머무르다 9. (어떤 지위에) 있다, 은거하다...

1. 바(일의 방법이나 방도) 2. 것 3. 곳, 일정한 곳이나 지역 4. 처소(處所)
5. 관아(官衙), 어떤 일을 처리하는 곳 6. 지위, 자리, 위치 7. 장소를 세는 단위...

초관처소

청계천 정조반차도-마병초관

청계천 정조반차도-보군초관

 영군직소와 같은 건물에 붙어있는 초관처소(哨官處所) 역시 천자문으로만 해석하면 '망보는 관리가 사는 곳'이라는 어색하기 짝이 없는 풀이가 된다. 이 역시 조선 시대 군대 편제법을 몰라서 제대로 해석하지 못하는 현상이다. 초관처소는 글자 그대로 '초관(哨官)이 머무르는(處) 곳(所)'이다. 그렇다면 초관은 누구일까?

 청계천에 있는 정조반차도를 유심히 보면 마병초관(馬兵哨官), 보군초관(步軍哨官)이 꽤 많이 등장한다. 초관은 조선 후기 속오군 군대 편제법에서 100명 내외의 최소 단위 독립부대인 초(哨)를 지휘하는 종9품의 지휘관이다. 현대 용어로 바꾸면 초관은 소대장 정도로 해석할 수 있다. 따라서 초관처소 옆의 영군직소에서 근무하는 군인들은 소속 부대가 어디든 그 부대의 특정 초(哨)에 소속되었을 것이고, 그 초를 지휘하는 초관이 초관처소에 머물렀을 가능성이 크다.

•• 뱀의 발
자금성 안에도 경복궁이 있다?

자금성의 동북쪽 지역은 영수궁(寧壽宮, Palace of Peace and Longevity) 권역으로 구분되는데, 그중에서도 가장 모서리 부분에는 조선의 경복궁과 한자까지 똑같은 전각이 있다. 청나라 건륭제(乾隆帝)가 가경제(嘉慶帝)에게 양위하고 태상황으로 물러난 뒤 거주하던 영수궁 권역은 전체적으로 전조후침(前朝後寢: 앞쪽에는 조정 구역, 뒤쪽에는 침전 구역)의 구도로 배치되어 있는데, 제일 구석에 있는 경복궁(Jingfugong, Palace of Scenery and Happiness)은 침전 구역에 속한다.

자금성 안의 경복궁은 청나라 강희 28년(1689)에 황태후의 주거지로 건설되었는데 경복문(景福門, Gate of Scenery and Happiness)이 정문 역할을 한다. 경복궁과 가장 가까운 거리에 있는 두 전각은 불일루(佛日樓)와 범화루(梵華樓)인데, 부처를 뜻하는 불(佛) 자와 불경이나 범어(梵語, 산스크리트어)를 뜻하는 범(梵) 자에서도 알 수 있듯이 불상과 탑을 모신 불당 용도의 건물이다. 황태후의 종교 생활을 위한 배려로 보인다.

흥례문(興禮門) 일원

흥례문

興 일 흥   1. 일다 2. 일으키다 3. 시작하다 4. 창성하다 5. 흥겹다 6. 기뻐하다 7. 성공하다
         8. 등용하다 9. 다스리다 10. 징발하다 11. 느끼다 12. 유행하다 13. 흥(興), 흥취
禮 예도 례   1. 예도 2. 예절 3. 절(인사) 4. 인사 5. 예물 6. 의식 7. 책의 이름(=예기(禮記))
            8. 경전(經典)의 이름 9. 단술(=감주), 감주(甘酒) 10. 예우하다 11. (신을) 공경하다
門 문 문   1. 문 2. 집안 3. 문벌(門閥) 4. 동문(同門) …

흥례문

흥례문은 경복궁의 정문 '광화문'과 법전(法殿)인 근정전의 정문 '근정문' 사이에 있는 중문이다. 원래는 1426년(세종 8)에 집현전에서 '예(禮)를 널리〔弘〕편다'라는 뜻의 홍례문(弘禮門)으로 이름을 지어 올렸는데, 1867년(고종 4) 경복궁을 중건하면서 청나라 황제 건륭제의 휘(諱) 홍력(弘曆)을 피하여, '예(禮)를 일으킨다〔興〕'라는 지금의 흥례문(興禮門)으로 이름을 바꾸었다.

흥례문 현판

    홍례문에서 주목할 부분은 바로 예(禮)다. 충(忠), 효(孝) 등 다른 유교의 덕목도 많은데, 왜 굳이 예(禮)를 사용했을까? 유교(유가 사상)는 동아시아의 한자문화권에서 형성되다 보니 동아시아의 보편적 사상인 음양오행론도 받아들였다. 따라서 상생과 상극을 통해 세상을 움직이는 기본 이치(理致)인 오행을 유교식으로 해석하여 오상(五常)이라는 유교의 중요 덕목을 만들어냈으니 그것이 바로 인의예지신(仁義禮智信)이다.

    오상도 오행과 마찬가지로 구성요소 간에 상호작용을 하기 위해서는 정해진 자기 위치가 있는데 동쪽은 인(仁), 서쪽은 의(義), 남쪽은 예(禮), 북쪽은 지(智), 중앙은 신(信)에 할당된다. 따라서 이름 속에 예(禮)가 들어있는 홍례문은 남쪽으로 향한 문임을 알 수 있고, 같은 용례로 한양도성의 남대문은 숭례문(崇禮門)이고, 병산서원의 남향 정문은 복례문(復禮門)이다. 기록에 의하면 경주 읍성 남문의 정식 명칭도 징례문(徵禮門)이었으며 신라 시대 궁궐 12문 가운데 하나로서 정남(正南) 쪽에 위치한 문도 건례문(建禮門)이었다.

흔히들 경복궁의 정문은 처음부터 광화문이었을 것으로 알고 있을 것이다. 그러나 1395년 경복궁이 처음 만들어졌을 때의 정문은 당시에는 오문(午門)이라 불렸는데 지금의 홍례문(홍례문)이다. 일단 실록 기사를 살펴보자.

태조 4년(1395) 9월 29일
이달에 대묘(大廟, =종묘)와 새 궁궐이 준공되었다. …(중략)… 정전(正殿)은 5칸으로 조회를 받는 곳으로 보평청의 남쪽에 있다. 상하층의 월대(越臺)가 있는데 …(중략)… 전문(殿門) 3칸은 전(殿)의 남쪽에 있고, 좌우 행랑 각각 11칸과 동(東)·서(西) 각루(角樓) 각각 2칸과 <u>오문(午門) 3칸은 전문(殿門)의 남쪽에 있다. 동서의 행랑은 각각 17칸씩이며, 수각(水閣)이 3칸, 뜰 가운데에 석교(石橋)가 있으니 도랑물 흐르는 곳이다.</u>

위의 실록 기사로 보아 홍례문은 궁성이 완공되기 전, 궁궐의 내부 주요 전각들이 먼저 만들어졌을 때 이미 만들어져 있었고, 당시 이름은 정남향을 뜻하는 오문(午門)이라고 했다. 왜냐하면 전문(殿門, =근정문)의 남쪽이며, 뜰 가운데 석교(돌다리, =영제교)와 도랑물이 흐르는 곳은 오늘날의 홍례문 안쪽 뜰이기 때문이다.

홍례문을 지나면서 바닥을 보면 그 전과 비교해 달라지는 부분이

왼쪽: 흥례문으로 가는 길, 오른쪽: 근정전으로 가는 길

있다. 바닥에 조성된 3갈래의 돌길이 근정전까지 계속 이어지고 있는 것을 볼 수 있다. 그런데 많은 사람이 그것을 삼도(三道)라고 부르고 가운데 살짝 돋아있는 부분을 임금이 다닌다고 해서 어도(御道)라고 부른다. 하지만 그런 말은 틀린 말이다. 조선왕조실록 어디를 찾아봐도 궁궐 내 3갈래 길을 삼도나 어도로 부른 기록이 없다. 왜냐하면, 그 3갈래 돌길은 '정로(正路)'이며, 가운데 살짝 돋아있는 임금의 길은 '어로(御路)'이기 때문이다. 실록의 기사뿐만 아니라 국립고궁박물관에서 전시하고 있는 정아조회지도(正衙朝會之圖: 정조 2년에 제작된 것으로 조정에서 조회 시 문무백관의 위치를 표시한 그림) 등에도 어로(御路)와 정로(正路)라고 표시되어 있다.

이렇듯 정로(正路)를 삼도(三道)로 잘못 알고 있는 이유는 일제강점기를 거치면서 일본식 용어가 우리 속에 파고들었기 때문이다. 길

홍례문(興禮門) 일원 057

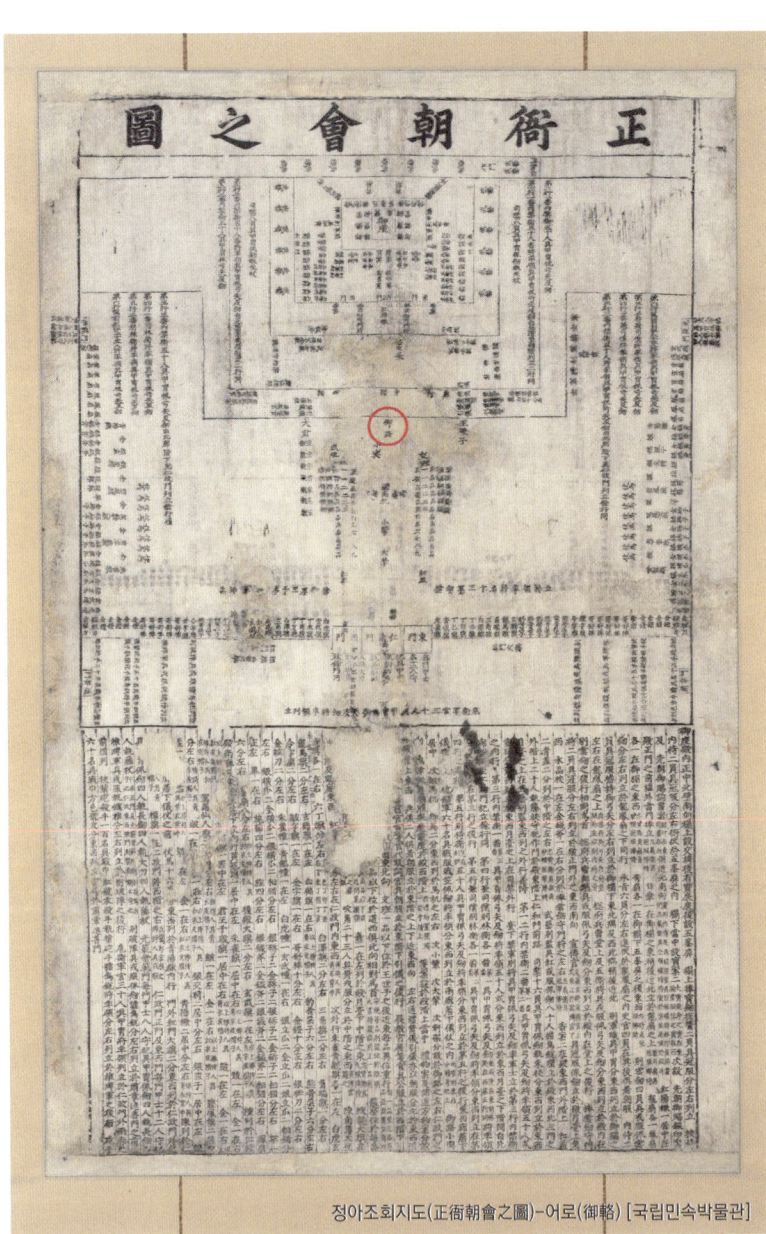

정아조회지도(正衙朝會之圖)-어로(御輅) [국립민속박물관]

로(路)와 길 도(道)는 모두 '길'을 뜻하는 한자이다. 하지만 나라에 따라 쓰임이 다르다. 일본의 경우, 대체로 길 도(道)가 압도적으로 많이 쓰인다. 예를 들어 일본어 사전에서 신사(神社)나 절에 참배하기 위하여 마련된 길이라는 단어를 찾으면 さんどう〔參道, 일본식 발음: 산도〕라고 나온다.

반면, 우리나라의 경우에는 우리가 눈으로 직접 볼 수 있는 구체적인 길은 모두 길 로(路)를 쓰며, 관념 속의 추상적인 길은 길 도(道)로 구분하여 쓴다. 세종로, 종로, 을지로, 청계로, 퇴계로, 충무로, 율곡로 등 유명 거리의 이름에서도 확인이 되며, 새로 도입된 도로명 주소를 보면 모두 로(路)를 사용하고 있다. 그 대신, 추상적인 길은 모두 도(道)를 사용한다. 예를 들면, 왕도(王道) 정치, 정도(正道)를 걷다, 다도(茶道) 등등… 〔제주 성산 일출봉에 설치된 하산길을 뜻하는 표지판에는 영어와 한글뿐만 아니라 한자로 하산로(下山路)와 하산도(下山道)가 모두 들어있다. 앞엣것은 중국인 관광객을 위한 것이고 뒤엣것은 일본인 관광객을 위한 것이다.〕

•• 뱀의 발
경복궁과 자금성의 출입문 비교

중국 자금성의 5문 구조와 경복궁의 3문 구조를 단순 비교하는 것은 무리일 수 있다. 자금성은 황제의 예에 따라 만들어진 반면, 경복궁은 한 단계 아래인 제후의 예에 따라 만들어졌기 때문이다. 또한, 자금성은 외성(外城)[1], 내성(內城)[2], 황성(皇城)[3], 자금성(紫禁城)[4]의 4중 구조이지만, 경복궁은 한양도성[1], 궁성[2]의 2중 구조이다. 그럼에도 불구하고 비슷한 성격이나 기능을 가진 전각을 찾아 서로 비교하는 것은 일반인들이 두 궁궐을 이해하는 데 도움이 될 듯싶다.

우선, 일반인의 관점에서 경복궁의 정문인 광화문에 견줄 만한 전각을 자금성에서 찾는다면 (비록 학술적인 정답은 아니지만) 천안문(天安門, Gate of Heavenly Peace)으로 이해해도 무방할 것 같다. 왜냐하면 천안문이 비록 자금성의 정문이 아니라 자금성을 둘러싸고 있는 황성(皇城)의 정문이라 할지라도, 궁성 자체가 2중 구조(황성+자금성)인 자금성과 궁성이 하나뿐인 경복궁을 현실적으로 비교하기 위해서는, 황성과 자금성을 묶어 하나의 궁성으로 보는 것이 일반인들의 이해에는 더 낫기 때문이다. 특히 천안문 앞에도 큰 광장이 있고 광화문 앞에도 드넓은 육조거리가 있어서 공간배치법도 비슷하다.

두 번째로 경복궁의 중문(中門)인 흥례문에 견줄 만한 전각은 (의외로) 자금성의 정문인 오문(午門, Meridian Gate)으로 보는 것이 타당할 듯싶다. 왜냐하면 흥례문을 지나면 경복궁의 전문(殿門: 정전의 정문)인 근정문이 나오고, 오문을 지나면 자금성의 전문(殿門)인 태화문이 나오기 때문이다.

실제로 광화문이라는 이름이 역사기록에 처음 등장한 것은 1395년 경복궁의 주요 전각이 완성된 이후, 무려 31년 후인 1426년(세종 8)이었다. 1395년 처음 경복궁이 완공되었을 때는 경복궁 전체를 둘러싸는 궁성은 아직 완성되지 못하고 주요 핵심 전각만 둘러싸는 부분적인 성곽만 있었던 것 같다.

따라서 광화문이 경복궁 전체의 정문 역할을 하기 전에는 흥례문이 경복궁의 정문이었고, 당시의 이름은 자금성의 정문 이름과 똑같이 오문(午門)이었다. 정남쪽[午]을 뜻하는 경복궁 오문(午門)은 뒤에 정문(正門)으로 이름이 바뀌었다가 다시 홍례문(弘禮門)으로 바뀌고, 고종 때의 경복궁 중건 시 최종적으로 지금의 흥례문으로 바뀌었다.

永 길 **영** 1. 길다 2. (시간이) 오래다 3. 길게 하다, 길게 늘이다 4. (시간을) 오래 끌다 5. 깊다 6. 멀다, 요원하다(遙遠·遼遠--) 7. 읊다 8. 깊이 9. 길이, 오래도록, 영원히

濟 건널 **제** 1. 건너다 2. 돕다 3. 도움이 되다 4. 구제하다(救濟--) 5. 이루다 6. 성공하다 7. 성취하다 8. 더하다 9. 소용(所用) 있다 10. 쓸모가 있다 11. 유익하다 12. 많다 13. 그치다...

橋 다리 **교** 1. 다리, 교량 2. 시렁 3. 가마(조그만 집 모양의 탈것) 4. 가로 댄 나무 5. 썰매 6. 쇠코뚜레 7. 업신여기다, 깔보다 8. 어긋나다 9. 굳세다 10. 높다, 높이...

영제교 너머의 근정문

　영제교는 홍례문과 근정문을 잇는 직선 위에 놓여있는 돌다리다. 따라서 현판은 없지만, 실록에도 등장하는 궐내 주요 시설물이므로 살펴봐야 한다. 영제교 밑을 지나는 물길은 경복궁 안의 경회루 연못에서 흘러나와 근정문과 홍례문 사이를 통과한 뒤, 동십자각 옆의 수구(水口)로 빠져나가 삼청동천과 합류한다. 영제교(永濟橋)는 영원토록〔永〕구제하는〔濟〕또는 도움을 주는 다리라는 뜻이다.

홍례문(興禮門) 일원　061

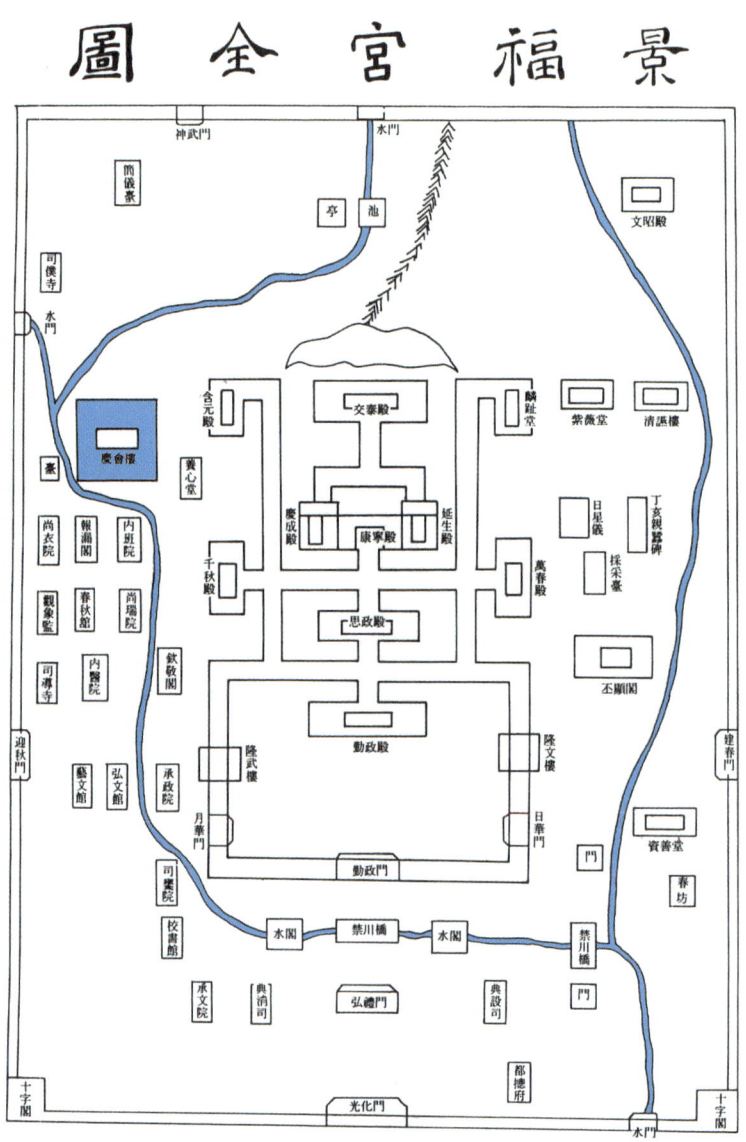

경복궁전도-경복궁 내 물길(임진왜란 이전) [삼성출판박물관소장]

그러고 보니 모든 조선 궁궐은 예외 없이 반드시 돌다리를 건너 간다. 궁궐 안에 있는 어구(御溝: 대궐 안에서 흘러나오는 개천)를 금천(禁川) 이라고 하고, 그 위에 놓인 다리를 일반적으로 금천교(禁川橋)라고 불렀는데, 특별히 경복궁의 금천교는 영제교(永濟橋), 창덕궁의 금천교는 비단 금(錦) 자를 쓰는 금천교(錦川橋), 창경궁의 금천교는 옥천교(玉川橋)라고 하여 별도의 고유명사를 붙였다.

위: 창경궁-옥천교, 아래: 창덕궁-금천교

『주례고공기』를 포함하여 궁궐 건축에 관한 유교 예제 자료를 모두 다 뒤져봐도, 궁궐에 들어갈 때 금천과 그 위를 지나가는 금천교를 설치하라는 부분은 찾을 수 없다. 그럼에도 불구하고 심지어 중국의 자금성까지도 궁궐의 법전[태화전] 앞쪽을 가로지르는 금천과 금천교가 있다. 이는 어떤 이유에서일까? 세종실록에 답이 있다.

세종 15년(1433) 7월 21일
...(전략)... '근자에 글을 올리어 (풍수)지리를 배척하는 사람이 더러 있으나, 우리 조종께서 지리로서 수도를 여기다 정하셨으니 그 자손으로서 쓰지 않을 수 없다. ...(후략)

위의 실록 기사는 세종대왕의 풍수관을 정확히 보여주고 있다. 즉 풍수지리가 성리학적인 관점에서 보자면 정통이 아닌 이단의 학문임은 확실하고 또한 간혹 허황된 내용도 없지 않지만, 현실적인 면에서는 조상 대대로 수용해온 것이기에 버릴 수가 없을 뿐만 아니라, 기왕 쓰는 것이라면 제대로 써야 한다는 것이다. 이런 태도는 조선의 역대 왕들이 비단 풍수지리뿐만 아니라, 도교 계통의 관청인 소격서에 대해서도 같은 입장을 취했다. 심지어 세종대왕은 풍수지리를 제대로 쓰려면, 집현전에서 제대로 강습하라고까지 강조했다.

세종 15년(1433) 7월 12일
안숭선이 또 아뢰기를, "제학 정인지, 부교리 유의손 등으로 하여금 집현전에 출근하여 지리를 강습하게 하시는데, 신은 생각하기를 이것이 단순히 전하의 사사로운 일이 아니오니 이 사람들로 풍수학 제조, 별좌를 삼고, 영의정 황희로 도제조를 삼으며, 전 대제학 하연으로 제조를 삼아서, <u>전심으로 강습하게 하면 진실로 국가에 도움이 있을 것이오며, 풍수학도 역시 밝아질 것입니다.</u>" 하니, 그대로 따랐다.

•• 뱀의 발

자금성의 명당 물길, 金水河(금수하, Golden Water River)

金쇠 금	1. 성(姓)의 하나(김) a. 쇠 b. 금 c. 돈, 화폐 d. 금나라(金--) e. 누른빛 f. 귀하다
水물 수	1. 물 2. 강물 3. 액체, 물과 관련된 일 4. 홍수, 수재, 큰물 5. 수성(水星) 6. 별자리 이름
河물 하	1. 물 <u>2. 내, 강(江)</u> 3. 운하 4. 섬 5. 은하 6. 강의 이름, 황하 7. 메다, 짊어지다

중국 자금성 내금수하와 내금수교

자금성은 인공적인 물길을 끌어들여 사방을 둘러싸는 해자(垓子)를 만들었다. 표면적인 이유는 보안과 소방의 효과를 위한 것이지만 내면적으로는 풍수지리적인 고려도 함께 한 것이다. 즉, 풍수지리에서 명당을 만들기 위한 2가지 핵심 방법론, 장풍(藏風)과 득수(得水) 중에서도 물길[水]을 얻는다[得]는 뜻의 득수 방법론을 적극 차용한 것이다.

자금성에는 외곽을 둘러싸는 네모반듯한 사각형의 해자(垓子) 이외에 황성의 정문인 천안문 앞에도 명당 물길이 있고, 자금성 안쪽의 태화문 앞에도 명당 물길이 있다. 굳이 비교하자면 천안문 앞의 명당 물길은 한양의 청계천에 해당하고, 태화문 앞의 명당 물길은 경복궁 근정문 앞의 영제교 아래를 흐르는 물길에 해당한다.

자금성을 휘감아 도는 명당 물길을 금수하(金水河, Golden Water River)라고 부른다. 그런데 금수하는 2개가 있으므로 서로 구분하기 위해 천안문 앞에 있는 것을 외금수하(外金水河, Outer Golden Water River), 태화문 앞에 있는 것을 내금수하(內金水河, Inner Golden Water River)라고 한다. 금수하가 있으면 당연히 그것을 지나가기 위한 다리도 필요하다. 그것을 각각 외금수교(外金水橋, Outer Golden Water Bridge), 내금수교(內金水橋, Inner Golden Water Bridge)라 한다.

천안문 앞의 외금수교는 무려 7개다. 천안문 바로 앞에 5개가 몰려있고, 좌우로 약간 떨어진 곳에 옛 태묘(太廟, Temple of the Imperial Ancestors, 현 노동인민문화궁(勞動人民文化宮) 지역)와 옛 사직단(社稷壇, Alter of Earth and Grain, 현 중산공원(中山公園) 지역)으로 연결되는 지점에 하나씩 있다.

그런데 금수교(金水橋)는 신분과 직급에 따라 이용하는 사람이 달랐다. 중앙에 몰려있는 5개의 다리 중에서도 한가운데의 다리는 어로교(御路橋)라고 하여 황제만이 다닐 수 있었다. 그 양옆의 두 다리는 왕공교(王公橋, 일명 황족교皇族橋)라고 하여 종친과 제후, 친왕(親王)만이 다닐 수 있었고, 제일 끝쪽의 두 다리는 품급교(品級橋)인데 3품 이상의 고급 관료들만이 사용할 수 있었다. 한편 몰려있는 5개 다리로부터 동서로 약간 떨어진 곳에 있는 두 다리는 공생교(公生橋)라고 하는데 4품 이하의 관원들과 일반인들이 사용했다.

維	벼리	유	1. 벼리(그물코를 꿴 굵은 줄·일이나 글의 뼈대가 되는 줄거리) 2. 바(밧줄) 3. 구석 4. 오직 5. 발어사(發語辭) 6. 조사(助詞) 7. 생각하다 8. 유지하다 9. 매다
和	화할	화	1. 화하다(和--: 서로 뜻이 맞아 사이좋은 상태가 되다) 2. 화목하다 3. 온화하다(溫和--) 4. 순하다(順--) 5. 화해하다(和解--) 6. 같다 7. 서로 응하다(應--)
門	문	문	1. 문 2. 집안 3. 문벌(門閥) 4. 동문(同門) …

유화문

유화문은 흥례문에 딸린 서쪽 행각에 있는 문으로, 이 문을 통하면 서쪽의 궐내각사(闕內各司) 구역으로 들어갈 수 있었다. 즉 유화문의 뒤쪽으로는 고관대작들이 왕을 만나러 가기에 앞서, 함께 모여 국정을 논하던 빈청(賓廳: 삼정승을 비롯한 비변사 당상관의 회의실)을 비롯해 수많은 궐내각사가 밀집되어 있었던 곳이다. 안타깝게도 일제강점기에 일제에 의해 모두 헐려 나가서, 현재는 빈 공터만 남아있는 상태인데, 장기적인 복원공사가 예정 중이다.

그런데 유화문(維和門)의 뜻은 무엇일까? 한자 사전을 뒤져 유(維)를 굳이 '매다'라는 뜻으로 보는 사람이 있다. 이러면 유화문은 '조화로움을 매어두는 문'이라는 이상한 뜻이 된다. 유(維)라는 한자는 그리 어려운 글자가 아닌데도 뜻을 알기는 쉽지 않다. 결론부터 말하자면 유(維)는 어조사 또는 발어사(發語辭)다. 즉 뜻은 없지만, 말을 이어주거나 새롭게 말을 시작할 때 쓰인다. 예를 들어 모든 축문이 '올해(歲)의 차례(次)는 ~'이란 뜻의 '유세차(維歲次) ~'로 시작하는 것에서도 확인할 수 있다. 또한, 박정희 독재 정권을 상징하는 단어인 유신(維新)에서도 유는 뜻이 없는 발어사여서 그저 새롭다는 뜻일 뿐이다.

그다음 글자는 조화로울 화(和)다. 유화문의 이름에서 발어사를 제외하면 의미를 담을 수 있는 글자는 하나밖에 남지 않는데 왜 많은 글자 중에서 하필이면 이 화(和) 자를 썼을까? 그것은 바로 유화문 뒤쪽에 있는 수많은 궐내각사 때문으로 추정된다. 왜냐하면, 수많은 관청이 서로 조화를 잘 이루어내야만 나랏일이 제대로 진행되기 때문이다.

논어에도 학이(學而) 편에 '예는 쓰임에 있어서(禮之用) 조화로움을 귀하게 여긴다(和爲貴)' '선왕의 도(先王之道) 역시 이 조화로움을 아름답게 여긴다(斯爲美)'라는 구절이 있어서, 성리학 중에서도 예학이 특히 발달했던 조선왕조에서, 궐내각사의 출입문에 유화문이라고 쓴 이유를 좀 더 분명히 해 주는 듯하다.

•• 뱀의 발

궁궐 명당수 근처 문의 이름에 꼭 들어가는 글자

　궁궐의 중심축 상에서 벗어나는 통로인 유화문과 비슷한 성격의 자금성 전각은 오문(午門)의 안쪽 마당 좌·우측에 있는 협화문(協和門, Gate of Cooperate harmony)과 희화문(熙和門, Gate of prosperous harmony)을 꼽을 수 있다. 이름의 가운데에 화할 화(和)가 들어간 것도 비슷하고 궁궐의 명당수 바로 옆에 만들어진 점도 비슷하다.

　다만 경복궁과 자금성의 차이로는 경복궁의 유화문은 행각의 서쪽 편에 하나뿐인 데 비해 자금성은 협화문과 희화문 2개가 행각의 동서쪽에서 서로 마주 보고 서 있으며, 유화문은 명당수 건너편에 있지만 협화문과 희화문은 명당수[內金水河(내금수하)]를 건너기 직전에 있다는 점이다. 동쪽의 협화문(協和門)은 '조화로움[和]이 서로 화합한다[協]'라는 뜻이고, 서쪽의 희화문(熙和門)은 '조화로움[和]이 빛난다[熙]'라는 뜻이다.

중국 자금성 협화문(좌측)과 희화문(우측) 현판

奇 기특할 기 1. 기특하다 2. 기이하다 3. 괴상하다 4. 새롭다 5. 불우하다 6. (운수가) 사납다 7. 기만하다 8. 때를 못 만나다 9. 뛰어나다 10. 알아주다 11. 홀수, 기수(奇數)...

別 나눌 별 1. 나누다 2. 몇 부분으로 가르다 3. 헤어지다 4. 따로 떨어지다 5. 떠나다 6. 다르다 7. 틀리다 8. 갈래, 계통 9. 구별 10. 차별 11. 이별, 헤어짐 12. 따로 달리 13. 특히

廳 관청 청 <u>1. 관청(官廳), 관아(官衙)</u>, 2. 마루, 대청(大廳) 3. 마을 4. 건물(建物)

기별청

　유화문의 뒤쪽으로는 궐내각사가 밀집해 있어서 유화문을 통해 관리들의 출입이 매우 빈번했었을 뿐만 아니라, 홍례문 일곽에서는 조회가 열리거나 심지어 왕의 즉위식까지 열렸고, 또한 교서의 반포 등이 이루어지는 등 공식적인 정치 활동이 매우 왕성한 지역이었다. 따라서 매일매일 궐내각사 및 궁궐 내에서 일어나는 공식적인 소식(뉴스)을 모든 관리에게 알릴 필요가 있었는데, 왕명 출납 업무를 담

당하던 승정원에서 제반 소식을 제작하여 관보(官報) 형식으로 알렸는데, 그것을 조정에서 보도하는 것이라는 뜻으로 조보(朝報)라고 불렀다. 기별청은 바로 그 조보를 작성하여 배포하던 곳이다. 또한 이 조보는 한양뿐만 아니라 지방관청에도 발송되었는데 매일 조보를 확인할 수 있는 한양과는 달리, 지방에는 5~10일 또는 한 달 치를 한꺼번에 묶어서 보냈다. 그러다 보니 배송이 늦어지면 지방에서는 "기별청에서 왜 조보가 안 오지?"라고 했는데 이것이 나중에는 "왜 기별이 없지?"라는 말로 바뀌어 민간에서도 쓰이게 되었다.

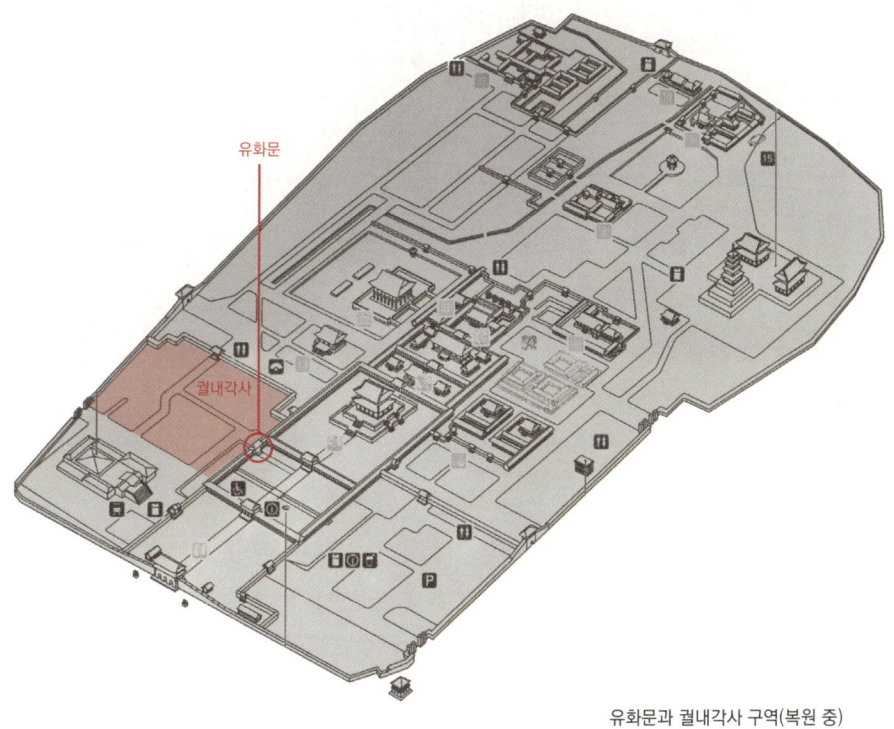

유화문과 궐내각사 구역(복원 중)

德덕	덕	1. 크다 2. (덕으로) 여기다 3. (덕을) 베풀다 4. 고맙게 생각하다 5. 오르다, 타다 6. 덕(德), 도덕(道德) 7. 은덕(恩德) 8. 복(福), 행복(幸福) ...
陽볕	양	1. 볕, 양지 2. 해, 태양 3. 양, 양기(陽氣) 4. 낮, 한낮 5. 남성 6. 하늘 … 15. 드러내다 16. 밝다 17. 맑다 18. 선명하다 19. 양각하다(陽刻--) 20. 굳세고 사납다
門문	문	1. 문 2. 집안 3. 문벌(門閥) 4. 동문(同門)

덕양문

　유화문의 맞은편, 즉 홍례문의 동행각 북쪽 끝쪽에는 평소에는 굳게 닫혀있어 통행할 수 없는 평문(平門) 형식의 덕양문이 있다. 특히 행각 안쪽에서는 문의 형태가 두드러지지 않고 행각 밖에서 보았을 때만 현판이 걸린 문의 형태가 제대로 보이기 때문에 그곳에 문이 있다는 것조차 아는 일반인도 매우 드물다. 고종 4년(1867) 11월 8일 실록에 처음으로 명칭이 등장하는 것으로 보아 경복궁을 중건

할 때 새로 만들어진 듯하다.

　덕양문(德陽門)의 의미는 글자 그대로 덕을[德] 밝고 선명하게 드러내는[陽] 문이라는 뜻인데, 특히 해가 뜨는 동쪽의 행각에 있으므로 양기(陽氣)를 더욱 강조한 느낌이다. 양기(陽氣)를 상징하는 양(陽) 자가 들어간 건축물은 주로 양기가 강한 동쪽과 남쪽을 가리키는 경우가 많다. 경복궁 내에서 양(陽) 자가 들어간 출입문은 모두 동쪽 문인데 덕양문 이외에도 건청궁의 초양문(初陽門), 집경당의 봉양문(鳳陽門)이 동쪽 출입문이다. 참고로 중국 베이징 내성(內城) 정문인 정양문(正陽門)은 남향이다.

　그런데 덕양문은 임금의 주 이동 경로에서 매우 가까운 곳에 있음에도 불구하고 현판 위치가 안쪽이 아니라 바깥쪽에 설치된 이유는 무엇일까? 이는 아마도 이 문이 임금으로서는 굳이 알 필요가 없는 문이라는 것을 암시하고 있는 것으로 보인다. 왜냐하면, 이 문은 주로 상궁이나 내시들이 드나들던 문이기 때문이다. 그리고 덕양문을 나서면 앞쪽에 건춘문이 보인다. 앞서도 살펴보았듯이 건춘문은 그 앞에 종친부가 있었기 때문에 주로 왕족과 척신(戚臣), 상궁들이 드나들었던 문이다.

근정전(勤政殿) 일원

근정전

勤 부지런할 근　1. 부지런하다, 부지런히 일하다, 임무(任務)를 행하다 2. 근무하다(勤務--) 3. 힘쓰다 4. 위로하다, 수고를 치하하다(致賀--) 5. 근심하다, 걱정하다 6. 괴롭다,...

政 정사 정　1. 정사(政事), 나라를 다스리는 일 2. 구실(온갖 세납을 통틀어 이르던 말), 조세(租稅) 3. 법, 법규, 정사를 행하는 규칙 4. 부역, 노역 5. 벼슬아치의 직무나 관직

門 문 문　1. 문 2. 집안 3. 문벌(門閥) 4. 동문(同門)

근정문

　부지런히〔勤〕 정치〔政〕하라는 뜻의 근정문은 법전(法殿. 또는 正殿)인 근정전(勤政殿)의 정문이므로, 당연히 법전의 이름을 그대로 쓰고 있다. 이는 다른 궁궐도 마찬가지여서 창덕궁 인정전(仁政殿)의 인정문, 창경궁 명정전(明政殿)의 명정문, 경희궁 숭정전(崇政殿)의 숭정문, 덕수궁 중화전(中和殿)의 중화문처럼 법전(法殿)의 정문 이름은 한결같이 법전의 이름을 그대로 사용한다.

좌측 위로부터 시계방향으로 창덕궁-인정문, 창경궁-명정문, 덕수궁-중화문, 경희궁-숭정문

좌측 위로부터 시계방향으로 경복궁-사정문, 창덕궁-선정문, 창경궁-문정문, 경희궁-자정문

　국가의 대규모 공식행사가 열리는 법전뿐만이 아니다. 매일매일의 일상정치가 열리는 편전의 정문 이름도 경복궁 사정전의 사정문, 창덕궁 선정전의 선정문, 창경궁 문정전의 문정문, 경희궁 자정전의 자정문처럼 예외 없이 편전의 이름을 그대로 사용한다. 이는 궁궐 내 정치구역인 치조(治朝)에 적용되는 공통된 규칙으로, 심지어 중국 자금성도 예외는 아니어서 태화전의 정문은 태화문이다.

勤 부지런할 근 1. 부지런하다, 부지런히 일하다, 임무(任務)를 행하다 2. 근무하다(勤務--) 3. 힘쓰다 4. 위로하다, 수고를 치하하다(致賀--) 5. 근심하다, 걱정하다 6. 괴롭다,...

政 정사 정 1. 정사(政事), 나라를 다스리는 일 2. 구실(온갖 세납을 통틀어 이르던 말), 조세(租稅) 3. 법, 법규, 정사를 행하는 규칙 4. 부역, 노역 5. 벼슬아치의 직무나 관직

殿 전각 전 1. 전각(殿閣), 궁궐(宮闕) 2. 큰 집 3. 절, 사찰(寺刹) 4. 전하(殿下)

근정전

　근정전이라는 이름을 지은 사람은 바로 개국공신 정도전이다. 정도전은 새 궁궐의 이름을 경복궁이라고 지었을 뿐만 아니라 근정전을 비롯하여 궐내 주요 전각과 문에 대한 이름을 모두 지었는데 그 내용이 실록에 기록되어 있다. 그중에서 근정전과 근정문에 대한 부분만 살펴보자.

태조 4년(1395) 10월 7일

판삼사사 정도전(鄭道傳)에게 분부하여 새 궁궐의 여러 전각의 이름을 짓게 하니 …(중략)… 근정전(勤政殿)과 근정문(勤政門)에 대하여 말하오면, 천하의 일은 부지런하면 다스려지고 부지런하지 못하면 폐하게 됨은 필연한 이치입니다. 작은 일도 그러하온데 하물며 정사와 같은 큰 일이겠습니까? …(중략)… 또 말하기를, '어진 이를 구하는 데에 부지런하고 어진 이를 쓰는 데에 편안히 한다.' 했으니, 신은 이로써 이름하기를 청하옵니다.

뱀의 발

자금성의 三大殿(삼대전)

궁궐 내 공식 법전(法殿: =正殿)이 하나뿐인 조선 궁궐에 비해[법전: 경복궁 근정전, 창덕궁 인정전, 창경궁 명정전, 경희궁 숭정전, 덕수궁 중화전], 자금성은 삼대전(三大殿, 또는 前三殿/外三殿)이라 하여 법전이 무려 3개인데, 앞에서부터 차례로 태화전(太和殿)[1], 중화전(中和殿)[2], 보화전(保和殿)[3]이다.

중국 자금성 태화전

그중에서도 가장 핵심 전각은 태화문(太和門, Gate of Supreme Harmony)을 정문으로 삼고 있는 태화전(太和殿, Hall of Supreme Harmony)으로 자금성 내에서는 가장 규모가 큰 건물이다. 태화문과 태화전 사이에는 자금성 내에서 가장 넓은 광장이 조성되어 있는데 여기에서 황제의 즉위식이나 국혼, 책봉 등 국가의 중대사가 치러졌다. 송나라 때의 유학자 장재[宋朝六賢의 한 사람]는 그의 저서 정몽(正蒙)에서 크게[太] 조화롭다[和]는 뜻의 '태화'를 도(道)라고 설명하였다[太和所謂道(태화소위도: 태화는 소위 도(道)라고 하는 것이다)].

　태화전 뒤의 중화전(中和殿, Hall of Central Harmony)은 태화전에서 공식행사를 치르기 위한 보조역할을 담당하던 곳으로 평소에는 황제가 상소문을 읽거나 신하들을 만나던 곳이었다. 중용(中庸)에서 이름을 뽑은 중화전은 하필이면 우리나라 덕수궁의 법전 이름과 한자까지 똑같다. 중용에서 풀이하는 중화의 뜻은 다음과 같다.

　　中也者['중(中)'이라는 것은]
　　天下之大本也[천하의 큰 근본이고]
　　和也者['화(和)'라고 하는 것은]
　　天下之達道也[천하가 도(道)에 통달한 것이다.]

좌측부터 중국 자금성 중화전, 보화전

공교롭게도 태화전과 중화전 모두 그 이름 속에서 도(道)를 암시하고 있다.

　한편, 삼대전 중에서 제일 뒤쪽의 보화전(保和殿, Hall of Preserving Harmony)은 조화로움[和]을 보존[保]하라는 뜻인데, 황제가 연회를 베풀거나 과거시험의 마지막 단계인 전시(殿試)가 치러지던 곳이었다.

日	날 일	1. 날 2. 해, 태양 3. 낮 4. 날수 5. 기한 6. 낮의 길이 7. 달력 8. 햇볕, 햇살, 햇빛, 일광(日光: 햇빛) 9. 십이장(十二章)의 하나 10. 나날이, 매일(每日)...
華	빛날 화	1. 빛나다 2. 찬란하다 3. 화려하다 4. 사치하다 5. 호화롭다 6. 번성하다 7. 머리 세다 8. 꽃 9. 광채 10. 때 11. 세월 12. 시간...
門	문 문	1. 문 2. 집안 3. 문벌(門閥) 4. 동문(同門)

근정문과 일화문

月 달 월
1. 달, 별의 이름 2. 세월, 나달, 광음(光陰: 시간이나 세월을 이르는 말) 3. 달빛 4. 달을 세는 단위 5. 한 달, 1개월 6. 월경(月經), 경수(經水) 7. 다달이, 달마다

華 빛날 화
1. 빛나다 2. 찬란하다 3. 화려하다 4. 사치하다 5. 호화롭다 6. 번성하다 7. 머리 세다 8. 꽃 9. 광채 10. 때 11. 세월 12. 시간...

門 문 문
1. 문 2. 집안 3. 문벌(門閥) 4. 동문(同門)

근정문과 월화문

정면 3칸의 근정문 양옆 행각에는 벽을 뚫어 근정문과는 별도의 출입문을 만들었다. 왜냐하면, 근정문은 임금만이 다니는 문이었기 때문이다. 그 대신 동쪽 일화문(日華門)으로는 문관이 출입했고, 서쪽 월화문(月華門)으로는 무관이 드나들었다. 두 문의 이름은 모두 빛날 화(華)를 공통으로 쓰고 있어서 각각 해가[日] 빛나는[華] 문[또는 해의 정화(精華)], 달이[月] 빛나는[華] 문[또는 달의 정화(精華)]이라는 뜻인데, 동양의 전통사상인 음양오행에서 해와 달은 각각 양과 음의 대표적 상징이다.

이는 곧 문신은 양의 기운을 대표하고, 그리고 무신은 음의 기운을 대표하는 것으로 인식된다. 그런 까닭에 문신을 동반(東班)이라 하고, 무신을 서반(西班)이라 하며, 동반과 서반을 한꺼번에 부르면 양반(兩班)이 된다.

•• 뱀의 발
자금성 太和門(태화문, Gate of Supreme Harmony)**의 3문 구조**

중국 자금성 태화문

근정전의 좌우에 별도의 출입문을 만든 것처럼 자금성의 태화문 양옆 행각에도 별도의 큰 문을 만들어 외견상 3문 구조를 취하고 있다. 동쪽의 문이 덕(德)을 밝힌다[昭]는 뜻의 소덕문(昭德門, Zhaode Gate), 서쪽의 문이 올곧은

[貞] 법도[度]를 뜻하는 정도문(貞度門, Zhendu Gate)이다. 근정문이 임금만이 출입할 수 있었던 문인 것처럼 태화문도 오로지 황제와 황후만이 다닐 수 있었기 때문에, 황제를 배알하기 위한 신하들은 소덕문(昭德門)과 정도문(貞度門)으로만 통행해야 했다.

명나라 시대에는 태화문(太和門)에서 어문청정(御門聽政)이라 하여 어좌를 설치한 후 황제가 신하들을 접견하고 법령을 반포하는 등 각종 정무를 처리하기도 하였으나, 청나라 시대에는 어문청정의 장소를 건청궁(乾淸宮, Palace of Heavenly Purity)의 정문인 건청문(乾淸門, Gate of Heavenly Purity)으로 바꾸었다. 우리 실록에도 건청문에서 황제를 알현하는 기사가 실려있다.

현종 12년(1671) 2월 20일

동지사 복선군 이남, 부사 정익 등이 돌아오다가 산해관(山海關)에 이르러 치계하였다.

'정월 초하룻날 청나라 황제가 성황사에 가서 분향하려 할 때 동서반이 오문(午門) 밖에 늘어섰는데, 신들도 하반(賀班)에 참여하였습니다. 예(禮)가 끝나자 도로 들어가고, 뭇 관원들은 다 파하여 나갔습니다. 신들도 나오려고 하는데, 예부랑(禮部郞) 한 사람이 황제의 명으로 신들을 부르기에 서둘러 건청궁(乾淸宮)으로 들어갔습니다. 청나라 황제가 문[건청문]의 한중앙 평상에 앉아서 신들을 계단으로 올라오라고 명하였습니다. …(후략)…

隆 높을 융 1. 높다 2. 높이다 3. 두텁다 4. 성하다(盛--) 5. 후하다(厚--) 6. 성대하다(盛大--)

文 글월 문 1. 글월, 문장(文章) 2. 어구(語句) 3. 글 4. 글자 4. 문서 5. 서적, 책 6. 문체의 한 가지 7. 채색(彩色), 빛깔 8. 무늬 ...

樓 다락 루 1. 다락 2. 망루(望樓) 3. 집 대마루 4. 층집 5. 점포 6. 동(棟)(단위의 이름)

융문루

한편 근정전의 좌우 행각 중간 부분에는 동쪽에 융문루(隆文樓), 서쪽에 융무루(隆武樓)가 서로 대칭적인 위치에 자리 잡고 있다. 하지만 양쪽 모두 현판은 없다. 동쪽에 문, 서쪽에 무를 배치한 것은 역시나 음양론에 영향을 받은 것이다. 각각 문(文)을 높이고[隆], 무(武)를 높이는[隆] 누각이라는 뜻인데, 정도전이 이런 이름을 지은 내용도 실록에 전하고 있다.

隆 높을 융 1. 높다 2. 높이다 3. 두텁다 4. 성하다(盛--) 5. 후하다(厚--) 6. 성대하다(盛大--)
武 호반 무 1. 호반(虎班: 무관(武官)의 반열(班列)) 2. 무인(武人) 3. 무사(武士), 병사(兵士) 4. 군대의 위용, 무위(武威) 5. 병법, 전술 …
樓 다락 루 1. 다락 2. 망루(望樓) 3. 집 대마루 4. 층집 5. 점포 6. 동(棟)(단위의 이름)

융무루

태조 4년(1395) 10월 7일

판삼사사 정도전(鄭道傳)에게 분부하여 새 궁궐의 여러 전각의 이름을 짓게 하니 …(중략)… 융문루(隆文樓)·융무루(隆武樓)에 대해서 말하오면, 문(文)으로써 다스림을 이루고 무(武)로써 난(亂)을 안정시킴이오니, 마치 사람의 두 팔이 있는 것과 같아서 하나라도 폐할 수 없는 것입니다. 대개 예악과 문물이 빛나서 볼 만하고, 군병과 무비가 정연하게 갖추어지며, 사람을 쓴 데에 이르러서는 문장 도덕의 선비와 과감 용맹한 무부(武夫)들이 경외(京外)에 퍼져 있게 한다면, 이는 모두가 문(文)을 높이고 무(武)를 높이게 한 것이며, 거의 전하께서 문무를 함께 써서 오래도록 다스림을 이룰 것입니다. …(후략)…

현재 동쪽의 융문루는 누각 아래쪽이 개방되어 있어서 사람의 통행이 가능하지만, 서쪽의 융무루는 누각의 하부가 폐쇄되어 있어서 통행할 수 없다. 이는 마치 종묘 정전과 영녕전의 좌우 익랑이 동쪽〔陽〕의 것은 개방형인 데 반해, 서쪽〔陰〕의 것은 폐쇄형 구조를 한 것과 같은 맥락으로 이해될 수 있을 것 같다. 즉 건축물이 좌우 대칭의 구조일 경우에는 음양오행의 법칙이 적용된다는 뜻이다.

•• 뱀의 발
자금성에서 문(文)과 무(武)의 상징 찾기

근정전 좌우 행각에 각각 문과 무를 상징하는 융문루와 융무루가 있듯이, 자금성의 경우 태화전 좌우 행각에는 거대한 누각이 서로 마주 보고 있다. 너무 거대해서 단순한 누각이라는 생각보다는 독립적인 전각처럼 보인다. 동쪽에 있는 것이 체인각(體仁閣, Pavilion of Embodying Benevolence)이고 서쪽에 있는 것이 홍의각(弘義閣, Pavilion of Glorifying Righteousness)이다.

먼저 문(文)을 상징하는 동쪽의 체인각은 인(仁)을 체득[體]한다는 뜻이다. 자금성이 처음 만들어졌을 때는 그냥 문루(文樓)라고 불렸다가, 문(文)을 밝힌다[昭]는 뜻의 문소각(文昭閣)을 거쳐, 청나라 때 체인각으로 바뀌었다.

유교에서는 음양오행의 오행(五行)을 유교식으로 재해석하여 인의예지신(仁義禮智信)의 오상(五常)이라는 유교의 덕목으로 바꾸었다. 오상은 오행과 마찬가지로 방위별로 배정되는데 인(仁)은 동쪽, 의(義)는 서쪽, 예(禮)는 남쪽, 지(智)는 북쪽, 신(信)은 중앙을 담당한다. 그러므로 체인각은 그 이름 속에 동쪽을 의미하는 글자 인(仁)이 들어가 있음을 알 수 있다. 한양도성의 동대문을 흥인지문이라고 부르는 이유도 동쪽을 뜻하는 인(仁)이 들어가 있기 때문이다.

체인각의 옛 이름인 문소각에 쓰인 소(昭)도 '밝다, 밝히다'라는 뜻이 포함되어 있어서 주로 해가 뜨는 동쪽이나 해가 한창인 남쪽을 가리킬 때 사용된다. 태화문 동쪽의 출입문이 덕(德)을 밝힌다[昭]는 뜻의 소덕문(昭德門)이며, 경복궁 강녕전 남쪽 행각에도 밝음[昭]을 맞이한다[延]는 뜻의 연소당(延昭堂)이 자리 잡고 있다. 한편 경복궁 교태전의 동쪽 행각에는 체인각과 같은 뜻을 가진 체인당(體仁堂)이라는 전각이 있다.

체인각의 반대쪽인 서쪽에는 의로움[義]을 넓힌다[弘]는 뜻의 홍의각이 대칭적인 구도로 서 있다. 무(武)를 상징하는 홍의각도 자금성이 처음 만들어졌을 때

중국 자금성 체인각(좌측), 홍의각(우측) 현판

는 그냥 무루(武樓)로 불렸는데, 무(武)가 완성[成]된다는 뜻의 무성각(武成閣)을 거쳐, 청나라 때 홍의각으로 바뀌었다. 가운데 의(義)자는 오상(五常)에서 서쪽을 의미한다. 그뿐만 아니라 홍의각의 옛 이름인 무성각의 성(成)도 경복궁의 용성문(用成門), 내성문(乃成門), 재성문(財成門), 필성문(弼成門), 경성전(慶成殿)의 쓰임에서도 알 수 있듯이 서쪽을 뜻한다. 봄[동쪽]은 탄생[生]을 의미하고 가을[서쪽]은 완성[成]을 의미하기 때문이다.

한편 태화전 좌우 행각의 바깥쪽, 즉 체인각과 홍의각의 뒤쪽으로는 각각 문과 무를 상징하는 문화전(文華殿, Hall of Literary Brilliance) 지역과 무영전(武英殿, Hall of Martial Valor) 지역이 있다. '문(文)이 빛난다[華]'라는 뜻의 문화전 지역은 태화전 동쪽 행각 밖에 있고, '무(武)가 뛰어나다[英]'라는 뜻의 무영전 지역은 태화전 서쪽 행각 밖에 있다. 문을 무보다 우선시하는 것을 반영하듯 문화전 지역이 무영전 지역보다 규모가 더 크다.

그런데 경복궁과는 달리 문화전과 무영전은 전각이 단독으로 존재하는 것이 아니라, 각각 문화문(文華門, Gate of Literary Brilliance)과 무영문(武英門, Gate of Martial Valor)을 정문으로 삼고 그 앞마당에는 좌우로 동무(東廡)와 서무(西廡)를 거느리는 등, 여러 부속 건물들과 함께 하나의 건축군을 형성하고 있다. 특히 문화전 뒤쪽의 부속 건물인 문연각(文淵閣, Pavilion of Literary Profundity)은 문(文)의 근원[淵]이라는 뜻인데, 소현세자가 청나라에 볼모로 잡혀있었을 때 잠시 머물렀던 곳이라고 연암 박지원의 『열하일기』는 기록하고 있다.

사정전(思政殿) 일원

사정문에서 본 사정전

思	생각	사	1. 생각, 심정, 정서 2. 의사(意思), 의지, 사상 3. 뜻 4. 마음 5. 시호(諡號) 6. 성(姓)의 하나 7. 어조사 8. 생각하다, 사색하다(思索--) 9. 그리워하다 10. 슬퍼하다, ...
政	정사	정	1. 정사(政事), 나라를 다스리는 일 2. 구실(온갖 세납을 통틀어 이르던 말), 조세(租稅) 3. 법, 법규, 정사를 행하는 규칙 4. 부역, 노역 5. 벼슬아치의 직무나 관직
門	문	문	1. 문 2. 집안 3. 문벌(門閥) 4. 동문(同門)

사정문

백성을 항상 생각하면서[思] 정치를[政] 하라는 뜻의 사정전(思政殿)은 정문인 사정문(思政門)과 더불어 경복궁의 편전(便殿) 구역을 이룬다. 편전은 임금이 평상시에 머물면서 정사를 돌보던 곳인데, 주 편전인 사정전 양옆으로는 보조 편전인 만춘전과 천추전이 나란히 자리 잡고 있다. 또한, 사정전은 앞쪽의 근정전과 더불어 치조(治朝), 즉 정치구역에 해당한다. 사정문과 사정전의 뜻에 대해 정도전이 밝

思 생각 사 1. 생각, 심정, 정서 2. 의사(意思), 의지, 사상 3. 뜻 4. 마음 5. 시호(諡號) 6. 성(姓)의 하나 7. 어조사 8. 생각하다, 사색하다(思索--) 9. 그리워하다 10. 슬퍼하다, ...

政 정사 정 1. 정사(政事), 나라를 다스리는 일 2. 구실(온갖 세납을 통틀어 이르던 말), 조세(租稅) 3. 법, 법규, 정사를 행하는 규칙 4. 부역, 노역 5. 벼슬아치의 직무나 관직

殿 전각 전 1. 전각(殿閣), 궁궐(宮闕) 2. 큰 집 3. 절, 사찰(寺刹) 4. 전하(殿下)

좌측에서 본 사정전

힌 내용을 실록에서 확인해 보자.

태조 4년(1395) 10월 7일
판삼사사 정도전(鄭道傳)에게 분부하여 새 궁궐의 여러 전각의 이름을 짓게 하니 ...(중략)... 그 사정전(思政殿)에 대해서 말하면, 천하의 이치는 생각하면 얻을 수 있고 생각하지 아니하

면 잃어버리는 법입니다. …(중략)… 《서경(書經)》에 말하기를, '생각하면 슬기롭고 슬기로우면 성인이 된다.' 했으니, 생각이란 것은 사람에게 있어서 그 쓰임이 지극한 것입니다. …(후략)

천추전과 사정전

萬 일만 **만** 1. 일 만(一萬) 2. 성(姓)의 하나 3. 현(縣)의 이름 4. 만무(萬無: 절대로 없음) 5. 대단히 6. 매우 7. 매우 많은 8. 여럿 9. 절대로 10. 전혀 11. 많다

春 봄 **춘** 1. 봄 2. 동녘 3. 술 4. 남녀의 정 5. 젊은 나이 6. 정욕(情慾)

殿 전각 **전** 1. 전각(殿閣), 궁궐(宮闕) 2. 큰 집 3. 절, 사찰(寺刹) 4. 전하(殿下)

만춘전

　만춘전과 천추전은 주 편전인 사정전을 좌우에서 보조하는 보조 편전이다. 사정전은 전체 바닥이 마루로만 되어있고 별도의 난방시설이 없다. 따라서 좌우의 만춘전과 천추전은 난방시설을 갖추어서, 기온이 내려가도 국정운영에 중단이 없도록 하였는데, 이름에서도 알 수 있듯이 만춘전은 주로 한겨울에서 봄까지, 천추전은 가을에서 한겨울까지 사용되었다.

천추전 아궁이-천추전은 가을부터 한겨울까지 사용하는 전각이라 아궁이가 설치되어 있다.

 우선 만(萬)년의 봄(春)이라는 뜻을 가진 만춘전(萬春殿)부터 살펴보자. 사정전의 동쪽에 위치하는데, 건춘문(建春門)과 마찬가지로 이름 속에 봄을 뜻하는 춘(春)이 들어있어, 음양오행의 개념상 동쪽을 상징한다. 또한, 사정전 서쪽에 나란히 지어진 천추전(千秋殿)과 크기와 모양에서 완벽한 좌우 대칭을 이룬다.

千 일천 천 1. 일천 2. 밭두둑, 밭두렁 3. 초목이 무성한 모양 4. 아름다운 모양 5. 그네(=韆) 6. 반드시 7. 기필코 8. 여러 번 9. 수효(數爻)가 많다

秋 가을 추 1. 가을 2. 때, 시기 3. 세월 4. 해, 1년

殿 전각 전 1. 전각(殿閣), 궁궐(宮闕) 2. 큰 집 3. 절, 사찰(寺刹) 4. 전하(殿下)

천추전

만춘전(萬春殿)은 천(千)년의 가을[秋]이라는 뜻을 가진 천추전(千秋殿)에 비해 글자 속 숫자가 훨씬 더 큰데, 이것 역시 음양오행의 개념상 양을 뜻하는 동쪽이 음을 뜻하는 서쪽보다 서열이 높기 때문이다. 앞에서도 여러 차례 언급했듯이 경복궁의 전각배치에서 좌우로 대칭을 이루는 전각들은 음양오행의 법칙을 적용한 것이 대부분이다.

그런데 임진왜란으로 소실되기 전의 경복궁 모습을 확인할 수 있는 '경복궁 전도(景福宮全圖)'를 보면, 만춘전과 천추전의 위치가 오늘날과는 상당히 다르다. 즉 만춘전과 천추전이 지금처럼 사정전 행각에 둘러싸인 채 사정전의 양옆 동서쪽에 위치하지 않고, 사정전 행각의 밖에서 복도로 연결되어 있다. 따라서 경복궁 중건 시 현재의 위치로 옮긴 것으로 추정된다.

•• 뱀의 발
자금성 내에서 찾아보는 만춘(萬春)과 천추(千秋)

자금성 내에는 우리의 창덕궁 후원처럼 휴식공간으로 아름답게 꾸며진 화원이 네 곳 있는데, 어화원(御花園)[1], 자녕궁 화원(慈寧宮花園)[2], 건복궁 화원(建福宮花園)[3], 영수궁 화원(寧壽宮花園)[4]이 그것이다. 그중에서도 특히 어화원(Imperial Garden)이 가장 큰 규모인데, 자금성의 중심축선 위에 자리 잡고 있으며, 자금성의 가장 북쪽 지역을 차지하고 있다.

곤녕궁(坤寧宮, Palace of Earthly Tranquility)에서 북쪽의 곤녕문(坤寧門, Gate of Earthly Tranquility)을 나서면 눈앞에 남북으로 약 90m, 동서로 약 135m의 신선 세계가 펼쳐지는데 그곳이 바로 어화원이다. 가산(假山)과 기암괴석(怪石) 그리고 소나무, 측백나무, 대나무 등이 빽빽한 가운데 각종 정자나 누각 건축물들이 환상적인 조화를 이루고 있다. 그런데 어화원의 동서 양쪽 끝부분에 쌍둥이처럼 생긴 정자가 하나씩 대칭적으로 서 있는데 그 이름이 만춘정(萬春亭, Pavilion of Ten Thousand Springs)과 천추정(千秋亭, Pavilion of One Thousand Autumns)이다. 형태가 정자일 뿐, 경복궁의 만춘전, 천추전의 명명법과 완전히 같다.

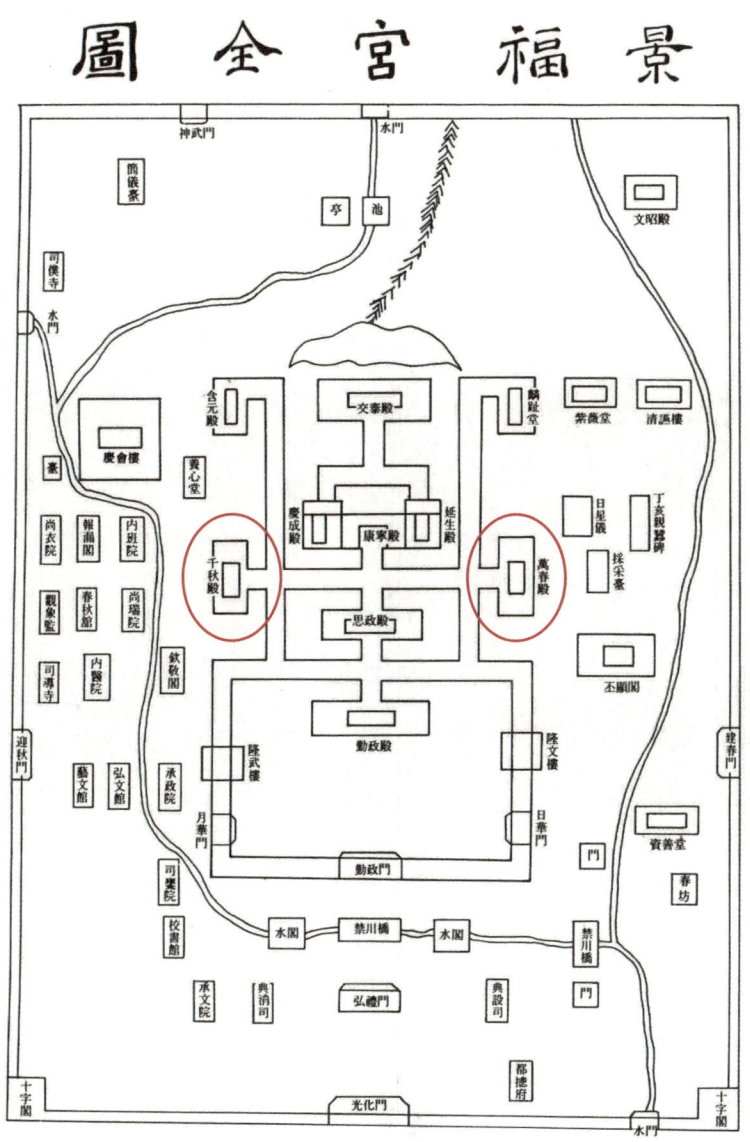

경복궁전도-만춘전과 천추전 [삼성출판박물관소장]

協 화합할 협 1. 화합하다 2. 돕다 3. 복종하다 4. 적합하다 5. 좇다 6. 맞다 7. 합하다(合--)
8. 협력하다

善 착할 선 1. 착하다 2. 좋다 3. 훌륭하다 4. 잘하다 5. 옳게 여기다 6. 아끼다 7. 친하다(親--)
8. 사이좋다 9. 착하고 정당하여 도덕적 기준에 맞는 것

堂 집 당 1. 집, 사랑채 2. 마루, 대청 3. 근친(近親), 친족(親族) ...

협선당

협선당은 용신당과 더불어 사정전의 서쪽 행각을 이루고 있다. 사정전의 서쪽 행각은 총 14칸인데, 가장 남쪽 칸과 북쪽 칸은 1칸 짜리 출입문이다. 나머지 12칸 중 중앙부의 1칸은 부엌이며 부엌을 중심으로 남쪽 6칸이 용신당, 북쪽 5칸이 협선당이다. 협선당은 남쪽에서부터 1칸의 방, 2칸의 대청, 다시 2칸의 방이 연이어 배치되었는데 고종실록에 왕자사부(王子師傅)와 상견례를 할 때 강학청(講學

廳)으로 쓴 것으로 미루어 보아 왕자의 교육을 포함하여 사정전의 부수적 기능을 담당하였던 것으로 여겨진다.

협선당(協善堂)은 서로 협력[協]하여 지극한 선(善)의 경지에 이르는 것을 뜻한다. 협력의 주체는 두말할 것 없이 임금과 신하들이다. 선(善)의 경지, 그것도 지극한 선의 경지는 유교사회의 목표인데, 이를 언급한 것이 바로 사서삼경 중의 하나인 『대학(大學)』의 첫 구절이다.

大學之道(대학지도) 〔大큰 대, 學배울 학, 之어조사 지, 道길 도〕
큰大 배움學의之 도道는
What the Great Learning teaches,

在明明德(재명명덕) 〔在있을 재, 明밝을 명, 明밝을 명, 德덕 덕〕
밝은 덕明德을 밝히는 데明 있고在,
is to illustrate illustrious virtue;

在親(新)民(재친(신)민) 〔在있을 재, 親친할 친(또는 新새로울 신), 民백성 민〕
백성들을民 친밀하게親(또는 새롭게新) 하는 데 있고在,
to renovate the people;

在止於至善(재지어지선) 〔在있을 재, 止그칠 지, 於어조사 어, 至이를 지, 善착할 선〕
지극한至 선善에於 머무르게止 함에 있다在.
and to rest in the highest excellence.

用 쓸 용 1. 쓰다 2. 부리다, 사역하다(使役--) 3. 베풀다, 시행하다 4. 일하다 5. 등용하다 6. 다스리다 7. 들어주다 8. 하다, 행하다(行--) 9. 작용, 능력 10. 용도(用度), 쓸데 …

申 거듭 신 1. 거듭, 되풀이하여 2. 아홉째 지지(地支) 3. 방위로는 서남서, 동물로는 원숭이 4. 나라의 이름 5. 거듭하다 6. 늘이다, 연장시키다 7. 펴다, 베풀다...

堂 집 당 1. 집, 사랑채 2. 마루, 대청 3. 근친(近親), 친족(親族) …

용신당

한편 용신당(用申堂)은 직역하면 써서[用] 펼친다는[申] 뜻인데, 용신당이 편전인 사정전에 부속된 행각임을 고려하면 임금이 능력 있고 어진 신하들을 활용[用]하여 선정을 펼치다 또는 베푼다는[申] 뜻으로 풀이할 수도 있다.

여기서 한 가지 알아두어야 할 점이 있다. 일반적으로 우리 전통 건축물에는 건물 주인의 위상이나 사용 목적 등에 따라 전(殿) 당(堂) 합(閤) 각(閣) 재(齊) 헌(軒) 루(樓) 정(亭)과 같은 이름이 붙고 대체로 독립적인 건물을 전체적으로 지칭할 때 사용되는 것이 보통이지만, 궁궐과 같은 복합 건축물이나 규모가 큰 건물 일부분에도 별도의 편액을 걸어 그 부분만의 이름으로 사용하기도 한다. 따라서 행각 속에 있는 협선당, 용신당과 같은 경우에는 건물보다는 방(Room)의 개념으로 이해하는 것이 나을 것 같다.

그런데, 같은 행각에 나란히 있는 용신당과 협선당이라 하더라도 혹시 두 당 간에는 우열이 있을까? 있다면 어떤 이유일까? 결론부터 말하자면 용신당의 서열이 협선당보다 한 단계 높을 것 같다. 우선 용신당의 위치가 남쪽, 협선당은 북쪽이다. 음양론에 비춰볼 때 남북 간 서열은 당연히 남쪽이 높다. 또한, 용신당은 6칸, 협선당은 5칸으로 규모 면에서도 용신당이 크다. 마지막으로 두 당의 이름에 쓰인 용(用)과 협(協)의 활용법은 앞에서도 이미 살펴보았는데, 광화문 안쪽 마당에 있는 용성문(用成門)과 협생문(協生門)이 그 주인공이다. 용성문은 3칸짜리 출입문으로서 임금이 사용하던 문이고, 협생문은 1칸짜리 출입문으로서 세자가 사용하던 문이었다. 이런 것을 종합적으로 살펴본다면 용신당의 서열이 협선당에 앞선다는 결론에 도달할 수 있다.

天 하늘 천 1. 하늘 2. 하느님 3. 임금, 제왕(帝王), 천자(天子) 4. 자연 5. 천체, 천체의 운행
　　　　　　6. 성질, 타고난 천성 7. 운명 8. 의지 9. 아버지, 남편 10....

字 글자 자 1. 글자, 문자 2. 자(字: 이름에 준하는 것) 3. 암컷 4. 기르다, 양육하다 5. 낳다
　　　　　　6. 사랑하다 7. 정혼하다(定婚--)

庫 곳집 고 1. 곳집(곳간(庫間)으로 지은 집) 2. 곳간 3. 창고 4. 문(門)의 이름

천자고 문패

　사정전의 남쪽 행각은 중앙의 사정문을 중심으로 좌우 대칭형으로 배치되어 있는데 행각을 바라보면서 마치 붓글씨 쓰는 방향처럼 서쪽부터 동쪽으로 가면서 천자고(天字庫), 지자고(地字庫), 현자고(玄字庫), 황자고(黃字庫), 우자고(宇字庫), 주자고(宙字庫), 홍자고(洪字庫), 황자고(荒字庫), 일자고(日字庫), 월자고(月字庫)의 순서로 문패가 걸려있다. 그런데 문패의 명칭에서 앞의 한 글자만 계속 바뀌고 뒤

왼쪽부터 천자고-지자고-현자고-황자고 문패

의 두 글자는 같은데, 특히 맨 끝 글자 고(庫)는 창고를 뜻하기 때문에 남쪽 행각 전체가 창고 용도로 쓰였음을 알 수 있다. 사정전이 편전이었음을 고려한다면 국정운영에 꼭 필요한 물품들을 보관하고 있었을 것이다.

그런데 문패에서 바뀌는 첫 글자만 뽑아서 자세히 들여다보니 천자문(千字文)의 글자 순서를 따르고 있다. 전통시대에 순서를 표기하는 방식은 2개일 경우 대개 '상·하'로 표기하고, 3개일 경우는 '천·지·인'으로 표기하며, 4개일 경우는 '춘·하·추·동'으로 구분한다. 만약 그 이상의 순서가 필요하면 십간십이지도 동원하고 천자문 순서로 '天·地·玄·黃·宇·宙·洪·荒…'과 같이 표기하기도 한다.

임진왜란 때 조선 수군이 사용했던 화포의 이름은 포의 크기순으로 천자총통, 지자총통, 현자총통, 황자총통... 식으로 명명되었으며, 한양도성도 전체 공사 구간(총 5만 9,500척)을 600척씩 97구간으로 나누고 각 구간을 천자문 순서에 따라 이름 붙인 뒤 군현(郡縣)별로 책임 구역을 할당하였다.

•• 뱀의 발
자금성의 보물 창고

　자금성에도 사정전의 남쪽 행각처럼 창고로 쓰인 곳이 많은데, 대표적인 것이 태화문 안쪽의 동쪽과 서쪽 행각에 있던 고방(庫房)이다. 태화문 내의 동쪽 행각, 즉 동무(東廡)에는 네 군데의 고방(庫房)이 있었는데 비단 관련 업무를 전담하는 단고(緞庫)[1], 갑옷, 투구, 창, 칼 등을 전담하는 갑고(甲庫)[2], 황제용 말안장, 고삐 등을 전담하는 북안고(北鞍庫)[3], 일반 관용 말안장, 고삐 등을 전담하는 남안고(南鞍庫)[4]가 그것이다.

　반대쪽의 서무(西廡)에는 다섯 군데의 고방(庫房)이 있었는데, 금과 은, 주화 제작, 보물 등을 전담하는 은고(銀庫)[1], 각종 가죽 및 직물 등을 전담하는 피고(皮庫)[2], 각종 그릇류를 전담하는 자고(瓷庫)[3], 각종 의복류를 전담하는 의고(衣庫)[4], 인삼, 찻잎 등을 전담하는 차고(茶庫)[5]가 그것이다. 이곳 고방들은 황제용 기물(器物)을 비롯하여 귀중한 물품들이 보관되어 있었기 때문에 밤낮으로 엄중한 감시와 순찰이 시행되었다.

思	생각 사	1. 생각, 심정, 정서 2. 의사(意思), 의지, 사상 3. 뜻 4. 마음 5. 시호(諡號) 6. 성(姓)의 하나 7. 어조사 8. 생각하다, 사색하다(思索--) 9. 그리워하다 10. 슬퍼하다, …
賢	어질 현	1. 어질다 2. 현명하다 3. 좋다 4. 낫다, 더 많다 5. 넉넉하다, 가멸다(재산이 넉넉하고 많다) 6. 존경하다 7. 두텁다 8. 착하다, 선량하다 9. 지치다, 애쓰다 10. 어진 사람…
門	문 문	1. 문 2. 집안 3. 문벌(門閥) 4. 동문(同門)

사현문

　사현문은 연태문과 더불어 사정전 동쪽 행각의 1칸짜리 출입문인데, 사현문이 가장 남쪽에 있는 반면, 연태문은 가장 북쪽에 있다. 사현문(思賢門)의 한자는 어렵지 않아서 누구나 뜻을 금방 알 수 있다. 임금이 어질고 현명한[賢] 신하를 생각한다는[思] 뜻이다.

延 늘일 연 1. 늘이다, 잇다 2. 늘어놓다, 벌여놓다 3. 끌다, 끌어들이다 4. 불러들이다
5. 이끌다, 인도하다 6. 서로 통하다 7. 넓어지다, 퍼지다 …

泰 클 태 1. 크다 2. 심하다 3. 편안하다 4. 교만하다 5. 너그럽다 6. 통하다(通--)
7. 산(山)의 이름 8. 64괘의 하나 9. 술동이…

門 문 문 1. 문 2. 집안 3. 문벌(門閥) 4. 동문(同門)

연태문

그러나 연태문(延泰門)의 뜻은 바로 연상이 안 되기 때문에 조금 생각을 해야 한다. 한자의 문법 구조상 앞쪽의 '연'은 동사이고 뒤쪽의 '태'는 목적어인데 '연'의 뜻에는 '끌어들이다, 불러들이다, 맞이하다'가 있어서 태(泰)를 불러들이는〔延〕 문이라는 뜻이 된다. 여기서 '태'는 매우 다양하게 해석될 수 있다. 그러나 연태문이 매일매일 일상정치가 행해지는 사정전의 부속 행각에 속한 문이라는

점을 고려하면 '태'를 '태평성대'로 해석하는 것이 가장 무난할 듯하다. 하지만 '태'를 완전히 다른 시각에서 해석할 수도 있는데 이는 뒤이어 나올 교태전에서 시도해 보기로 한다.

자선당(資善堂) 일원

자선당

重 무거울 중 1. 무겁다 2. 소중하다, 귀중하다 3. 자주 하다, 거듭하다 4. 무겁게 하다, 소중히 하다 5. 삼가다, 조심하다 6. 보태다, 곁들이다 7. 붓다…

光 빛 광 1. 빛, 어둠을 물리치는 빛 2. 세월 3. 기세, 세력, 기운 4. 경치, 풍경 5. 명예, 영예 6. 문화, 문물 7. 문물의 아름다움 8. 빛깔, 번쩍거리는 빛 …

門 문 문 1. 문 2. 집안 3. 문벌(門閥) 4. 동문(同門)

중광문

 사정전과 옆으로 평행한 축선(軸線) 위의 동쪽에는 자선당과 비현각이 일곽을 이루고 있는데, 이곳이 바로 세자와 세자빈이 함께 거처하는 동궁(東宮)이다. 황태자나 왕세자를 가리키는 동궁이라는 말의 어원은 황제나 왕의 거처 동쪽에 태자나 세자의 거처가 있었기 때문이다. 음양오행에서 동쪽은 봄에 해당하기 때문에 동궁은 춘궁(春宮)이라고도 부른다. 같은 이유로 세자의 교육기관이었던 세자시

강원(世子侍講院)은 춘방(春坊)이라 불렸다.

동궁 중에서도 서쪽에 자리 잡은 자선당 일곽에는 편액을 단 출입문이 3개가 있는데 중광문, 진화문, 길위문이다. 그중 중광문은 자선당으로 곧장 진입하는 남쪽 행각의 첫 번째 출입문이다. 중광문(重光門)을 직역하면 '거듭하여[重] 빛나는[光] 문'이라는 뜻인데, 반짝반짝 빛나는 문이라는 뜻일까? 그럴 리가 없다. 여기서 중광은 『서경』 고명(顧命) 편이 원전(原典)으로 '빛나는[光] 덕을 거듭[重] 밝힌다'라는 의미로 쓰였다.

昔君 文王 武王 宣重光 〔昔옛 석, 君임금 군, 文王문왕, 武王무왕, 宣베풀 선, 重무거울 중, 光빛 광〕

옛날昔에 임금君이신 (주나라) 문왕文王과 무왕武王이

거듭重 빛난光 덕을 베풀어(宣, 선포하시어)

The former rulers, our kings Wen and Wu, displayed in succession their equal glory

奠麗陳教 〔奠제사 전, 麗고울 려, 陳베풀 진, 教가르칠 교〕

(제사로) 받들奠 아름다움麗을 가르침教으로 펼치시자陳

making sure provision for the support of the people, and setting forth their instructions.

則肄肄 不違 〔則곧 즉, 肄익힐 이, 肄익힐 이, 不아닐 불, 違어긋날 위〕

백성들이 곧則 익힐肄 바를 익혀서肄 어긋나지違 않았고不

(The people) accorded a practical submission, without any opposition

用克達殷 集大命 〔用쓸 용, 克이길 극, 達통달할 달, 殷은나라 은, 集모을 집,

大[큰 대]. 命[목숨 명]）

은殷나라를 극복克하고 (그 수준에) 도달達함으로써用,

큰大 사명命을 모으게集 된 것이다.

and the influence (of their example and instructions) extended to Yin,

and the great appointment (of Heaven) was secured.

•• 뱀의 발

자금성 내 동궁(東宮)의 위치

자금성 내 황태자의 궁전 구역은 한 곳에 고정된 것이 아니라 시대별로 차이가 있었다. 명나라 때는 주로 태화문 동쪽 편에 있는 문화전(文華殿, Hall of Literary Brilliance) 구역을 사용했다. 이후 청나라 때는 주로 건청문 동쪽 편에 있는 육경궁(毓慶宮, Hall of Sound Growth of the Successor) 전체를 황태자의 궁전으로 사용했다. 결론적으로 태자가 어디를 사용하든 주로 황제의 동쪽편에 거처를 마련함으로써 동궁이라는 이름에 부합하는 구역을 사용한 셈이다.

그런데 청나라에 볼모로 잡혀있었던 소현세자는 문화전(文華殿) 뒤쪽의 부속 건물인 문연각(文淵閣, pavilion of literary profundity)에 잠시 있었다고 하는데 그렇다면 소현세자도 같은 동궁으로 봐서 옛 명나라 때 동궁 구역이던 문화전 구역에 처소를 마련해 준 것은 아닐까?

震	우레	진	1. 우레, 천둥 2. 벼락 3. 지진 4. 위엄, 위세 5. 동쪽 6. 괘(卦)의 이름…
化	될	화	1. 되다, 화하다(化--) 2. 교화하다(敎化--), 감화시키다(感化---) 3. 가르치다 4. 따르다, 본받다 5. 변천하다(變遷--), 달라지다 … 11. 교화(敎化) …
門	문	문	1. 문 2. 집안 3. 문벌(門閥) 4. 동문(同門)

진화문

중광문을 지나면 자선당의 바로 앞에 진화문이 서 있다. 진화문(震化門)을 직역하면 '우레(震)가 변화(化)한다'라는 뜻이다. 그런 표면적인 해석으로는 왕세자의 거처인 자선당과 어떤 연관이 있는지 도저히 감이 오지 않는다. 진화문의 뜻을 정확히 이해하려면 동양사상의 기본인 태극과 음양 및 8괘(卦), 즉 『주역』의 기초를 알아야 한다. 결론부터 말하면 8괘에서 진(震)괘는 가정에서는 장남, 국가에서는 왕세자를 뜻한다. 그런 왕세자(震)가 훌륭하게 변화(化)하여 성군이 되라 또는 왕세자(震)가 교화(化)를 펼치라는 뜻이 진화문에 담겨있다. 그렇다면 8괘에서 진(震)이 왜 장남이나 왕세자를 뜻하는 것일까?

8괘는 음양(陰陽)의 세계관을 토대로 구체적인 삼라만상의 세계를 추상화한 뒤 그것을 시각적 상징체계로 나타낸 것이다. 음과 양은 모든 물질의 궁극적인 본질이며, 그것들의 근원이자 통일체가 바로 태극(太極)이다. 『주역』 계사전(繫辭傳)에는 이 태극에서 생겨난 세계관이 다음과 같이 설명되어 있다. "역(易)에 태극이 있으며, 이것이 양의(兩儀=음양)를 낳고, 양의는 사상(四象)을 낳고, 사상은 팔괘를 낳는다."

是故, 易有 太極(시고 역유 태극)

이런是 연고故로, 역易에는 태극太極이 있으며有

Therefore in (the system of) the Yi there is the Grand Terminus,

是生 兩儀(시생 양의)

이것是이 양의(兩儀=음양)를 낳고生,

which produced the two elementary Forms.

兩儀生 四象(양의생 사상)

양의兩儀는 사상四象을 낳고生

Those two Forms produced the Four emblematic Symbols,

四象生 八卦(사상생 팔괘)

사상四象은 팔괘八卦를 낳는다生

which again produced the eight Trigrams.

八卦定 吉凶(팔괘정 길흉)

팔괘八卦는 길흉吉凶을 정定하고

The eight trigrams served to determine the good and evil (issues of events),

吉凶生 大業(길흉생 대업)

길흉吉凶은 (인생의) 대업大業을 낳는다生.

and from this determination was produced the (successful prosecution of the) great business (of life).

위의 내용을 그림으로 나타내면 다음과 같다.

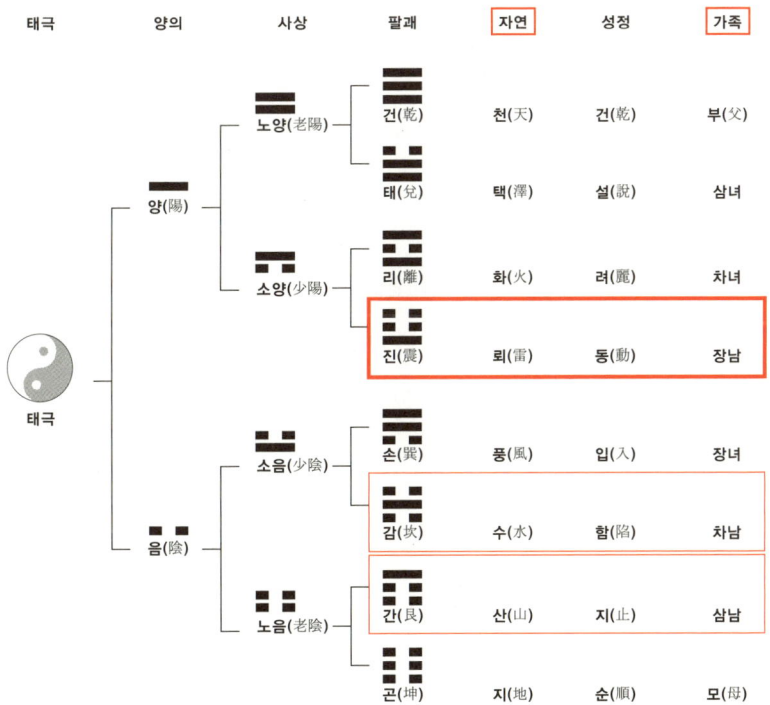

자선당(資善堂) 일원 117

8괘는 양의(兩儀)라고 표현되는 양과 음의 효[爻: 긴 하나짜리(─)는 양효, 짧은 두 개짜리(--)는 음효]를 3개씩 세로로 쌓아놓은 것이다. 이때 기억할 것은 3개 효(爻)의 순서는 아래서부터 위로 올라가면서 1, 2, 3으로 번호가 매겨진다는 것이다. 8괘 중에서 3개의 효(爻)가 모두 양효(─)로 된 것을 건(乾)이라고 부르는데 이것을 자연에 적용하면 하늘[天]이 되고, 가정에 적용하면 아버지[父]가 된다. 반면 3개의 효(爻)가 모두 음효(--)로 된 것을 곤(坤)이라고 부르는데 이것을 자연에 적용하면 땅[地]이 되고, 가정에 적용하면 어머니[母]가 된다.

사실 『주역』에서는 적용이라는 말 대신에 '걸어본다'라는 표현을 쓴다. 그래서 괘(卦)는 '걸다'라는 뜻이 있다. 즉 주역점(周易占)을 치고 나온 결과(점괘)를 가지고 모든 삼라만상에 다 걸어본다, 즉 적용해 보는 것이다. 주역이 어렵다고 하는 것은 점괘 그 자체가 아니라 그것을 어떻게 해석하느냐 하는 것이다.

그렇다면 8괘 중 건(乾)괘와 곤(坤)괘를 제외한 나머지 6괘를 가정에 적용하면 어떻게 될까? 건과 곤을 제외하면 6개의 괘는 모두 양효와 음효가 섞여 있는데, 종류별로 나누면 양효와 음효의 비율이 1:2 또는 2:1의 경우뿐이다. 이때 괘 속에 들어있는 3개의 양효 또는 음효 중에서 하나만 있는 것을 기준으로 삼는다면, 음효가 하나만 있는 것은 딸, 양효가 하나만 있는 것은 아들로 판정할 수 있다. 아들의 괘는 진(震), 감(坎), 간(艮)이며, 딸의 괘는 태(兌), 리(離), 손(巽)이다.

여기서 효(爻)의 순서가 아래서부터 위로 올라가면서 1, 2, 3으로 매겨지는 원리를 적용하면, 같은 아들이라 하더라도 장남은 가장 아래쪽에 양효가 있는 진(震)괘이고, 차남은 가운데에 양효가 있는 감(坎)괘이며, 삼남은 가장 위쪽에 양효가 있는 간(艮)괘가 된다. 그래서 진(震)은 일반 가정에서는 장남이고, 국가적으로는 왕세자가 되는 것이다.

吉 길할 길 1. 길하다, 운이 좋다, 일이 상서롭다 2. 좋다, 아름답거나 착하거나 훌륭하다
         3. 착하다 4. 복, 행복, 길한 일, 좋은 일 5. 혼인 6. 제사(祭祀) 7. 음력 초하루

爲 할 위 1. 하다 2. 위하다 3. 다스리다 4. 되다, 이루어지다 5. 생각하다 6. 삼다 7. 배우다
         8. 가장하다(假裝--) 9. 속하다 10. 있다 11. 행위

門 문 문 1. 문 2. 집안 3. 문벌(門閥) 4. 동문(同門)

길위문

 길위문은 자선당의 진화문과 중광문 사이의 동쪽 행각에 있는 문인데 특이한 점은 측간으로 통한다는 것이다. 이는 경복궁의 평면배치도인 북궐도형에서도 확인된다. 현판의 위치도 문의 동쪽, 즉

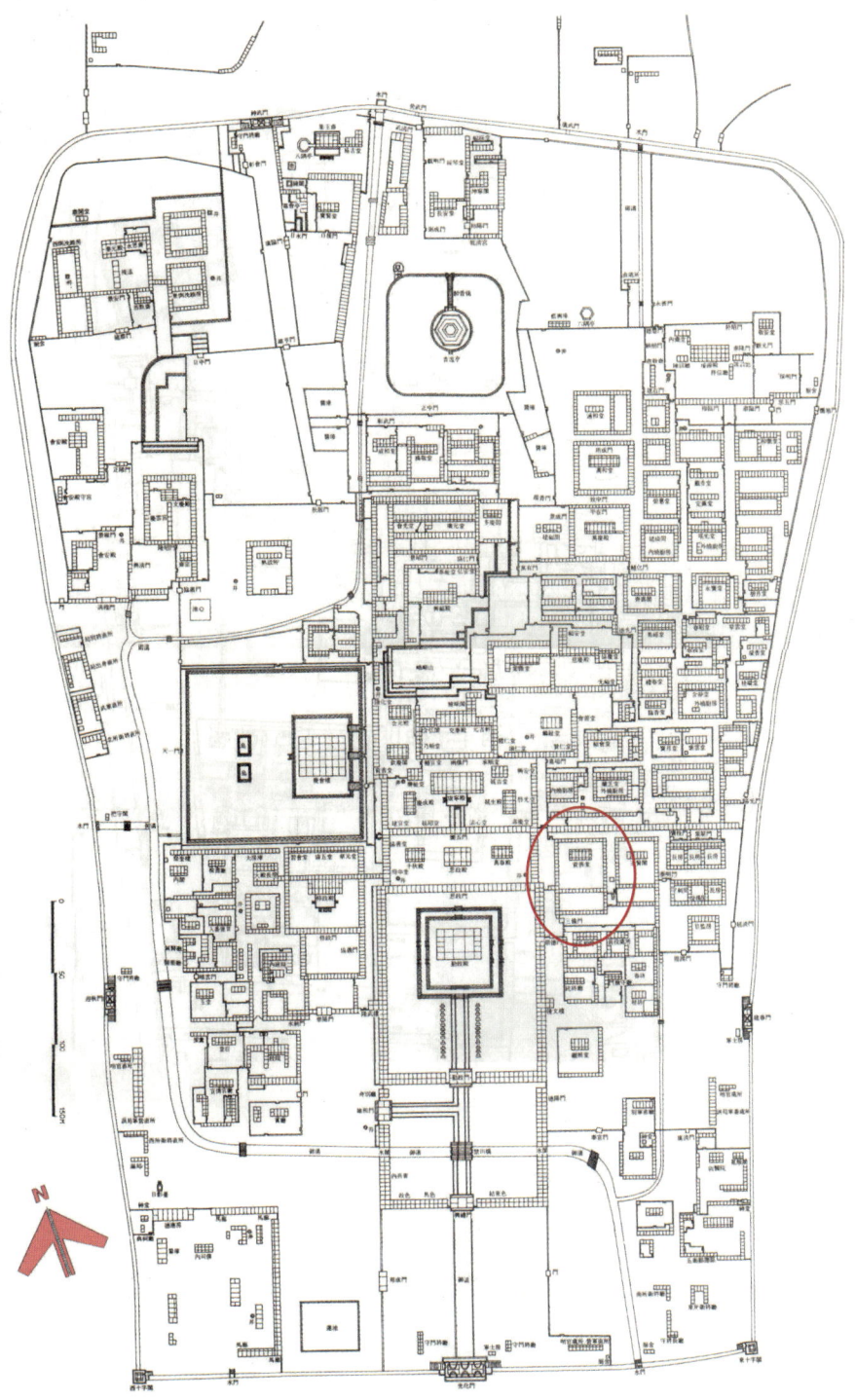

경복궁 북궐도형-자선당 [국립문화재연구소]

측간 쪽에 걸려있다. 길위문(吉爲門)은 한자가 어렵지 않아 뜻풀이도 다소 쉽다. 복되고 상서로운(吉) 일이 이루어지라는(爲) 뜻이다. 그런데 길(吉) 자를 자세히 보면 우리가 알고 있는 정상적인 길(吉) 자가 아니다. 원래 길할 길(吉) 자의 윗부분은 선비 사(士)가 되어야 하지만 길위문 편액에서는 흙 토(土) 자가 쓰였다. 현대적인 표현으로 '오타'일까? 아니다.

한자에서는 원래 글자보다 획을 줄여 간단하게 하거나 반대로 획을 새롭게 추가한 것으로서 세간에서 널리 쓰는 글자를 가리켜 속자(俗字) 또는 속체(俗體)라고 한다. 이는 한자의 글꼴이 갑골문에서 전서, 예서, 해서, 행서, 초서 등으로 점차 발달하는 과정에서 자연스럽게 형성된 것이다. 그럼 속자를 왜 쓰는 것일까?

먼저 글자의 획을 간략하게 하여 글자의 뜻을 보다 분명하게 전달할 수 있기 때문이다. 예를 들면 나라 국(國)을 国으로 쓴다거나 바위 암(巖)을 岩으로 쓰고, 또한 몸 체(體)를 体로 쓰는 것 등이다.

거꾸로 글자의 획을 더 추가하는 경우도 있는데 이때는 그 글자의 뜻을 보다 구체적으로 표현할 수 있기 때문이다. 예를 들면 잔 배(杯)를 盃로 써서 그릇(皿)임을 확실하게 보여줄 수 있고, 무덤 총(冢)도 塚으로 써서 흙(土)으로 만든 무덤임을 강조하고 있다. 밝을 명(明)도 朙으로 쓰면 눈(目)으로 밝음을 확인한다는 뜻이 추가된다.

또한, 글자의 획을 직선에 가깝게 변형시켜서 필사(筆寫)에 편함을 목적으로 하는 경우도 있다. 예를 들면 버금 아(亞)를 亜로 쓰거나 높을 고(高)를 髙로 쓰고, 조상할 조(弔)를 吊로 쓰는 것이다. 마지막으로는 한자의 독음을 쉽게 알 수 있도록 쓰기도 한다.

좌측 위: 강녕전-연길당, 우측 위: 집옥재-협길당,
좌측 아래: 태원전-건길문

   길위문의 길(吉) 자와 같은 속자로 쓴 전각은 강녕전 일원의 연길당(延吉堂)이나 집옥재 일원의 협길당(協吉堂), 태원전 일원의 건길문(建吉門)에서도 찾아볼 수 있다. 오히려 길(吉) 자를 속자가 아닌 정자(正字)로 쓴 전각을 찾기가 어려울 정도인데, 교태전 일원의 원길헌(元吉軒)이 유일하게 정자로 쓴 현판이다.

資 재물 자 1. 재물(財物) 2. 자본(資本) 3. 바탕 4. 비용(費用) 5. 의뢰(依賴) 6. 도움 7. 돕다
              8. 취하다(取--) 9. 주다 10. 쓰다
善 착할 선 1. 착하다 2. 좋다 3. 훌륭하다 4. 잘하다 5. 옳게 여기다 6. 아끼다 7. 친하다(親--)
              8. 사이좋다 9. 착하고 정당하여 도덕적 기준에 맞는 것
堂 집 당   1. 집, 사랑채 2. 마루, 대청 3. 근친(近親), 친족(親族) ...

자선당

 동궁은 임금의 동쪽에 있는 세자의 궁이며, 이 때문에 왕세자를 동궁마마라고 부르게 되었다. 그중에서도 동궁의 정당(正堂)인 자선당(資善堂)은 '착하고 훌륭하게 잘[善]되도록 돕는다[資]' 또는 '세자를 잘 도와서[資] 지극한 선[善]의 경지에 이르게 하는 것'을 뜻한다. 후자와 같은 해석은 앞서 살펴본 사정전 서쪽 행각 속 협선당(協善堂)의 경우처럼, 『대학』의 첫 구절을 인용한 해석이다.

자선당은 세자와 세자빈의 주 거처로서, 건물의 가운데 대청마루를 중심으로 동쪽은 세자의 처소, 서쪽은 세자빈의 처소로 나뉘는데, 이것 역시 음양론을 충실히 따르고 있다.

자선당 동쪽 세자방

貽 끼칠 이　1. 끼치다 2. 남기다 3. 전하다(傳--) 4. 주다 5. 증여하다
謨 꾀 모　1. 꾀, 계책(計策) 2. 그릇의 이름 3. 꾀하다, 계획하다 4. 속이다 5. 없다
門 문 문　1. 문 2. 집안 3. 문벌(門閥) 4. 동문(同門)

이모문

　비현각으로 곧장 진입하는 남쪽 행각의 출입문은 자선당처럼 2중으로 되어있으나 편액이 걸린 것은 첫 번째 출입문인 이모문뿐이고 비현각 바로 앞의 출입문에는 편액이 없다. 이모문(貽謨門)은 직역하면 '꾀(謨)를 전해주는(貽) 문'이라는 뜻이다. 그런데 그 뜻이 어딘지 모르

게 동궁의 품위와는 어울리지 않는 매우 가벼운 느낌이다. 일국의 왕세자에게 잔꾀를 전해준다니…, 어불성설이다. 그래서 다시 한번 글자를 자세히 들여다보니 이모문의 꾀 모(謨) 자는 우리가 평소에 자주 쓰는 꾀 모(謀) 자와 비슷하면서도 다른 부분이 보인다.

謨와 謀를 한자 사전에서 찾으면 둘 다 '꾀 모'로서 대표음과 훈이 똑같다. 그러나 쓰임에는 큰 차이가 있다. 謀는 음모(陰謀), 모함(謀陷), 권모술수(權謀術數), 모반(謀反), 모략(謀略), 모리배(謀利輩) 등 다소 부정적 이미지를 가진 꾀, 계책 등을 의미한다. 그 이유는 글자 속에 '어둡다, 덮이다'의 뜻을 나타내기 위한 某가 들어있어서 사람이 없는 곳에서 몰래 의논함을 뜻하기 때문이다.

반면 謨는 묘모(廟謨: 조정에서 세우는, 나라와 백성을 다스리는 방법과 계략), 제모(帝謨: 천자가 나라를 다스리는 계획이나 계책), 모훈(謨訓: 나라에서 세운 큰 계획) 등의 쓰임에서도 알 수 있듯이 '국가 경영을 위한 훌륭한 계책이나 말씀'이라는 뜻으로 많이 쓰이는 글자다. 따라서 이모문에서 왕세자에게 전해주고자 하는 계책은 잔꾀가 아니라 국가 경영을 위한 원대한 계획을 의미한다고 할 수 있겠다. 실제로 조선 순조 때는 왕세자의 교육을 위하여 『모훈집요(謨訓輯要)』라는 책을 간행했는데 이 책은 『국조보감(國朝寶鑑)』, 『열성지장(列聖誌狀)』 등에서 주로 수신(修身)과 치국(治國)에 관한 요점을 뽑아 편집한 책이다.

丕 클 비   1. 크다 2. 받들다, 받다 3. 엄숙하다, 장중하다 4. 처음 5. 으뜸 6. 이에, 곧(=어조사)

顯 나타날 현   1. 나타나다 2. 드러나다 3. 뚜렷하다 4. 명확하다 5. 분명하다 6. 명백하다 7. 높다 8. 귀하다 9. 명성이 있다 10. 지위가 높다 11. 밝다 12. 돌아가신 부모

閣 집 각   1. 집 2. 문설주 3. 마을 4. 관서 5. 궁전 6. 내각(內閣) 7. 다락집...

비현각

비현각(丕顯閣)은 세자가 업무를 보던 정당(政堂)이며, 비현합(丕顯閤)으로 부르기도 했는데, 비현이란 크게[丕] 밝힌다는[顯] 의미가 있다. 세조실록에서는 아래와 같이 비현의 글자 출처를 『서경』이라고 분명히 밝히고 있다.

세조 9년(1463) 11월 8일

비현합(丕顯閤,＝비현각)【사정전 동쪽 모퉁이의 내상고(內廂庫) 2칸 삼았는데, 이름을 '비현합(丕顯閤)'이라 내렸으니, 『서경』에서 매상비현(昧爽丕顯)의 뜻을 취한 것이다.】에 나아가니, …(후략)…

그리고 『서경』의 상서(商書) 태갑상(太甲上) 제2장 속에서 비현은 아래와 같이 쓰이고 있다.

王惟庸(왕유용) 罔念聞(망념문) 伊尹 乃言曰(이윤 내언왈)
　왕王은 생각惟이 용렬庸하여 들聞을 마음念이 없었으니罔
　이윤伊尹이 또乃 말言하여 가로되曰
　The king would not think (of these words), nor listen to them. On this Yi Yin said,

先王 昧爽丕顯(선왕 매상비현) 坐以待旦(좌이대단)
　선왕先王께서는 동틀 무렵昧爽 크게丕 밝히시려고顯
　앉아서坐以 아침旦을 기다리셨고待
　The former king, before it was light, sought to have large and clear views and then sat waiting for the dawn.

旁求俊彦(방구준언) 啟迪後人(계적후인)
　두루旁 준수한俊 선비彦들을 구하셨고求
　뒷사람들後人에게 길迪을 열어주셨습니다啟.
　He (also) sought on every side for men of ability and virtue to instruct and guide his posterity.

이 이야기를 이해하려면 이야기 속에 등장하는 두 사람을 알아야 한다. 먼저 이야기 속의 왕은 상(商)나라 제3대 임금인 태갑왕으로, 상나라를 세운 탕왕의 손자다. 그는 즉위한 뒤 법을 어기고 방탕 포악하게 생활하여 재상 이윤(伊尹)에 의해 쫓겨났는데, 3년 뒤에 자신의 잘못을 반성하자 이윤이 다시 맞아들여 복위시켰다. 그럼 이윤은 누구인가? 이윤은 중국사 최초의 명재상으로 꼽히는 사람인데, 상(商)왕조에서 제왕을 보좌하여 나라를 훌륭히 다스렸을 뿐 아니라, 제왕의 스승 역할을 하기도 했다.

따라서 이 이야기는 이윤이 선왕인 탕왕의 예를 들어가면서 손자인 태갑왕에게 훈계를 하는 내용이며, 핵심 구절은 매상비현(昧爽丕顯)이다〔昧(어두울 매/예: 무지몽매), 爽(시원할 상/예: 상쾌), 丕(클 비/예: 비천당), 顯(나타날 현/예: 현미경, 현충사)〕.

국어사전을 찾아보면 매상(昧爽)은 어두움 속에서도〔昧〕 시원함〔爽〕을 느끼는 것이니 결국 날이 밝아올 무렵, 즉 동틀 무렵을 말한다. 따라서 선왕인 탕왕께서는 동틀 무렵부터 세상을 크게 밝히시고자 앉아서 아침을 기다릴 정도로 근면하셨고, 또한 준수한 선비들을 구하여 뒷사람들에게 길을 열어주었으니, 태갑왕도 그런 선왕을 본받으라는 뜻이다. 매상에 이어지는 비현(丕顯), 즉 크게〔丕〕 밝히는〔顯〕 것은 곧 새벽에 해야 할 일이므로, 조선의 떠오르는 태양인 왕세자가 해야 할 일이다. 또한, 그런 정신을 본받고자 세자도 열심히 노력하라는 뜻도 담겨있다.

한편, 이윤과 관련된 여러 한자 고사성어 중에서 이윤에게 다섯 번씩이나 간청을 했다는 오청이윤(五請伊尹)이라는 말도 있다. 이윤이 뛰어난 인재임을 알게 된 상나라 탕왕이, 무려 네 번이나 관직을 제안했음에도 불구하고 눈 하나 깜빡이지 않던 이윤이었지만, 마지막에 탕왕이 직접 마차를 끌고 찾아가서 그의 마음을 돌렸다는 고사에서 나온 말이다. 따라서 제갈공명을 얻기 위해 유비가 했던 '삼고초려'의 원조가 바로 '오청이윤'임을 알 수 있다.

崇 높을 숭　1. 높다 2. 높이다, 높게 하다 3. 존중하다 4. 모으다, 모이다 5. 차다, 채우다, 차게 하다 6. 마치다, 끝나다
德 덕 덕　1. 크다 2. (덕으로) 여기다 3. (덕을) 베풀다 4. 고맙게 생각하다 5. 오르다, 타다 6. 덕, 도덕 7. 은덕(恩德) 8. 복, 행복 ...
門 문 문　1. 문 2. 집안 3. 문벌(門閥) 4. 동문(同門)

숭덕문

동궁의 서쪽 행각 주변으로 여러 개의 출입문이 있다. 그중 숭덕문은 근정전 동쪽 행각의 융문루(隆文樓) 밖이나 옛 계조당(繼照堂) 터에서 자선당으로 가는 길에 처음 만나는 문인데, 근정전의 동쪽 담과 동궁의 서쪽 담 사이에 있다. 한편 숭덕문을 들어서서 오른쪽으로 돌면 자선당으로 들어갈 수 있는 삼비문이 있고, 숭덕문에서 곧장 북쪽으로 직진하면 동궁의 뒤쪽으로 갈 수 있는 미성문을 만난다.

　먼저 숭덕문(崇德門)의 뜻은 덕(德)을 높이는(崇) 또는 덕이 있는 사람을 높이는 문이다. 숭덕문 현판을 자세히 보면 덕(德) 자가 속자로 쓰였는데 마음 심(心) 위에 한 일(一)이 생략되어 있다. 이런 예는 매우 흔히 볼 수 있는데 홍례문 동행각의 덕양문(德陽門), 함화당 서행각의 진덕문(進德門)뿐만 아니라 제주 관덕정(觀德亭), 덕수궁의 용덕문(龍德門), 창경궁의 광덕문(光德門) 등의 현판에서도 쉽게 확인할 수 있다.

三 석 삼 1. 석, 셋 2. 자주 3. 거듭 4. 세 번 5. 재삼, 여러 번, 몇 번이고
備 갖출 비 1. 갖추다 2. 준비하다 3. 채우다 4. 예방하다 5. 의장(儀仗) 6. 모두 7. 발톱 8. 비품
門 문 문 1. 문 2. 집안 3. 문벌(門閥) 4. 동문(同門)

삼비문

한편 삼비문(三備門)은 말 그대로 세(三) 가지를 갖추는(備) 문이라는 뜻이다. 동궁으로 들어가는 문에 이런 이름을 붙였다는 것은 당연히 세자와 관련된 고사 중에서 세 가지를 갖추는 내용이 분명 있을 것이다. 『예기(禮記)』 문왕세자(文王世子) 편에 바로 그 대목이 아래와 같이 등장한다.

行一物而 三善皆得者(행일물이 삼선개득자) 唯世子而已(유세자이이)
  한 가지 일을 행하여行一物而 세 가지의 선한 것을三善 다 얻을 수 있는 이는皆得者 오직唯 세자뿐이다.世子而已
  It is only in the case of the crown prince
  that by the doing of one thing three excellent things are realized

故 學之 爲父子焉(고 학지 위부자언) 學之 爲君臣焉(학지 위군신언) 學之 爲長幼焉(학지 위장유언)
  그러므로故 그에게 부자간의 할 일을爲父子焉 가르치고學之
  군신 간의 할 일을爲君臣焉 가르치며學之
  장유 간의 할 일을爲長幼焉 가르치는學之 것이다.
  He is thus taught the duties between father and son, between ruler and minister, between old and young;

父子 君臣 長幼之道 得而國治(부자 군신 장유지도 득이국치)
  부자 · 군신 · 장유 간의 도父子 君臣 長幼之道가 바르게 이루어지면 得而 나라는 다스려지는 것이다國治.
  and when he has become master of all these, the state will be well governed.

『예기』에서 세자가 갖추어야 할 세 가지 덕목(三善)으로 지적한 것은 '자식의 입장에서 부모를 섬기는 것', '신하의 입장에서 임금을 섬기는 것', 그리고 '어린 사람의 입장에서 어른을 섬기는 것'을 가리키는데 이것은 삼강오륜(三綱五倫)의 내용 속에 모두 들어있는 것이다. 삼강오륜은 유교의 도덕 사상에서 기본이 되는 3가지의 강령(綱領)과 5가지의 인륜(人倫)으로서 군위신강(君爲臣綱)·부위자강(父爲子綱)·부위부강(夫爲婦綱) 및 부자유친(父子有親)·군신유의(君臣有義)·부부유별(夫婦有別)·장유유서(長幼有序)·붕우유신(朋友有信)이다.

美 아름다울 미
1. 아름답다 2. 맛나다 3. (맛이) 좋다, 맛있다 4. 경사스럽다 5. 즐기다 6. 좋다
7. 기리다 8. 좋은 일 9. 미국의 약칭

成 이룰 성
1. 이루다 2. 이루어지다 3. 갖추어지다, 정리되다, 구비되다 4. 살찌다, 비대해지다
5. 우거지다, 무성해지다 6. 익다, 성숙하다(成熟--) 7. 일어나다, 흥기하다...

門 문 문
1. 문 2. 집안 3. 문벌(門閥) 4. 동문(同門)

미성문

　동궁의 서쪽 뒤편으로 통하는 미성문(美成門)은 직역하면 밑도 끝도 없이 '아름다움이(美) 이루어지는(成) 문'이다. 뭔가 숨은 이야기가 더 있을 것 같다. 이럴 때는 당연히 미성의 출전을 찾아야 한다. 미성의 원전은 『장자』내편(內篇) 중에서도 인간세(人間世) 편이다.

美成在久

아름다움이 만들어지는 것은美成 오랜 시간이 걸리고在久

A good settlement is proved by its lasting long,

惡成不及改 可不慎與

악이 이루어지면惡成 고치기 힘드니不及改,

삼가지 않을 수 있겠는가?可不愼與

and a bad settlement cannot be altered – ought he not to be careful?

즉 세자의 아름다운 덕이 완성되려면 오랜 시간이 걸린다는 것을 뜻하는 말로서 매사에 조급하게 굴지 말라는 뜻이다. 이 문이 전하려는 뜻과 약간 의미가 통하는 문이 경회루 북쪽의 필관문(必觀門)이다. 필관문의 출전은 『맹자』 「진심(盡心)」 편인데, 아무리 노력해도 진척이 없거나 슬럼프에 빠진 사람에게 큰 심리적 도움을 주는 '흐르는 물은 웅덩이를 채우지 않으면 흘러가지 않는다(不盈科不行)'라는 유명한 구절이 담겨 있다. 미성문은 동궁의 서쪽에 있는 문이라서 그런지 이름 속에 서쪽을 암시하는 성(成) 자도 들어있다.

貳 두 이 1. 두, 둘 2. 버금(으뜸의 바로 아래) 3. 두 마음 4. 거듭하다 5. 의심하다 6. 어기다 (지키지 아니하고 거스르다) 7. 변하다 8. 배신하다 9. 내통하다 10. 돕다

極 다할 극 1. 극진하다 2. 지극하다 3. 다하다 4. 이르다, 다다르다 5. 이르게 하다, 미치게 하다 ... 18. 북극성 19. 정점(頂點), 최고의 자리 20. 제위(帝位) 21. 임금의 자리 ...

門 문 문 <u>1. 문</u> 2. 집안 3. 문벌(門閥) 4. 동문(同門)

이극문

    비현각의 동쪽 담장에는 2개의 출입문이 있는데 앞에 있는 것이 이극문이고 뒤에 있는 것이 구현문이다. 이극문(貳極門)을 직역하면 두 번째(貳)의 극(極)이라는 뜻인데 여기서 극(極)은 하늘의 중심인 북극성으로 대표되는 최고의 자리, 즉 임금의 자리를 뜻한다. 따라서 두 번째의 극은 곧 국가서열 2위인 왕세자를 지칭하는 것이다. 국어사전에도 이극(貳極)은 '왕세자' 또는 '황태자'를 달리 이르는 말로 풀이되어 있다.

자선당(資善堂) 일원

求 구할 구
1. 구하다 2. 빌다, 청하다 3. 탐하다, (욕심을) 부리다 4. 취하다(取--) 5. 모으다, 모이다 6. 나무라다, 책망하다 7. 가리다, 선택하다 8. 묻다 9. 부르다, 불러들이다...

賢 어질 현
1. 어질다 2. 현명하다 3. 좋다 4. 낫다, 더 많다 5. 넉넉하다, 가멸다(재산이 넉넉하고 많다) 6. 존경하다 7. 두텁다 8. 착하다, 선량하다 9. 지치다, 애쓰다 10. 어진 사람...

門 문 문
1. 문 2. 집안 3. 문벌(門閥) 4. 동문(同門)

구현문

이극문의 북쪽에 있는 구현문(求賢門)은 쉬운 한자이므로 뜻이 쉽게 풀이된다. 어진 현인을[賢] 구한다는[求] 뜻이다. 제왕 수업을 받는 세자의 처소에 잘 어울리는 이름이다. 조선 성종 때는 현직 문무 관료를 대상으로 인재를 발굴하기 위해 구현시(求賢試) 또는 진현시(進賢試)라는 임시 과거시험을 실시했었는데 이는 문사(文士)들이 급제한 뒤에 공부를 게을리하자 이들에게 문풍(文風)을 진작시키자는 의미에서 시행된 것이었다.

강녕전(康寧殿)일원

嚮 향할 향 1. 향하다(向--) 2. 나아가다 3. 길잡다 4. 바라보다 5. 대하다(對--) 6. 대접을 받다 7. 누리다 8. 권하다 9. 흠향하다(歆饗--) 10. 메아리치다 11. 제사를 지내다

五 다섯 오 1. 다섯, 다섯 번 2. 다섯 곱절 3. 오행(五行) 4. 제위(帝位) 5. 별의 이름 6. 다섯 번 하다, 여러 번 하다

門 문 문 1. 문 2. 집안 3. 문벌(門閥) 4. 동문(同門)

향오문

향오문(嚮五門)은 대전(大殿)인 강녕전의 정문이다. 직역하면 '다섯을〔五〕 향해 나아가는〔嚮〕 문'이라는 뜻이다. 여기서 다섯은 무엇을 뜻할까? 일단 향오문을 들어서면 임금의 침전〔大殿〕인 강녕전(康寧殿)이 나온다. 즉, 향오문은 강녕전의 정문이므로 강녕전과는 밀접한 관련이 있을 것이다. 향오(嚮五)라는 말과 강녕(康寧)이라는 말이 동시에 나오는 유교경전은 바로 『서경』이다.

『서경』홍범(洪範) 편에는 하늘이 우(禹)임금에게 세상을 다스리는 아홉 가지의 큰 법칙인 홍범구주를 내려준 것을 기록한 부분이 있는데 그중에서 '향유함은 오복(五福)으로써 하라(향용오복, 嚮用五福)'라는 구절이 있다. 그리고 오복 중에서 세 번째가 몸이 건강하고 마음이 편안함을 뜻하는 강녕(康寧)이다.

天乃錫禹 洪範九疇 彝倫 攸敍
　이에 하늘이天乃 우임금에게禹 홍범구주를洪範九疇 내려주시니錫 이륜(彝倫, 사람으로서 지켜야 할 떳떳한 도리)이 펼쳐지는 바라.攸敍
　To him Heaven gave the Great Plan with its nine divisions, and the unvarying principles (of its method) were set forth in their due order.

初一曰 五行, 次二曰 敬用 五事
　첫째初一 를 말하자면曰, (홍범구주는 곧) 오행이다.五行
　그 다음次 둘째二를 말하자면曰, 공경함에는敬 오사
　(五事, 인간의 다섯 가지 행동방식)로써 함이요.用
　(Of those divisions) the first is called "the five elements;"
　the second, "reverent attention to the five (personal) matters;"

次三曰 農用 八政, 次四曰 協用 五紀
　셋째次三曰, 노력함에는農 팔정(八政, 여덟 가지 정치분야)을 씀이요.用
　넷째次四曰, 화합함에는協 오기(五紀, 해, 달, 날, 별, 역수 등 천체의 운행) 로써 함이오.用
　the third, "earnest devotion to the eight (objects of) government;"

the fourth, "the harmonious use of the five dividers of time;"

次五曰 建用 皇極, 次六曰 乂用 三德

다섯째次五曰, 세우는 것은建 황극(皇極, 황제의 지위)으로써 함이요,用
여섯째次六曰, 다스림은乂 삼덕으로써三德 함이요,用

the fifth, "the establishment and use of royal perfection;"

the sixth, "the discriminating use of the three virtues;"

次七曰 明用 稽疑, 次八曰 念用 庶徵

일곱째次七曰, 밝힘에는明 계의(稽疑, 헤아리고 의심함)로써 함이요,用
여덟째次八曰, 헤아림에는念 여러 조짐으로庶徵 함이요,用

the seventh, "the intelligent use of (the means for) the examination of doubts;"

the eighth, "the thoughtful use of the various verifications;"

次九曰 嚮用 五福 威用 六極

아홉째次九曰, 향유함(누림)은嚮 오복으로써五福 하고,用
위엄을 보여줌은威 육극으로써六極 함이다.用

the ninth, "the hortatory use of the five (sources of) happiness, and the awing use of the six (occasions of) Suffering."

五福 一曰 壽, 二曰 富

오복은五福 첫째一曰 장수壽, 둘째二曰 부귀富

Of the five (sources of) happiness, the first is long life; the second, riches;

三曰 康寧, 四曰 攸好德, 五曰 考終命

셋째三曰 강녕康寧, 넷째四曰 유호덕(攸好德, 덕을 좋아해 즐겨 행함),

다섯째五曰 고종명(考終命, 제명대로 살다 죽음)이다.

the third, soundness of body and serenity of mind; the fourth, the love of virtue;

and the fifth, fulfilling to the end the will (of Heaven).

그런데 향오문은 고종 4년인 1867년에 만들어졌다. 또한, 강녕전 일원의 왕의 침전은 정침인 강녕전 이외에도 연생전, 경성전, 연길당, 응지당을 모두 합쳐 총 5개이다. 원래 유교 예제에 따르면 임금의 침전을 조성할 때는 황제는 6침, 제후는 3침으로, 조선 국왕에게는 침전이 3개가 있어야 한다. 실제로 조선 건국 초기 경복궁을 처음 만들었을 때는 침전이 3개가 있었다. 태조실록에 그 내용이 들어있다.

좌측 위부터 시계방향으로 연생전, 경성전, 연길당, 응지당

태조 4년(1395) 10월 7일

판삼사사 정도전(鄭道傳)에게 분부하여 새 궁궐의 여러 전각의 이름을 짓게 하니, 정도전이 이름을 짓고 아울러 이름 지은 의의를 써서 올렸다. 새 궁궐을 경복궁(景福宮)이라 하고, <u>연침(燕寢)을 강녕전(康寧殿)이라 하고, 동쪽에 있는 소침(小寢)을 연생전(延生殿)이라 하고, 서쪽에 있는 소침(小寢)을 경성전(慶成殿)이라 하고,</u> 연침(燕寢)의 남쪽을 사정전(思政殿)이라 하고, 또 그 남쪽을 근정전(勤政殿)이라 하고, 동루(東樓)를 융문루(隆文樓)라 하고, 서루(西樓)를 융무루(隆武樓)라 하고, 전문(殿門)을 근정문(勤政門)이라 하며, 남쪽에 있는 문(午門)을 정문(正門)이라 하였다. …(후략)…

그렇다면 1867년 대원군이 경복궁을 중건하면서 일부러 침전을 5개로 만들었다는 결론에 도달한다. 남겨진 기록이 없어서 정확한 이유를 알 수는 없지만, 앞서 살펴본 세상을 다스리는 아홉 가지의 큰 법칙인 홍범구주의 영향인 듯하다. 즉 홍범구주의 첫 번째가 바로 오행이다. 또한, 오행은 음양오행으로 대표되는 동양사상의 가장 기본이다. 따라서 강녕전 일원을 오행의 공간으로 만들어, 바로 뒤쪽에 있는 음양의 공간인 교태전 일원과 조화시키려 한 것이 아닐까 추측해본다. 이 이야기는 교태전에 대한 설명 때 다시 언급하기로 하겠다.

康 편안 강 1. (몸과 마음이)편안 2. 오거리 3. 편안하다 4. 편안히 하다 5. 온화해지다, 마음이 누그러지다, 정답게 지내다 6. 즐거워하다, 즐겁다 7. 탐닉하다, 열중하여...

寧 편안할 녕 1. 편안하다 2. 편안히 하다 3. 문안하다 4. 친정가다 5. 편안 6. 차라리 7. 어찌

殿 전각 전 1. 전각(殿閣), 궁궐(宮闕) 2. 큰 집 3. 절, 사찰(寺刹) 4. 전하(殿下)

강녕전

강녕전(康寧殿)은 임금의 침전이다. '강(康)'이나 '녕(寧)'이나 모두 건강과 편안을 의미하는 글자이기 때문에 침전의 이름으로는 매우 잘 어울린다고 하겠다. 덕수궁의 침전도 편안할 녕(寧) 자를 쓰는 함녕전(咸寧殿)이다. 강녕전이라고 이름 지은 사람도 역시 정도전이다. 실록에 기록된 정도전의 작명 이유를 살펴보면 다음과 같다.

태조 4년(1395) 10월 7일

...(전략)... 강녕전(康寧殿)에 대하여 말씀드리면, 《서경》 홍범구주(洪範九疇)의 오복(五福) 중에 셋째가 강녕(康寧)입니다. 대체로 임금이 마음을 바루고 덕을 닦아서 황극(皇極)을 세우게 되면, 능히 오복을 향유할 수 있으니, 강녕이란 것은 오복 중의 하나이며 그 중간을 들어서 그 남은 것을 다 차지하려는 것입니다. ...(중략)... 원컨대 전하께서는 무공의 시를 본받아 안일한 것을 경계하며 공경하고 두려워하는 마음을 두어서 황극의 복을 누리시면, 성자신손(聖子神孫)이 계승되어 천만 대를 전하리이다. 그래서 연침(燕寢)을 강녕전이라 했습니다. ...(후략)...

•• 뱀의 발

황제의 침전 이전으로 인한 후궁들의 이해득실

강녕전이 조선 임금의 공식 침전이듯 원래 자금성의 건청궁(乾淸宮, Palace of Heavenly Purity)은 황제들의 공식 침전이었다. 그러나 황제를 시해하려는 시도가 잇따르자 청나라의 옹정제(雍正帝) 때 건청문의 바로 서쪽에 있는 양심전(養心殿, Hall of Mental Cultivation)으로 침전을 이전하였다. 양심전은 마음[心]을 수양[養]한다는 뜻이다.

양심전은 서육궁(西六宮)의 바로 남쪽에 있다. 그런데 황제가 침전을 건청궁에서 양심전으로 옮긴 사건은 후궁들로서는 매우 중요한 일이었다. 황제와의 거리가 가까울수록 자신들의 입지가 더 좋아질 것이라 믿었기 때문이다.

원래 후궁들의 처소는 건청궁을 중심에 두고 좌우에 대칭적으로 조성된 동육

중국 자금성 건청궁

궁(東六宮)과 서육궁(西六宮)에 나누어 배치되었다. 황제가 정중앙에 있는 건청궁을 침전으로 사용했던 시기에는 아무래도 음양오행에 의해 동육궁 쪽의 서열이 높다고 생각하여 후궁들은 동육궁을 선호했다. 그러나 황제가 건청문 서쪽 편의 양심전으로 거처를 옮기자 동육궁은 기피 대상이 되었고 서육궁이 선호 대상 0순위가 되었다.

강녕전(康寧殿) 일원

延 늘일 **연** 1. 늘이다, 잇다 2. 늘어놓다, 벌여놓다 3. 끌다, 끌어들이다 4. 불러들이다 5. 이끌다,
　　　　　 인도하다 6. 서로 통하다 7. 넓어지다, 퍼지다 …

生 날 **생** 1. 나다 2. 낳다 3. 살다 4. 기르다 5. 서투르다 6. 싱싱하다 7. 만들다 8. 백성 9. 선비
　　　　　 10. 자기의 겸칭(謙稱) 11. 사람 12. 날(익지 않음)...

殿 전각 **전** 1. 전각(殿閣), 궁궐(宮闕) 2. 큰 집 3. 절, 사찰(寺刹) 4. 전하(殿下)

연생전

　연생전은 강녕전의 동소침(東小寢)이고 경성전은 강녕전의 서소침(西小寢)이다. 즉 정침(강녕전)의 양쪽에 있는 보조 침전이다. 그런데 연생전과 경성전의 작명은 독립적으로 만들어진 것이 아니라 사정전의 좌우 보조 편전인 만춘전과 천추전처럼 서로를 의식하면서 이름을 지었다. 이에 대해서는 앞서 광화문 안쪽의 협생문(協生門)과 용성문(用成門)에서도 다룬 바가 있다. 즉 동쪽의 건물은 봄과 생명의

慶 경사 **경**
1. 경사(慶事) 2. 선행(善行) 3. 상, 상으로 내리는 것 4. 복, 다행한 일 5. 하례하다(賀禮--) 6. 경사스럽다, 축하하다 7. 기뻐하다

成 이룰 **성**
1. 이루다 2. 이루어지다 3. 갖추어지다, 정리되다, 구비되다 4. 살찌다, 비대해지다 5. 우거지다, 무성해지다 6. 익다, 성숙하다(成熟--) 7. 일어나다, 흥기하다...

殿 전각 **전**
1. 전각(殿閣), 궁궐(宮闕) 2. 큰 집 3. 절, 사찰(寺刹) 4. 전하(殿下)

경성전

탄생을 뜻하는 생(生) 자를 넣었고, 서쪽의 건물은 가을과 생명의 완성을 뜻하는 성(成) 자를 넣은 것이다.

따라서 연생전(延生殿)은 생명(生)의 기운을 맞이한다는(延) 뜻이며, 경성전(慶成殿)은 완성됨(成)을 기뻐한다는(慶) 뜻이다. 이 역시 정도전이 이름을 지었는데 실록에서 해당 대목을 찾아보면 다음과 같다.

태조 4년(1395) 10월 7일

...(전략)... 연생전(延生殿)과 경성전(慶成殿)에 대하여 말씀드리면, 하늘과 땅은 만물(萬物)을 봄에 낳게 하여 가을에 결실하게 합니다. 성인이 만백성에게 인(仁)으로써 살리고 의(義)로써 만드시니, 성인은 하늘을 대신해서 만물을 다스리므로 그 정령(政令)을 시행하는 것이 한결같이 천지의 운행(運行)을 근본하므로, 동쪽의 소침(小寢)을 연생전(延生殿)이라 하고 서쪽 소침을 경성전(慶成殿)이라 하여, 전하께서 천지의 생성(生成)하는 것을 본받아서 그 정령을 밝히게 한 것입니다. ...(후략)...

延 늘일 연　1. 늘이다, 잇다 2. 늘어놓다, 벌여놓다 3. 끌다, 끌어들이다 4. 불러들이다 5. 이끌다, 인도하다 6. 서로 통하다 7. 넓어지다, 퍼지다 …

吉 길할 길　1. 길하다, 운이 좋다, 일이 상서롭다 2. 좋다, 아름답거나 착하거나 훌륭하다 3. 착하다 4. 복, 행복, 길한 일, 좋은 일 5. 혼인 6. 제사(祭祀) 7. 음력 초하루

堂 집 당　1. 집, 사랑채 2. 마루, 대청 3. 근친(近親), 친족(親族) …

연길당

　연길당과 응지당은 추가적인 보조 침전으로서 연생전과 경성전 뒤쪽에 만들어졌다. 그런데 경복궁의 초창기부터 있었던 연생전과 경성전은 완전 대칭 구조로 만들어진 반면에, 연길당과 응지당은 건물 규모는 비슷하지만 연길당이 주변으로부터 독립적인 건물인 데 비해 응지당은 측면이 담장으로 막혀있어 뒷마당이 없는 공간구조를 보인다.

膺 가슴 응   1. 가슴, 흉부 2. 마음, 심중 3. (가슴에 걸치는)갑옷 4. 뱃대끈(여자의 치마나 바지허리 위에 매는 끈) 5. 가까이하다 6. (마음속에)품다 7. 받다, 접수하다 8. 맡다, 담당하다

祉 복 지   1. 복(福) 2. 하늘에서 내리는 행복(幸福)

堂 집 당   1. 집, 사랑채 2. 마루, 대청 3. 근친(近親), 친족(親族) ...

응지당

　연길당(延吉堂)은 한자가 비교적 쉬워 '길함과 복(吉)을 맞아들인다(延)'라는 뜻을 쉽게 알 수 있다. 현판 글씨 중의 길(吉) 자는 다른 사례에서도 많이 보듯이 선비 사(士) 대신 흙 토(土)가 쓰인 속체이다. 반면 응지당(膺祉堂)은 한자도 어렵지만, 행서체로 쓰여 읽기도 쉽지 않다. 그러나 뜻은 연길당과 비슷하여 '복을(祉) 받음(膺)'을 나타낸다.

淸	맑을 청	1. 맑다 2. 깨끗하다 3. 탐욕이 없다 4. 빛이 선명하다 5. 사념이 없다 6. 분명하다 7. 한가하다 8. 고요하다(조용하고 잠잠하다) 9. 끝장을 내다 10. 거스르다 11. 차갑다...
心	마음 심	1. 마음, 뜻, 의지 2. 생각 3. 염통, 심장 4. 가슴 5. 근본, 본성 6. 가운데, 중앙, 중심 7. 도(道)의 본원(本源) 8. 꽃술, 꽃수염 9. 별자리의 이름
堂	집 당	1. 집, 사랑채 2. 마루, 대청 3. 근친(近親), 친족(親族) ...

청심당

 강녕전의 남쪽 행각 속에는 청심당, 연소당, 건의당, 이렇게 3개의 당(堂) 편액이 걸려있다. 먼저 청심당(淸心堂)은 쉬운 한자여서 마음을[心] 맑게[淸] 한다는 뜻을 금방 알 수 있다.

 그리고 연소당(延昭堂)은 밝음[昭]을 맞이한다는[延] 뜻이다. 여기서 잠깐 복습을 하자면 소(昭) 자는 '밝다, 밝히다'라는 뜻이 포함되어 있어서 주로 해가 뜨는 동쪽이나 해가 한창인 남쪽을 가리킬 때 많이 사용된

延 늘일 연   1. 늘이다, 잇다 2. 늘어놓다, 벌여놓다 3. 끌다, 끌어들이다 4. 불러들이다 5. 이끌다, 인도하다 6. 서로 통하다 7. 넓어지다, 퍼지다 …

昭 밝을 소   1. 밝다 2. 밝게 빛나다 3. 밝히다, 분명하게 하다 4. 나타내다 5. 돕다, 인도하다
6. 부지런히 힘쓰다 7. 신주치레(神主--: 높은 벼슬의 이름이 쓰인 신주를 특별히 모심)

堂 집 당   1. 집, 사랑채 2. 마루, 대청 3. 근친(近親), 친족(親族) ...

연소당

다. 앞서 살펴본 것처럼 자금성 태화문 동쪽의 출입문이 덕(德)을 밝힌다(昭)는 뜻의 소덕문(昭德門)이며, 태화전 동쪽 행각에 있는 체인각의 옛이름도 문(文)을 밝히는 문소각(文昭閣)이다. 자금성 건청궁 동쪽 보조 전각은 소인전(昭仁殿)인데 소(昭)와 인(仁)이 모두 동쪽을 가리키고 있다.

그런데 서쪽의 끝부분에 있는 건의당(建宜堂)은 현판 글씨가 예서체로 쓰여 있을 뿐만 아니라 글의 형태를 많이 변형시켜 놓아서 읽

建 세울 **건** 1. 세우다 2. 일으키다 3. 아뢰다(말씀드려 알리다) 4. 개진하다(開陳--) 5. 끼우다, 사이에 두다 6. 엎지르다 7. 열쇠(=鍵) 8. 월건(月建: 달의 간지(干支))

宜 마땅 **의** 1. 마땅하다, 알맞다 2. 마땅히 ~하여야 한다 3. 화목하다, 화순하다 4. 형편이 좋다, 사정이 좋다 5. 아름답다, 선미하다 6. 마땅히 7. 과연, 정말...

堂 집 **당** 1. 집, 사랑채 2. 마루, 대청 3. 근친(近親), 친족(親族)...

건의당

기도 어려울뿐더러 뜻도 파악하기 쉽지 않다. 결론부터 말하자면 건의는 마땅함을[宜] 세운다는[建] 뜻이다. 특히 현판 가운데의 마땅 의(宜) 자는 원래 부수인 집 면(宀, 갓머리)을 덮을 멱(冖, 민갓머리)으로 바꾸었을 뿐만 아니라, 그 아래쪽도 또 차(且) 자를 많을 다(多) 모양으로 바꾸었는데 한자 사전에는 바꾼 그 글자도 마땅 의(宜)와 같은 글자라고 올라와 있다.

강녕전(康寧殿)일원 159

〔한자 사전〕 마땅 의(宜) 이형동의자(이체자):

宜마땅할 의(본자) 冝마땅할 의(동자) 宐마땅할 의(동자)

하지만 마땅함을 세운다는 뜻이 언뜻 와닿지 않는다. 특히 마땅함이란 정의가 좀 애매한 느낌이다. 그래서 좀 더 마땅 의(宜)와 관련된 내용을 유교 경전에서 찾으니 『중용(中庸)』에서 애공(哀公)이 정치에 대해 공자에게 묻자, 공자가 대답하는 내용 중에 인(仁)과 의(義)를 설명하면서, 의로움[義]은 곧 마땅함[宜]이며 현인을 존경함을 중요시한다고 설명하는 대목이 나온다.

仁者人也 親親爲大
 어짊仁이라는 것者은 사람이다人也. 가족과 친족親을 친애親하는 것을 위대함大으로 삼는다爲.
 Benevolence is the characteristic element of humanity,
 and the great exercise of it is in loving relatives.

義者宜也 尊賢爲大
 의로움義이라는 것者은 마땅함이다宜也. 현인賢을 존경尊하는 것을 위대함大으로 삼는다爲.
 Righteousness is the accordance of actions with what is right,
 and the great exercise of it is in honoring the worthy.

따라서 건의당은 의로움을 세우고, 현인을 존경한다는 의미로 해석할 수 있다.

安 편안 안
1. 편안(便安) 2. 편안하다 3. 편안하게 하다 4. 안존하다(安存--) 5. 즐거움에 빠지다 6. 즐기다, 좋아하다 7. 어찌 8. 이에(乃), 곧 9. 어디에

至 이룰 지
1. 이르다(어떤 장소나 시간에 닿다), 도달하다 2. (영향을) 미치다(영향이나 작용 따위가 대상에 가하여지다) 3. 과분하다, 정도를 넘다 4. 지극하다 5. 힘쓰다, 다하다...

門 문 문
1. 문 2. 집안 3. 문벌(門閥) 4. 동문(同門)

안지문

    강녕전의 남쪽 행각에는 향오문 이외에도 2개의 문이 더 있는데 안지문과 용부문이다. 안지문(安至門)은 평안함에 [安] 이르는 [至] 문이라는 뜻이어서 강녕전의 분위기에 잘 어울린다.

用	쓸 용	1. 쓰다 2. 부리다, 사역하다(使役--) 3. 베풀다, 시행하다 4. 일하다 5. 등용하다 6. 다스리다 7. 들어주다 8. 하다, 행하다(行--) 9. 작용, 능력 10. 용도(用度), 쓸데 …
敷	펼 부	1. 펴다 2. 퍼지다 3. 널리 흩어지다 4. 분할하다 5. 다스리다 6. 나누다 7. 이어지다 8. 잇닿다(서로 이어져 맞닿다) 9. 초목(草木)이 번무하다 10. 두루 11. 널리
門	문 문	1. 문 2. 집안 3. 문벌(門閥) 4. 동문(同門)

용부문

그런데 용부문(用敷門)은 해석이 좀 난해하다. 직역하면 '쓰임을 〔用〕 펴는〔敷〕 문'이라는 알쏭달쏭한 풀이가 된다. 결론부터 말하자면 '용부'의 뜻도 향오와 강녕의 출처인 『서경』 「홍범」에서 찾아야 한다. 홍범구주의 다섯 번째가 임금의 지위인 황극을 세우는 것인데,

이 대목에서 '용부'라는 말이 나온다.

 皇極 皇 建其有極
  황극皇極은 임금皇이 유극其有極(제왕의 지위)을 세우는建 것이니
  Of royal perfection. The sovereign, having established (in himself) the highest degree and pattern of excellence
 斂時 五福 用敷錫厥庶民
  때時를 맞춰 오복五福을 거두어斂
  그것을厥 서민(백성)에게庶民 널리敷 베풀어用 준다.錫
  concentrates in his own person the five (sources of) happiness, and proceeds to diffuse them, and give them to the multitudes of the people.

따라서 용부문은 백성들에게 오복을 널리[敷] 베풀어[用] 준다는 뜻이다. 한편 용부문과 같은 뜻의 전각을 앞에서 이미 살펴보았는데 바로 사정문 행각의 용신당(用申堂)이다. 용신당의 '거듭 신(申)'자에도 펴다, 베풀다는 뜻이 있으므로 용신당과 용부문 모두, 임금이 능력 있고 어진 신하들을 활용[用]하여 선정을 펼치다 또는 베푼다는 [申] 뜻으로 풀이할 수 있다.

興 일 흥 1. 일다 2. 일으키다 3. 시작하다 4. 창성하다 5. 흥겹다 6. 기뻐하다 7. 성공하다 8. 등용하다 9. 다스리다 10. 징발하다 11. 느끼다 12. 유행하다 13. 흥, 흥취 14. 흥미 15. 취미

安 편안 안 1. 편안(便安) 2. 편안하다 3. 편안하게 하다 4. 안존하다(安存--) 5. 즐거움에 빠지다 6. 즐기다, 좋아하다 7. 어찌 8. 이에(乃), 곧 9. 어디에

堂 집 당 1. 집, 사랑채 2. 마루, 대청 3. 근친(近親), 친족(親族) ...

흥안당

    강녕전의 동쪽 행각 속에도 3개의 당(堂) 편액이 걸려있는데 흥안당, 계광당, 수경당이다. 먼저 흥안당(興安堂)은 편안함을[安] 일으킨다는[興] 뜻이니 강녕전의 분위기와도 잘 통한다.

啓 열 **계**
光 빛 **광**
堂 집 **당**

1. 열다 2. 열리다 3. 일깨워주다 4. 여쭈다 5. 보도하다(報道--) 6. 사뢰다(웃어른에게 말씀을 올리다) 7. 책상다리를 하다 8. 안내하다 9. 인도하다

1. 빛, 어둠을 물리치는 빛 2. 세월 3. 기세, 세력, 기운 4. 경치, 풍경 5. 명예, 영예 6. 문화, 문물 7. 문물의 아름다움 8. 빛깔, 번쩍거리는 빛 …

<u>1</u>. 집, 사랑채 2. 마루, 대청 3. 근친(近親), 친족(親族) ...

계광당

 그리고 계광당(啓光堂)은 밝은 빛(光)을 연다(啓)는 뜻인데 이는 아마도 건물의 위치가 해가 뜨는 방향인 동쪽 행각에 있어서 그런 듯하다.

壽 목숨 수　1. 목숨 2. 수명(壽命) 3. 장수(長壽) 4. 머리 5. 별의 이름 6. 헌수하다(獻壽--: 장수를 축하하여 술을 드리다) 7. 오래 살다 8. 축수하다(祝壽--: 오래 살기를 빌다)

慶 경사 경　1. 경사(慶事) 2. 선행(善行) 3. 상, 상으로 내리는 것 4. 복, 다행(多幸)한 일 5. 하례하다(賀禮--) 6. 경사스럽다(慶事---), 축하하다(祝賀--) 7. 기뻐하다

堂 집 당　1. 집, 사랑채 2. 마루, 대청 3. 근친(近親), 친족(親族) ...

수경당

　한편 수경당(壽慶堂)은 장수를〔壽〕기뻐한다는〔慶〕뜻인데 앞서 『서경』「홍범」에서 살펴보았듯이 장수는 오복 중에서도 첫 번째로 꼽힌다. 강녕은 오복 중에서 세 번째였다. 강녕전과 잘 어울리는 이름이다.

乃	이에	내	1. 이에, 곧 2. 그래서 3. 더구나 4. 도리어 5. 비로소 6. 의외로, 뜻밖에 7. 또 8. 다만 9. 만일(萬一) 10. 겨우 11. 어찌 12. 이전에 13. 너, 당신, 그대 14. 이와 같다
成	이룰	성	1. 이루다 2. 이루어지다 3. 갖추어지다, 정리되다, 구비되다 4. 살찌다, 비대해지다 5. 우거지다, 무성해지다 6. 익다, 성숙하다(成熟--) 7. 일어나다, 흥기하다...
門	문	문	1. 문 2. 집안 3. 문벌(門閥) 4. 동문(同門)

내성문

강녕전의 동쪽 행각과 서쪽 행각에도 각각 출입문이 하나씩 있다. 동쪽의 것이 지도문이고 서쪽의 것이 내성문이다. 내성문(乃成門)의 내(乃)는 어조사여서 특별한 뜻은 없고 성(成)은 '이루어진다'라는 뜻이 있다. 용성문이나 경성전에서 보았듯이 성(成)은 오행에서 완성

강녕전(康寧殿)일원 167

志	뜻 지	1. 뜻 2. 마음 3. 본심 4. 사사로운 생각 5. 감정 6. 기록 7. 표지(標識), 표기(標旗) 8. 문체의 이름 9. 살촉 <u>10. 뜻하다, 뜻을 두다</u>...
道	길 도	1. 길 2. 도리, 이치 3. 재주 4. 방법, 술책 5. 근원, 바탕 6. 기능, 작용 7. 주의, 사상 8. 제도 9. 기예 10. 불교 11. 승려 12. 도교(道敎) 13. 도사(道士) 14. 교설(敎說)
門	문 문	<u>1. 문</u> 2. 집안 3. 문벌(門閥) 4. 동문(同門)

지도문

을 뜻하는 서쪽을 의미하기 때문에, 내성문은 특별한 뜻이 있다기보다는 단순히 방향을 나타내는 용도가 아닐까 한다.

한편 지도문(志道門)은 도(道)에 뜻을 둔다(志)는 뜻을 담고 있는데 이 구절은 선비의 기본 자질을 가리키는 말로 널리 쓰이며 최초의 사액서원인 영주 소수서원의 정문 이름도 지도문이다. 여기서 도(道)는 신선의 도술을 의미하는 것이 아니라 공자를 통해 내려오는 정통

계보의 유학과 학문을 뜻한다. 그래서 성리학을 다른 말로 도학(道學)이라고 하며, 조광조가 주장했던 도학정치는 곧 철저한 성리학 기반의 정치였다. 이 내용은 『논어』「술이(述而)」편이 출전이다.

   子曰 志於道 據於德

  공자 가라사대子曰, (군자는)

  도에於道 뜻을志 두고, 덕에於德 의거據하며

    The Master said, "Let the will be set on the path of duty.

    Let every attainment in what is good be firmly grasped.

  依於仁 游於藝

  어짊에於仁 의지依하고 예로써於藝 놀며游 즐겨야 한다.

    Let perfect virtue be accorded with.

    Let relaxation and enjoyment be found in the polite arts."

교태전(交泰殿) 일원

교태전

兩 두 양	1. 두, 둘 2. 짝, 쌍 3. 두 쪽 4. 동등한 것 5. 기량(技倆·伎倆), 기능(機能) 6. 수레를 세는 단위. 50승(乘) 7. 대(隊: 편제 단위. 25인) 8. 무게의 단위 9. 필(길이의 단위)
儀 거동 의	1. 거동(擧動) 2. 법도(法度) 3. 법식(法式) 4. 본보기 5. 예절(禮節) 6. 선물(膳物) 7. 짝 8. 천문 기계 9. 본받다 10. 헤아리다 11. 우주의 대본(大本)
門 문 문	1. 문 2. 집안 3. 문벌(門閥) 4. 동문(同門)

양의문에서 본 교태전

양의문(兩儀門)은 중궁전인 교태전의 정문이다. 양의(兩儀)는 본래 우주의 큰 근본(儀) 두(兩) 가지, 즉 '음과 양'을 뜻하는데 여기에서 유래하여 '하늘과 땅', 더 나아가 '남자와 여자'의 뜻도 지닌다. 양의를 유교경전에서 찾으면 『주역』「계사상전」에서 나오는데, 우리는 이미 자선당의 정문 진화문(震化門)에서 그 내용을 자세히 살펴보았다.

是故, 易有 太極(시고 역유 태극)

이런是 연고故로, 역易에는 태극太極이 있으며有

Therefore in (the system of) the Yi there is the Grand Terminus,

是生 兩儀(시생 양의) 兩儀生 四象(양의생 사상)

이것是이 양의(兩儀=음양)를 낳고生, 양의兩儀는 사상四象을 낳고生

which produced the two elementary Forms,

Those two Forms produced the Four emblematic Symbols,

四象生 八卦(사상생 팔괘)

사상四象은 팔괘八卦를 낳는다生

which again produced the eight Trigrams.

음양을 상징하는 양의문의 위치를 살펴보면 왕의 침전인 강녕전과 왕비의 침전인 교태전 사이에 있다. 즉 음양이 나뉘는 위치에 양의문이 있는 셈이다. 그래서 문의 이름을 굳이 양의문으로 정한 듯하다. 실록에서도 양의를 언급한 곳이 여러 곳에 보인다.

명종 3년(1548) 11월 18일
함경 감사의 장계에,
"길주(吉州) 사람 임성구지(林性仇之)는 양의(兩儀)가 모두 갖추어져 지아비에게 시집도 가고 아내에게 장가도 들었으니 매우 해괴합니다." ...(후략)... 【*임성구지는 조선 초기의 인물로, 남녀의 성기를 모두 갖추었던 인물이다. 남자와 결혼한 동시에 여자와 결혼하였는데, 조선 조정에서 그가 사회를 문란하

게 한다고 여기고 사방지의 예를 참고하여 외진 곳으로 보냈다.】

숙종 6년(1680) 10월 14일

…(전략)… 임영이 또 '태극이 동(動)하여 양(陽)을 낳는다.'라는 대목을 강(講)하니, 송시열이 말하기를, …(중략)… 동(動)하여 양(陽)이 되고 정(靜)하여 음(陰)이 되므로, <u>음으로 나누고 양으로 나누어져 양의(兩儀)가 세워지는데</u>, 나눈 것이 한번 정해져서 옮겨가지 않는 것입니다. 대개 태극이란 것은 본연(本然)의 묘(妙)이고, …(후략)…

交 사귈
1. 사귀다, 교제하다 2. 오고 가다 3. 주고받다, 바꾸다 4. 인접하다, 서로 맞대다
5. 엇걸리다 6. 맡기다 7. 넘기다, 건네다 8. 내다, 제출하다 9. 섞이다, 교차하다...

泰 클
1. 크다 2. 심하다 3. 편안하다 4. 교만하다 5. 너그럽다 6. 통하다(通--)
7. 산(山)의 이름 8. 64괘의 하나 9. 술동이...

殿 전각
1. 전각(殿閣), 궁궐(宮闕) 2. 큰 집 3. 절, 사찰(寺刹) 4. 전하(殿下)

교태전 교태 전

교태전

　교태전은 경복궁의 중궁전이다. 일부 자격 없는 관광가이드들이 교태전을 설명하면서 중전이 교태를 부려 임금과 침소에 드는 곳이라는 황당한 이야기를 늘어놓지만, 아양을 부리는 태도, 아름다운 태도를 뜻하는 교태는 '交泰'가 아닌 '嬌態'로 쓴다. 교태전(交泰殿)을 앞쪽의 정문 양의문(兩儀門)과 연결시켜 1차원적으로 해석하면 천지, 음양이 잘 어울려〔交〕태평을〔泰〕이룬다는 뜻이다. 그러나 교태전에

교태전(交泰殿) 일원　175

는 그보다 훨씬 더 심오한 뜻이 담겨있다.

동양 고전의 최고봉인 『주역』에서는 우주의 근본이 태극[1], 양의[2], 사상[3], 8괘[4]의 순으로 확장하면서 최종적으로는 8괘가 위아래 이중으로 쌓인 형태를 갖춘 64괘[5](8괘X8괘)를 우주만물의 기본으로 삼는다. 8괘가 각각 음양을 나타내는 효(爻) 3개로 구성되어 있다면, 8괘가 이중으로 쌓인 64괘는 효(爻)가 총 6개이다. 8괘와 64괘는 다음 그림을 참고하면 도움이 될 것이다.

『주역』은 이 64괘에 대해 위아래 두 개의 괘가 결합하는 방식과 더불어 6개의 각 효(爻) 간의 상호관계를 바탕으로 설명하는데, 괘의 내용을 설명하면 그것을 괘사(卦辭)라 하고 각 효의 의미를 설명하면 '효사(爻辭)'라고 한다. 괘사와 효사는 모두 점사(占辭)다. 즉, 점을 칠 때 좋고 나쁨, 길·흉을 판단해주는 기능을 한다.

•• 뱀의 발
자금성 교태전과 경복궁 교태전의 차이점

자금성에도 교태전(交泰殿, Hall of Union)이 있다. 한자까지 같으니 당연히 전각이 품고 있는 뜻도 같다. 그런데 자금성의 교태전은 우리 경복궁의 교태전과는 달리 황후(왕비)의 침전이 아니다. 황후의 공식 침전은 교태전 바로 뒤에 있는 곤녕궁(坤寧宮, Palace of Earthly Tranquility)이다. 즉, 황제의 건청궁과 황후의 곤녕궁이 만나는 지점이 교태전인 것이다. 그래서 교태전의 영어 이름이 '결합' 또는 '합침'을 의미하는 Hall of Union이다. 우리 경복궁에서 중국 교태전의 의미[남녀 공간의 만남, 또는 하나 됨]를 담고 있는 것은 양의문이라고 할 수 있다. 음양을 뜻하는 양의문은 강녕전과 교태전이 만나는 공간이기 때문이다.

따라서 괘의 결합 방식, 그리고 각 효(爻) 간의 관계성에 의해 좋고 나쁨, 길과 흉이 결정되는 것이다.

그럼 64괘 중에서 최고의 점괘는 무엇일까?『주역』을 해석하는 사람에 따라 약간씩 차이가 있으나 최고의 점괘 중의 하나로 11번째 지천태(地天泰)괘가 빠지지 않는다. 간단히 줄여서 태(泰)괘라고도 하는데 괘의 모양은 그 이름에 이미 들어가 있다. 즉, 위쪽에는 땅[地]을 상징하는 곤(☷)괘가 있고, 그 아래에 하늘[天]을 상징하는 건(☰)괘가 자리 잡고 있다. 그래서 땅-하늘-태(泰)괘, 지천태(泰)괘가 된다.

태(泰)괘는 하늘이 아래에 있고, 땅이 위에 있는 형상이기에 많은 사람은 이것을 비정상으로 생각하기 쉽다. 오히려 그 반대인 하늘이 위에 있고, 땅이 아래에 있는 형상이 정상이라고 생각할 것이다.

	01중천건	02중지곤	03수뢰둔	04산수몽	05수천수	06천수송	07지수사	08수지비
건(乾: ☰, 天, 부친, …)	乾	坤	屯	蒙	需	訟	師	比
	09풍천소축	10천택리	11지천태	12천지비	13천화동인	14화천대유	15지산겸	16뇌지예
태(兌: ☱, 澤, 삼녀, …)	小畜	履	泰	否	同人	大有	謙	豫
	17택뢰수	18산풍고	19지택림	20풍지관	21화뢰서합	22산화비	23산지박	24지뢰복
이(離: ☲, 火, 이녀, …)	隨	蠱	臨	觀	噬嗑	賁	剝	復
	25천뢰무망	26산천대축	27산뢰이	28택풍대과	29중수감	30중화리	31택산함	32뇌풍항
진(震: ☳, 雷, 장남, …)	無妄	大畜	頤	大過	坎	離	咸	恒
	33천산돈	34뇌천대장	35화지진	36지화명이	37풍화가인	38화택규	39수산건	40뇌수해
손(巽: ☴, 風, 장녀, …)	遯	大壯	晉	明夷	家人	睽	蹇	解
	41산택손	42풍뢰익	43택천쾌	44천풍구	45택지취	46지풍승	47택수곤	48수풍정
감(坎: ☵, 水, 이남, …)	損	益	夬	姤	萃	升	困	井
	49택화혁	50화풍정	51중뢰진	52중산간	53풍산점	54뇌택귀매	55뇌화풍	56화산려
간(艮: ☶, 山, 삼남, …)	革	鼎	震	艮	漸	歸妹	豊	旅
	57중풍손	58중택태	59풍수환	60수택절	61풍택중부	62뇌산소과	63수화기제	64화수미제
곤(坤: ☷, 地, 모친, …)	巽	兌	渙	節	中孚	小過	旣濟	未濟

그리고 실제 그런 괘도 있다. 64괘 중 12번째 괘인 천지비(天地否), 간단히 비(否)괘이다.

그러나 『주역』에서는 일반인들이 생각하는 것처럼 그런 식으로 해석하지 않는다. 『주역』에서는 가벼운 하늘의 기운은 자꾸만 위로 올라가려고 하고, 무거운 땅의 기운은 자꾸만 아래로 내려가려는 성질이 있다고 본다. 따라서 비(否)괘는 하늘 기운은 위로 올라가고 땅 기운은 아래로 내려오기 때문에, 두 기운은 서로 만날 수 없어서 모든 것이 꽉 막히고 이롭지 못한 괘로 규정된다.

비(否)괘와는 반대 형상인 태(泰)괘는 무거운 땅의 기운은 아래로 내려오고 가벼운 하늘의 기운은 위로 올라가면서 두 기운이 만나 교감하기 때문에, 음양이 화합하여 하나로 뭉쳐짐을 상징하는, 길하고 형통한 괘로 규정된다. 태극기의 태극 문양이 바로 그런 것을 상징적으로 보여주고 있다.

교태전은 바로 그 태(泰)괘에서 이름을 따왔다. 사귈 교(交)라는 글자도 바로 음양의 기운이 서로 잘 섞임을 나타내고 있다. 『주역』에서 태(泰)괘를 설명한 구절을 확인하면 다음과 같다.

泰 小往 大來 吉亨

태(泰)는 작은 것이小 가고往 큰 것이大 오니來, 길하고吉 형통하다亨.

'The little gone and the great come in Tai, and its indication that there will be good fortune with progress and success'

則是 天地交而 萬物通也

즉則, 이는是 천지가天地 사귀어交而 만물이萬物 형통하고通也,

This show to us heaven and earth in communication with each other,

and all things in consequence having free course,

上下交而 其志同也

위와 아래가上下 사귀어交而 그 뜻이其志 같은 것이다同也.

and (also) the high and the low, (superiors and inferiors),

in communication with one another, and possessed by the same aim.

天地交泰

하늘과 땅이天地 사귐(交)이 태(泰)이니,

(The trigrams for) heaven and earth in communication together form Tai.

后以財成 天地之道

임금后이 천지의 도天地之道를 재물로써以財 이루고成

The (sage) sovereign, in harmony with this, fashions and completes (his regulations)

after the courses of heaven and earth,

輔相 天地之宜 以左右民

천지의 마땅함을天地之宜 서로 도우며輔相 그로써以 백성을民 좌우(보호)한다左右.

and assists the application of the adaptations furnished by them, – in order to benefit the people.

元 으뜸 **원** 1. 으뜸, 처음, 시초 2. 우두머리, 두목, 임금 3. 첫째, 첫째가 되는 해나 날 4. 기운, 천지의 큰 덕, 만물을 육성하는 덕 5. 근본, 근원 …

吉 길할 **길** 1. 길하다, 운이 좋다, 일이 상서롭다 2. 좋다, 아름답거나 착하거나 훌륭하다 3. 착하다 4. 복, 행복, 길한 일, 좋은 일 5. 혼인 6. 제사(祭祀) 7. 음력 초하루 8. 오례(五禮)의 하나

軒 집 **헌** 1. 집 2. 추녀, 처마 3. 수레, 초헌(軒) 4. 난간 5. 창(窓), 들창 6. 행랑…

원길헌

　원길헌(元吉軒)은 교태전의 동쪽에 붙어있는 부속 건물로 교태전과 이어져 있다. 겉으로 보이는 '원길'의 뜻은 최고로(元) 길하다는(吉) 뜻이다. 그러나 원길헌이 교태전의 부속 건물임을 고려한다면 '원길'이라는 이름도 그냥 지어진 것이 아니라 출전이 따로 있음을 유추해 볼 수 있다. 교태전의 출처가 『주역』의 태(泰)괘였던 것처럼 원길(元吉)도 태(泰)괘의 다섯 번째 효사(爻辭)〔주역 특유의 표기법으로 음의 효라

서 65로 표시됨, 만약 양의 효라면 95로 표시됨]에 다음과 같이 등장한다.

六五 帝乙歸妹

[다섯五 번째 음六의 효사] 제을(帝乙, 을 임금)이 누이를 시집보냈다歸妹.

The fifth six, divided, reminds us of (king) Di-yi's (rule about the) marriage of his younger sister.

以祉元吉

이로써 복되고以祉 크게 길하리라元吉.

By such a course there is happiness and there will be great good fortune.

원길헌 현판에서 재미있는 것은 길할 길(吉) 자를 쓰는 궁궐 내의 다른 건물들은 거의 대부분 글자의 윗부분을 선비 사(士) 대신에 흙 토(土)를 쓰는 속체를 쓰지만, 유독 원길헌만큼은 정체를 쓰고 있다는 점이다.

교태전(交泰殿) 일원 181

舍	머금을 함	1. 머금다 2. 품다 3. 참다, 견디어내다 4. 싸다, 담다, 넣다, 싸서 가지다 5. 초목이 꽃을 피우다 6. 무궁주(無窮珠: 염할 때 죽은 사람의 입속에 넣는 깨알처럼 작고 까만 구슬)
弘	넓을 홍	1. 크다 2. 넓다 3. 넓히다 4. 높다 5. 너그럽다 6. 널리, 넓게 7. 너그러이 8. 활 소리
閣	집 각	1. 집 2. 문설주 3. 마을 4. 관서 5. 궁전 6. 내각(內閣) 7. 다락집...

함홍각

　함홍각(含弘閣)은 원길헌의 반대쪽인 교태전의 서쪽에 붙어있는 부속 건물로 교태전과 이어져 있다. '함홍'의 단순한 뜻풀이는 크고 넓게[弘] 품는다는[含] 뜻이다. 뜻풀이로서는 뭔가 많이 부족한 느낌인데, 이것 역시 『주역』에서 발췌한 내용이다. 교태전이나 원길헌과 달리 함홍각은 2번째 중지곤(重地坤) 괘에서 따왔다.

　곤(坤)괘는 이름에서도 알 수 있듯이 8괘 중 땅[地]을 뜻하는 곤(坤)

이 위아래에 중복[重]해서 나온 순음괘(純陰卦)이다. 아무래도 여성의 공간이다 보니 그런 생각 속에서 작명한 듯하다. 결론부터 말하자면 '함홍'은 곤(坤)괘에서 너그럽게 품고[含弘] 크게 빛난다는[光大] 뜻의 함홍광대(含弘光大)를 줄여서 쓴 말이다. 다음에 원문을 살펴보자.

至哉 坤元

　지극하도다!至哉 곤坤괘의 위대함元이여!

　Complete is the 'great and originating (capacity)' indicated by Kun!

萬物資生 乃順承天

　만물이萬物 땅을 바탕으로 생겨나고資生 이에 순종乃順하여 하늘을 이어 받았다承天.

　All things owe to it their birth; - it receives obediently the influences of Heaven.

坤厚載物 德合无疆

　땅은 두터워坤厚 만물을 싣고載物 덕으로 끝없이 합하니德合无疆,

　Kun, in its largeness, supports and contains all things.

　Its excellent capacity matches the unlimited power (of Qian).

含弘光大 品物咸亨

　너그럽게 포용하고含弘 크게 빛나며光大 만물이品物 다 형통하다咸亨.

　Its comprehension is wide, and its brightness great.

　The various things obtain (by it) their full development

따라서 함홍각은 포용심[含] 있고 너그러운[弘] 부녀자의 덕을 상징한다고 풀이할 수 있겠다.

乃 이에 **내** 1. 이에, 곧 2. 그래서 3. 더구나 4. 도리어 5. 비로소 6. 의외로, 뜻밖에 7. 또 8. 다만 9. 만일(萬一) 10. 겨우 11. 어찌 12. 이전에 13. 너, 당신, 그대 14. 이와 같다
順 순할 **순** 1. 순하다, 유순하다 2. 좇다 3. (도리에) 따르다, 순응하다 4. 가르치다, 교도하다 5. 잇다, 이어받다 6. 제멋대로 하다 7. 편안하다, 안락하다 8. 화하다(和--), ...
堂 집 **당** 1. 집, 사랑채 2. 마루, 대청 3. 근친(近親), 친족(親族) ...

내순당

내순당은 교태전의 서행각 중에서도 남쪽에 있는 당이고, 승순당은 교태전의 남행각 중에서도 양의문의 동쪽에 있는 당이다. 둘 다 순할 순(順)자를 쓰고 있으므로 부녀자의 유순함을 강조하는 의미로 보인다. 단순히 글자만 보고 직역하면 승순당(承順堂)은 이어서[承] 순종한다는[順] 뜻이고, 내순당(乃順堂)은 이에[乃] 순종한다는[順] 뜻인데 아무래도 무엇을 잇는다거나, 접속사 이에[乃]가 쓰인 것으로 보아 다른

承 이을 승　1. 잇다, 계승하다 2. 받들다 3. 받다, 받아들이다 4. 장가들다 5. 돕다 6. 도움
　　　　　　7. 후계, 후사 8. 절구(節句)에서 둘째 구의 이름 9. 차례, 순서

順 순할 순　1. 순하다, 유순하다 2. 좇다 3. (도리에) 따르다, 순응하다 4. 가르치다, 교도하다
　　　　　　5. 잇다, 이어받다 6. 제멋대로 하다 7. 편안하다, 안락하다 8. 화하다(和--), ...

堂 집 당　1. 집, 사랑채 2. 마루, 대청 3. 근친(近親), 친족(親族) ...

승순당

글귀에서 한 구절을 발췌한 것임을 짐작할 수 있다. 그리고 그 짐작은 예상대로다. 내순당과 승순당의 이름 출처는 바로 앞의 함홍각과 같이 『주역』의 곤(坤)괘에서 따왔는데 심지어 같은 구절을 참고로 했다. 즉, "만물이 땅을 바탕으로 생겨나고 이에 순종하여 하늘을 이어받았다"라는 구절인 '내순승천(乃順承天)' 네 글자에서 앞의 두 글자를 따면 내순당, 가운데의 두 글자를 딴 뒤 순서만 바꾸면 승순당이 되는 것이다.

輔 도울 보 1. 돕다 2. 도움 3. 광대뼈 4. 바퀴 덧방나무(수레의 양쪽 가장자리에 덧대는 나무)
　　　　　5. 재상 6. 아전 7. 경기(京畿)
宜 마땅 의 1. 마땅하다, 알맞다 2. 마땅히 ~하여야 한다 3. 화목하다, 화순하다 4. 형편이 좋다,
　　　　　사정이 좋다 5. 아름답다, 선미하다 6. 마땅히 7. 과연, 정말 ...
堂 집 당 1. 집, 사랑채 2. 마루, 대청 3. 근친(近親), 친족(親族) ...

보의당

　보의당은 교태전의 남행각 중에서도 양의문의 서쪽에 있는데 양의문 동쪽의 승순당과 대칭을 이룬다. 보의당(輔宜堂)을 직역하면 밑도 끝도 없이 '마땅함을〔宜〕 돕는다〔輔〕'라는 뜻인데 이 역시 『주역』의 태(泰)괘가 출전이며 교태전에서 이미 다룬 내용이다. 즉 "천지의 마땅함을 서로 도우며 그로써 백성을 좌우(보호)한다."라는 구절인 '보상천지지의(輔相 天地之宜)'에서 첫 글자와 끝 글자를 딴 것이다.

體 몸 체　1. 몸, 신체 2. 몸소, 친히 3. 형상 4. 근본 5. 격식 6. 물질 7. 물체 8. 서체 9. 체재(體裁) 10. 체험하다 11. 체득하다 12. 알아주다
仁 어질 인　1. 어질다, 자애롭다, 인자하다 2. 감각이 있다, 민감하다 3. 사랑하다 4. 불쌍히 여기다 5. 어진 이, 현자(賢者) 6. 인, 어진 마음, 박애 7. 자네 8. 씨
堂 집 당　1. 집, 사랑채 2. 마루, 대청 3. 근친(近親), 친족(親族) ...

체인당

그런데 한때 보의당의 현판이 20년 이상 보선당(補宣堂)으로 걸려있었던 적이 있었다. 1995년 현판 제작과정에서 의(宜)자와 선(宣)자가 비슷하므로 착오를 일으킨 것이다. 심지어 2006년 문화재청에 제출된 '고궁현판 학술조사 연구용역' 보고서에 오자가 지적된 이후로도 10년 이상 방치되다가 최근에야 교체가 되었다. 함원전 서행각의 자안당과 융화당 현판도 같은 과정을 거쳐 교체되었다. 무엇이든 한번

만들기는 쉬워도 고치기는 어렵다는 사실을 깨닫게 해준다. 특히 문화재 분야는 더 그런 것 같다.

한편 체인당은 교태전의 동행각 중에서도 남쪽에 있는 당인데, 서행각의 내순당과 대칭을 이룬다. 체인당(體仁堂)은 인(仁)을 체득한다는(體) 뜻이다. 경주 옥산서원의 사당 명칭이기도 하고, 자금성 태화전 앞 동쪽 행각의 전각 이름이기도 한 '체인'은 역시 출전이 『주역』인데, 이번에는 건(乾)괘에 관한 내용에서 나온다. 참고로 '체인' 다음에 나오는 "모임을 아름답게 함이 족히 예에 부합한다"라는 구절(嘉會足以合禮)에서 북촌으로 널리 알려진 경복궁 옆 가회동(嘉會洞)이라는 동네 이름이 나왔다.

君子 體仁足以長人

군자君子는

인仁을 체득體함이 족히足以 남의 우두머리가 될 만하며長人,

The superior man, embodying benevolence, is fit to preside over men;

嘉會足以合禮

모임을 아름답게嘉會 함이 족히足以 예에 부합하며合禮,

presenting the assemblage of excellences, he is fit to show in himself the union of all propriety;

利物足以和義

사물을 이롭게利物 함이 족히足以 의리에 조화되며和義,

benefiting (all) creatures, he is fit to exhibit the harmony of all that is right;

貞固足以幹事

　바르고 견고함이貞固 족히足以 일의 근간이 되니幹事.

correct and firm, he is fit to manage (all) affairs.

君子 行此四德者

　군자는君子 이 네 가지 덕을此四德 행하는行 사람者이다.

The fact that the superior man practices these four virtues justifies the application to him of the words.

財 재물 재 1. 재물 2. 재산, 자산 3. 보물 4. 물품 5. 녹봉(祿俸) 6. 재능 7. 재료 8. 성(姓)의 하나 9. 겨우 10. 비로소 …
成 이룰 성 1. 이루다 2. 이루어지다 3. 갖추어지다, 정리되다, 구비되다 4. 살찌다, 비대해지다 5. 우거지다, 무성해지다 6. 익다, 성숙하다(成熟--) 7. 일어나다, 흥기하다…
門 문 문 1. 문 2. 집안 3. 문벌(門閥) 4. 동문(同門)

재성문

　재성문은 교태전의 서행각에 있는 1칸짜리 문이며 만통문은 동행각에 있는 1칸짜리 문인데, 서로 마주 보고 있다. 특히 재성문(財成門)은 이름 속에 이룰 성(成)이 있어서 광화문 안쪽 마당의 용성문(用成門), 동궁 서쪽의 미성문(美成門), 강녕전 서행각의 내성문(乃成門)이나 서소침인 경성전(慶成殿)처럼 방위상 서쪽임을 알 수 있다.

　만통문(萬通門)의 단순 직역은 만사(萬) 형통(通)을 뜻하고, 재성문

萬 _{알만} 만 1. 일 만(一萬) 2. 성(姓)의 하나 3. 현(縣)의 이름 4. 만무(萬無: 절대로 없음) 5. 대단히 6. 매우 7. 매우 많은 8. 여럿 9. 절대로 10. 전혀 11. 많다

通 _{통할} 통 1. 통하다 2. 내왕하다 3. 알리다 4. 알다 5. 정을 통하다 6. 통(편지 따위를 세는 단위)

門 _문 문 1. 문 2. 집안 3. 문벌(門閥) 4. 동문(同門)

만통문

은 재물을〔財〕이룬다는〔成〕뜻이다. 그러나 이 두 문의 이름도 교태전 영역에 속해 있으므로 『주역』의 태(泰)괘에서 따왔다. 만통문은 태(泰)괘의 "천지가 사귀어 만물이 형통하고〔天地交而 萬物通也〕"라는 구절의 마지막 부분에서 따온 것이고, 재성문은 "임금이 천지의 도를 재물로써 이루고〔后以財成 天地之道〕"라는 구절에서 따왔다. 자세한 원문은 교태전 부분을 참고하기 바란다.

咸 다 함 1. 다(남거나 빠진 것이 없이 모두) 2. 모두 3. 소금기 4. 함괘 5. 짜다 6. 소금기가 있다
　　　　　7. 두루 미치다 8. 널리 미치다...

亨 형통할 형 1. 형통하다 2. 통달하다 3. (제사)올리다 4. 제사(祭祀)

門 문 문 1. 문 2. 집안 3. 문벌(門閥) 4. 동문(同門)

함형문

함형문은 함원전 뒤쪽에서 교태전 후원의 아미산으로 들어가는 문이다. 함형문(咸亨門)의 단순 직역은 한마디로 만사〔咸〕 형통〔亨〕이다. 단순 직역도 충분히 설명되지만, 이것 역시 『주역』의 곤(坤)괘에서 따온 말이다. 앞서 함홍각 설명과 같은 구절에서 발췌한 것인데 '너그럽게 포용하고 크게 빛나며 만물이 다 형통하다〔含弘光大 品物咸亨〕.'라는 구절의 끝부분에 '함형'이 들어있다.

落 떨어질 낙　1. 떨어지다 2. 떨어뜨리다 3. 이루다 4. 준공하다(竣工--) 5. 두르다 6. 쓸쓸하다 7. 죽다 8. 낙엽(落葉) 9. 마을 10. 빗방울 11. 울타리
霞 노을 하　1. 노을 2. 새우(=鰕) 3. 술, 맛있는 술 4. 멀다, 아득하다 5. 가볍고 아름답다
潭 못 담　1. 못 2. 소(沼), 웅덩이 3. 물결 따라 떠도는 모양 4. 북소리의 형용 5. 깊다

낙하담

　낙하담과 함월지는 아미산의 계단식 화단에 나란히 설치한 석조(石槽) 형식의 돌로 만든 연못이다. 동쪽의 것이 낙하담이고 서쪽의 것이 함월지다. 낙하담(落霞潭)은 글자 그대로 노을이〔霞〕 내려앉은〔落〕 연못이며, 함월지(涵月池)는 달을〔月〕 품고 있는〔涵〕 또는 달이 잠긴 연못이다.

　이렇듯이 중궁전의 뒤쪽 공간에 인공 석조를 가져다 놓은 것은

교태전(交泰殿) 일원　193

涵	젖을	함	1. (물에)젖다, 적시다 2. 잠기다 3. (물에)담그다 4. 가라앉다 5. 포용하다(包容--) 6. 너그럽다, 관용하다(寬容--) 7. 받아들이다
月	달	월	1. 달, 별의 이름 2. 세월, 나달, 광음(光陰: 시간이나 세월을 이르는 말) 3. 달빛 4. 달을 세는 단위 5. 한 달, 1개월 6. 월경(月經), 경수(經水) 7. 다달이, 달마다
池	못	지	1. 못, 연못 2. 해자(垓子: 성 밖을 둘러싼 못) 3. 도랑(매우 좁고 작은 개울), 수로(水路) 4. 연지(硯池) 5. 물받이 6. 관(棺)의 장식(裝飾)

함월지

원래 중궁전 곁에는 돌 연못을 조성하는 전통 궁궐 조경방식에 따른 것이다. 지금도 창경궁의 중궁전인 통명전(通明殿) 바로 옆에는 제법 큰 네모난 인공 돌 연못이 있고, 서궐도안에서는 경희궁의 중궁전인 회상전(會祥殿) 바로 옆에 벽파담(碧波潭)이라는 돌 연못이 보인다.

健 굳셀 건
1. 굳세다 2. 건강하다(健康--) 3. 튼튼하다 4. 꿋꿋하다 5. 군사(軍士)

順 순할 순
1. 순하다, 유순하다 2. 좋다 3. (도리에)따르다, 순응하다 4. 가르치다, 교도하다
5. 잇다, 이어받다 6. 제멋대로 하다 7. 편안하다, 안락하다 8. 화하다(和--), ...

門 문 문
1. 문 2. 집안 3. 문벌(門閥) 4. 동문(同門)

건순문

건순각(健順閣)은 교태전과 이어져 있는 교태전 후원의 건물이며 건순문(健順門)은 외부에서 건순각으로 통하는 출입문이다. 양의문에서 시작하여 교태전 일원을 모두 돌아보고 나면 아미산과 건순각을 거쳐 교태전을 빠져나가는 구조다. 건순의 뜻을 단순 직역하면 '굳셈(健) 유순함(順)'으로 상반되는 의미를 동시에 담고 있는 형용모순이다.

이는 교태전 일원의 전각 이름을 지을 때 참고로 했던 『주역』에서 순양괘(純陽卦)와 순음괘(純陰卦)인 건(乾)괘와 곤(坤)괘의 특성을 한 단어로 압축하여 표현한 건건곤순(乾健坤順)에서 유래한 것이다. 즉 교태전 전체의 명명법을 놓고 볼

健 굳셀 건   1. 굳세다 2. 건강하다(健康--) 3. 튼튼하다 4. 꿋꿋하다 5. 군사(軍士)
順 순할 순   1. 순하다, 유순하다 2. 좇다 3. (도리에)따르다, 순응하다 4. 가르치다, 교도하다
           5. 잇다, 이어받다 6. 제멋대로 하다 7. 편안하다, 안락하다 8. 화하다(和--), ...
閣 집 각   1. 집 2. 문설주 3. 마을 4. 관서 5. 궁전 6. 내각(內閣) 7. 다락집...

건순각

때 단순 음양을 뜻하는 양의문에서 출발하여, 각각 음양의 최고 정점에 있는 건(乾)괘와 곤(坤)괘로 마무리한 것이 아닌가 하는 추측을 할 수 있다.

그럼 『주역』에서 해당 부분을 찾아보자. 먼저 건(乾)괘에서 찾아본 건(健)이다.

天行健 君子以 自彊不息

　하늘의 운행天行이 굳세니健

　군자가君子 이로써以 스스로 힘쓰고自彊 쉬지 않는다不息.

Heaven, in its motion, (gives the idea of) strength.

The superior man, in accordance with this, nerves himself to ceaseless activity.

이번에는 곤(坤)괘에서 찾아본 순(順)이다.

坤道 其順乎 承天而 時行

　곤의 길坤道은 순하구나其順乎.

　하늘을 받들어承天而 때때로 행한다時行.

Yes, what docility marks the way of Kun!

It receives the influences of heaven, and acts at the proper time.

元 으뜸 원   1. 으뜸, 처음, 시초 2. 우두머리, 두목, 임금 3. 첫째, 첫째가 되는 해나 날 4. 기운, 천지의 큰 덕, 만물을 육성하는 덕 5. 근본, 근원 …

祉 복 지   1. 복(福) 2. 하늘에서 내리는 행복(幸福)

門 문 문   1. 문 2. 집안 3. 문벌(門閥) 4. 동문(同門)

원지문

원지문(元祉門)은 교태전 후원에 있는 아미산으로 들어가는 문으로 아미산의 동쪽 담장에 있는데, '원지'는 큰(元) 복(祉)을 뜻한다. 아미산으로 들어갈 수 있는 또 다른 출입문으로는 함원전 뒤편의 선장문(善長門)이 있다.

한편 연휘문(延暉門)은 교태전 후원의 건순각으로 들어가는 문인데 동쪽 담장에 있다. '연휘'는 '빛(暉)을 맞아들인다(延)'라는 뜻인데,

延 늘일 연
暉 빛날 휘
門 문 문

1. 늘이다, 잇다 2. 늘어놓다, 벌여놓다 3. 끌다, 끌어들이다 4. 불러들이다 5. 이끌다, 인도하다 6. 서로 통하다 7. 넓어지다, 퍼지다 …

1. 빛, 광채 2. 빛나다, 광채가 나다 3. 밝다 4. 금휘(琴徽: 기러기발. 거문고, 가야금, 아쟁 따위의 줄을 고르는 기구)

1. 문 2. 집안 3. 문벌(門閥) 4. 동문(同門)

연휘문

이 문의 위치가 교태전의 동쪽 담장에 있으므로 떠오르는 햇빛을 받아들이는 의미를 포함한 듯하다. 또한, 교태전이 여성의 공간임을 의식한 듯 문의 형식을 붉은 벽돌로 쌓은 월문 형식으로 꾸몄다. 이와 비슷한 형식의 문으로는 집경당 일원에 계명문(啓明門)과 영춘문(迎春門)이 있고 건청궁 일원에 필성문(弼成門)이 있다.

함원전(含元殿) 일원

함원전

舍 머금을 함 1. 머금다 2. 품다 3. 참다, 견디어내다 4. 싸다, 담다, 넣다, 싸서 가지다 5. 초목이 꽃을 피우다 6. 무궁주(無窮珠: 염할 때 죽은 사람의 입속에 넣는 깨알처럼 작고 까만 구슬)

元 으뜸 원 1. 으뜸, 처음, 시초 2. 우두머리, 두목, 임금 3. 첫째, 첫째가 되는 해나 날 4. 기운, 천지의 큰 덕, 만물을 육성하는 덕 5. 근본, 근원 …

殿 전각 전 1. 전각(殿閣), 궁궐(宮闕) 2. 큰 집 3. 절, 사찰(寺刹) 4. 전하(殿下)

함원전

 함원전은 기록상 전각의 뚜렷한 용도는 보이지 않지만, 교태전의 서쪽에 바짝 붙어있으면서 협문으로 연결되기 때문에, 중궁전과 관련이 있을 것으로 추정이 된다. 실록에 의하면 세종 때부터 불상을 모셔 두고 불교 관련 의식과 행사를 열었고, 특히 세조 때는 불교를 최대로 후원한 임금답게 많은 불교 행사와 의식을 치렀다. 또한, 함원전의 위치가 교태전의 바로 옆이라는 점은 숭유억불을 기치로 한 엄격한 유교(성리학) 국가였던 조선에서 신앙으로서의 불교를 포용할 수 있는 존재는 아무래도 남성보다는 여성 쪽이 더 적합하다고 판단해서 그렇게 배치를 한 것이 아닐까 추정이 된다. 원래 함원전(含元殿)의 뜻은 '원기(元)를 품다(含) 또는 간직하다'라는 의미이지만, 내불당(內佛堂)으로서의 사용 기록에 비추어 볼 때, '으뜸(元)이 되는 존재(부처를 은유적으로 표현)를 품다(含)'라는 중의적인 해석도 가능할 것 같다.

•• 뱀의 발

자금성 안의 불교 시설

자금성 안에도 불교 시설물이 곳곳에 있다. 우선 자금성의 최동북단 모서리에 있는 영수궁(寧壽宮, Palace of Peace and Longevity) 권역 내의 경복궁(景福宮, 우리 경복궁과 이름이 똑같다) 바로 뒤에 있는 불일루(佛日樓)와 범화루(梵華樓)인데, 부처를 뜻하는 불(佛) 자와 불경이나 범어(梵語, 산스크리트어)를 뜻하는 범(梵) 자에서도 알 수 있듯이 불상과 탑을 모신 불당 용도의 건물이다. 또한, 태후의 전각인 자녕궁(慈寧宮, Palace of Compassion and Tranquility)의 뒷건물은 대불당(大佛堂, Big Buddha Hall)인데 자금성 안에 있는 불상 중 가장 큰 불상이 있었기에 대불당(大佛堂)이라 불렸다.

한편, 자녕궁 화원(慈寧宮花園, Garden of Compassion and Tranquility) 속에도 중심 전각인 함야관(咸若館)은 예불 장소로 쓰였고, 함야관 북쪽의 자음루(慈陰樓)는 불경을 보관하던 장경루(藏經樓)로 쓰였고, 함야관의 좌우에 있는 길운루(吉雲樓)와 보상루(寶相樓) 역시 각종 불상과 불구를 보관하고 있던 불당이었다. 결국 자금성도 우리 경복궁과 마찬가지로 여성의 공간 인근에 불교 시설이 집중적으로 배치되었음을 보여주고 있다.

欽 공할 흠　1. 공경하다 2. 존경하다 3. 흠모하다 4. 삼가다(몸가짐이나 언행을 조심하다) 5. 구부리다 6. 산(山)이 높다 7. 경칭(敬稱) 8. 근심스러워 하는 모양
敬 공경 경　1. 공경 2. 예(禮), 감사하는 예 3. 공경하다 4. 삼가다(몸가짐이나 언행을 조심하다), (마음을)절제하다 5. 정중하다, (예의가) 바르다 6. 훈계하다, …
閣 집 각　1. 집 2. 문설주 3. 마을 4. 관서 5. 궁전 6. 내각(內閣) 7. 다락집…

흠경각

　흠경각은 강녕전의 북서쪽, 함원전의 남쪽에 있다. 세종 20년(1438)에 세우고 여기에 물의 힘을 이용하여 자동으로 돌아가는 천문 물시계인 옥루(玉漏)와 천문을 관측하는 선기옥형(璇璣玉衡＝혼천의) 등을 설치하였다.

세종 20년(1438) 1월 7일
흠경각이 완성되었다. 이는 대호군 장영실이 건설한 것이나

그 규모와 제도의 묘함은 모두 임금의 결단에서 나온 것이며, 각은 경복궁 침전 곁에 있었다. 임금이 우승지 김돈에게 명하여 기문을 짓게 하니, 이에 말하기를, …(중략)… 지금 이 흠경각에는 하늘과 해의 돗수와 날 빛과 누수 시각이며, 또는 사신(四神), 십이신(十二神), 고인(鼓人), 종인(鍾人), 사신(司辰), 옥녀(玉女) 등 여러 가지 기구를 차례대로 다 만들어서, 사람의 힘을 빌리지 않고도 저절로 치고 저절로 운행하는 것이 마치 귀신이 시키는 듯하여 보는 사람마다 놀라고 이상하게 여겨서 그 연유를 측량하지 못하며, 위로는 하늘 돗수와 털끝만큼도 어긋남이 없으니 이를 만든 계교가 참으로 기묘하다 하겠다. …(중략)… 집 이름을 흠경이라 한 것은 《서경》 요전(堯典) 편에 '공경함을 하늘과 같이하여, 백성에게 절후를 알려준다〔欽若昊天, 敬授人時〕'라는 데에서 따온 것이다. …(후략)

흠경각(欽敬閣)의 이름을 글자 그대로만 직역하면 '흠모하고 공경한다'라는 뜻이 된다. 그러나 세종 20년 1월 7일 실록 기사에서도 확인되다시피 흠경각의 이름은 『서경』「요전」에서 따왔는데, '공경함을 하늘과 같이하여〔欽若昊天, 흠약호천〕 백성에게 시간을 알려준다〔敬授人時, 경수인시〕'라는 글귀에서 첫 글자를 뽑아 흠경이라 했다. 그 이유는 흠경각 안에 옥루 등 시간을 알려주는 각종 천문기기와 물시계가 있었기 때문이다.

그런데 아무리 생각해봐도 '하늘을 공경하는 것'과 '사람에게 시간을 알려주는 것'과는 인과관계가 부족하다. 하늘을 공경한다고 해서 어떻게 시간을 알 수 있나? 그렇다면 『서경』「요전」의 해당 부분을 좀 더 자세히 들여다볼 필요가 있다.

> 乃命 羲和
>
> (요堯임금이) 이내乃 (천문담당 관리) 희씨와羲 화씨에게和 명령하여命,
>
> He commanded the Xis and Hes,
>
> 欽若昊天
>
> 넓고 큰 하늘을昊天 공경하면서欽若 (관찰한 것에 따라서)
>
> in reverent accordance with (their observation of) the wide heavens,
>
> 歷象 日月星辰
>
> 해와 달과 별자리의日月星辰 (모습과 움직임을) 계산하고 상세히 기록하여歷象
>
> to calculate and delineate (the movements and appearances of) the sun, the moon, the stars, and the zodiacal spaces,
>
> 敬授人時
>
> 사람들에게人 공손히敬 시간을時 전해 주었다授.
>
> and so to deliver respectfully the seasons to be observed by the people.

『서경』 원문을 살펴보니 하늘을 공경한 것은 곧 천문을 관측한 것임을 알 수 있다. 따라서 일월성신, 즉 우주 천체의 모습과 움직임을 계산하고 기록하여 시간과 날짜를 알아낸 뒤, 그것을 백성들에게 알려준 것이다.

資 재물 **자** 1. 재물(財物) 2. 자본(資本) 3. 바탕 4. 비용(費用) 5. 의뢰(依賴) 6. 도움 7. 돕다 8. 취하다(取--) 9. 주다 10. 쓰다

安 편안 **안** 1. 편안(便安) 2. 편안하다 3. 편안하게 하다 4. 안존하다(安存--) 5. 즐거움에 빠지다 6. 즐기다, 좋아하다 7. 어찌 8. 이에(乃) 9. 어디에

堂 집 **당** 1. 집, 사랑채 2. 마루, 대청 3. 근친(近親), 친족(親族) ...

자안당

자안당(資安堂)은 흠경각의 서행각에 있는 당의 이름이다. 대재문(大哉門)의 남쪽에 있다. '자안'은 편안함을〔安〕 돕는다〔資〕 또는 도와서 편안하게 한다는 뜻이다. 그런데 한때 자안당의 현판은 자안당(資安堂)이 아니라 자선당(資善堂)으로 되어 있었다. 자선당이라고 하면 동궁전의 전각 이름이다. 이는 어떻게 된 일이었을까?

정확한 이유를 알 수는 없지만, 일제강점기 때 동궁의 자선당이 헐린 일이 있다. 1915년에 일본 상인 오쿠라 기하치로 (大倉喜八郞)에게 매각되어 일본 도쿄로 옮겨졌다가, 1923년의 일본 관동대지진으로 불타버린 후 남아있던 기단부의 잔해가 1995년에 반환

되어 현재는 건청궁 동쪽 녹산에 가져다 놓았다.

　이런 일련의 사실들로 미루어 보아 원래 동궁에 있던 자선당 현판이 동궁이 해체되면서 이름이 비슷한 자안당에 걸리게 된 것은 아닐까 추측을 해 본다. 아무튼, 현재 시점에서는 자안당 현판으로 올바르게 교체된 상태다.

隆 높을 **융** 1. 높다 2. 높이다 3. 두텁다 4. 성하다(盛--: 기운이나 세력이 한창 왕성하다)
5. 후하다(厚--) 6. 성대하다(盛大--)

和 화할 **화** 1. 화하다(和--) 2. 화목하다(和睦--) 3. 온화하다(溫和--) 4. 순하다(順--) 5. 화해하다 6. 같다 7. 서로 응하다(應--) 8. 합치다 9. 허가하다...

堂 집 **당** 1. 집, 사랑채 2. 마루, 대청 3. 근친(近親), 친족(親族) ...

융화당

융화당(隆和堂)은 함원전의 서행각에 있는 당의 이름이다. 대재문(大哉門)의 북쪽에 있다. '융화'는 조화[和]를 융성[隆]하게 한다는 뜻이다. 그런데 융화당도 한때 자안당처럼 현판에 잘못된 글자〔隆化堂〕가 쓰여 있었다. 일제강점기 때의 잘못된 자료를 참고해 오류가 발생한 탓이었다. 교태전 남행각의 보의당(輔宜堂)을 포함해서 자안당(資安堂)과 융화당(隆和堂)의 잘못된 현판을 바로잡는 데 무려 10년 이상이 걸렸다. 그동안 문화재에 대한 우리 국민들의 관심과 문화 수준이 어떠했는지를 보여주는 단적인 예라고 할 수 있겠다.

大 큰 대 1. 크다, 심하다 2. 높다, 존귀하다 3. 훌륭하다, 뛰어나다 4. 자랑하다, 뽐내다, 교만하다 5. 많다, 수효(數爻)가 많다 6. 중(重)히 여기다, 중요시하다...
哉 어조사 재 1. 어조사(語助辭) 2. 비롯하다 3. 처음 4. 재난 5. 재앙
門 문 문 1. 문 2. 집안 3. 문벌(門閥) 4. 동문(同門)

대재문

대재문(大哉門)은 함원전의 서행각에 있는 문으로, 이 문을 나서면 바로 경회루다. 이름 속의 재(哉) 자는 감탄을 나타내는 어조사이기 때문에 '위대(大)하구나(哉)!'라는 뜻이다. 『주역』의 건(乾)괘나 『서경』의 함유일덕(咸有一德) 편 등에서 용례를 찾아볼 수 있다. 충남 부여에는 대재각(大哉閣)이

라는 조선 후기의 비각도 있다. 대재문은 그 인근에 있는 만시문(萬始門)과 자시문(資始門)과도 밀접한 관련이 있다. 이 세 문이 한 구역에 모여있는 것은 결코 우연이 아니다. 자세한 것은 만시문과 자시문 편에 가서 설명을 계속하겠다.

乾 元亨利貞 〔출전:『주역』의 건(乾)괘〕

건은乾 '원형이정'이다元亨利貞.

Qian (represents) what is great and originating, penetrating, advantageous, correct and firm.

大哉 乾元 萬物資始 乃統天

위대하구나大哉, 건乾의 으뜸元이여,

만물萬物은 (건원(乾元=하늘)에) 의뢰해서資 비롯되나니始, 곧乃 하늘에 속한다統天.

Vast is the 'great and originating (power)' indicated by Qian! All things owe to it their beginning:

— it contains all the meaning belonging to (the name) heaven.

俾萬姓咸曰 大哉 王言 〔출전:『서경』의 함유일덕(咸有一德)〕

만백성으로萬姓 하여금俾 모두가 말하기를咸曰,

'위대하도다大哉! 왕의 말씀이여王言!'라고 말하게 하시며

(Such virtue) will make the people with their myriad surnames all say, How great are the words of the king!"

함원전(含元殿) 일원 211

善	착할	선	1. 착하다 2. 좋다 3. 훌륭하다 4. 잘하다 5. 옳게 여기다 6. 아끼다 7. 친하다(親--) 8. 사이좋다 9. 착하고 정당하여 도덕적 기준에 맞는 것
長	길	장	1. 길다 2. 낫다 3. 나아가다 4. 자라다 5. 맏 6. 어른 7. 길이 8. 우두머리 9. 처음 10. 늘 11. 항상(恒常)
門	문	문	1. 문 2. 집안 3. 문벌(門閥) 4. 동문(同門)

선장문

선장문은 함원전 뒤뜰에서 화계를 지나 북쪽의 아미산으로 들어가는 문이다. 커다란 사각형 굴뚝 사이에 있는 것이 인상적이다. 선장문(善長門)은 '선(善)의 으뜸(長)'이란 뜻인데, 『주역』의 건(乾)괘에서 건(乾)은 원형이정(元亨利貞)이라는 설명과 관련 있는 부분에서 따온 것이다. 아래 원문을 보자.

元者 善之長也 亨者 嘉之會也
　원은元者 선의 으뜸이요善之長也,
　형은亨者 아름다움의 모임이요嘉之會也,
　'The great and originating' is (in man) the first and chief quality of goodness;
　what is called 'the penetrating' is the assemblage of excellences;
利者 義之和也 貞者 事之幹也
　이는利者 의로움에 화함이요義之和也,
　정은貞者 일의 근간이다事之幹也.
　what is called 'the advantageous' is the harmony of all that is right;
　and what is called 'the correct and firm' is the faculty of action.

그런데 선장문 앞의 아미산 굴뚝은 모양이 사각형인 데 비해, 같은 아미산이라도 바로 옆의 교태전 뒤쪽 화계의 굴뚝은 육각형이다. 불과 10m도 채 떨어지지 않은 아미산 화계에서 왜 굴뚝 모양이 달라질까?

이와 비슷한 현상이 경복궁의 가장 북서쪽에 있는 태원전 구역에서도 목격된다. 태원전 구역에는 태원전을 중심으로 좌우 양측(동쪽과 서쪽)에 각각 세답방(洗踏房) 건물이 몰려있다. 세답방은 빨래하는 궁궐 부서이므로 당연히 우물이 필요하다. 그런데 동쪽 세답방의 우물은 모양이 원형인데, 서쪽 세답방의 우물은 모양이 네모꼴이다. 같은 우물인데 왜 모양이 다를까?

정답을 말하자면 음양론 및 천원지방(天圓地方: 하늘(양)은 둥글고 땅(음)은 네모나다) 사상이다. 음양론에 따라 해가 뜨는 동쪽이 서열이 높고 양에 해당하며, 서쪽은 서열이 낮고 음에 해당한다. 따라서 동쪽은 양을 상징하는 원형에 가깝게 모양을 만들고, 서쪽은 음을 상징하는 네모꼴로 모양을 만드는 것이다. 그런데 함원전보다 동쪽에 있는 교태전 뒤의 굴뚝이 원형이 아니라 육각형인 이유는 작은 굴뚝을 벽돌로 쌓다 보니 완벽한 원형이 나오지 않아 육각형으로 원형을 대체한 것이다.〔또한 숫자 6은 오행에서 물을 상징하므로 불과 관련있는 굴뚝 시설을 육각형으로 조성했다는 것은 화마를 물리치겠다는 벽사의 의미까지도 추가한 듯하다.〕

같은 원리가 수원화성에도 적용되어 있다. 수원화성에는 가운데가 비어있는 공심돈(空心墩)이라는 구조물이 딱 두 개 있는데, 동쪽의 동북공심돈〔일명 소라각〕은 원형인데, 서쪽의 서북공심돈은 네모꼴이다. 동북공심돈 역시 벽돌로 쌓았지만 건물 규모가 크다 보니 완벽한 원형으로 표현이 가능했다.

위: 선장문 앞 아미산 굴뚝(사각), 아래: 교태전 아미산 굴뚝(육각형)

경회루(慶會樓) 일원

경회루

慶 경사 경 1. 경사(慶事) 2. 선행(善行) 3. 상, 상으로 내리는 것 4. 복, 다행한 일 5. 하례하다 (賀禮--) 6. 경사스럽다, 축하하다 7. 기뻐하다

會 모일 회 1. 모이다 2. 모으다 3. 만나다 4. 맞다 5. 능숙하다, 잘하다 6. 이해하다, 깨닫다 7. 통계를 내다 8. 합계를 산출하다 9. 반드시 ~해야 한다 10. ~할 가능성이 있다 11. 집회,...

樓 다락 루 1. 다락 2. 망루(望樓) 3. 집 대마루 4. 층집 5. 점포 6. 동(棟)(단위의 이름)

경회루

경회루(慶會樓)는 강녕전과 교태전의 서쪽에 있는 중층 팔작지붕 건물로 국보 제224호이다. 태종 12년(1412)에 만들었으며 나라의 경사가 있을 때 연회를 베풀던 곳이다. 경사스러운〔慶〕 모임이라는 〔會〕 '경회'의 뜻은 건물의 목적에 잘 어울린다. 경복궁에 있는 대부분 주요 전각 이름을 지은 사람은 정도전이지만 의외로 경회루 이름을 지은 사람은 조선 초기 두 차례나 공신록에 이름을 올린 하륜이

다. 이는 경회루가 정도전이 죽고 난 지 14년 후에 만들어졌기 때문이다.

태종 12년(1412) 5월 16일
경복궁(景福宮) 새 누각[新樓]의 이름을 경회루(慶會樓)라고 명하였다. 임금이 경회(慶會)·납량(納涼)·승운(乘雲)·과학(跨鶴)·소선(召仙)·척진(滌塵)·기룡(騎龍) 등의 이름을 가지고 지신사 김여지에게 보이며 말하였다. "내가 이 누각을 지은 것은 중국(中國) 사신에게 잔치하거나 위로하는 장소를 삼고자 한 것이요, 내가 놀거나 편안히 하자는 곳이 아니다. 실로 모화루(慕華樓)와 더불어 뜻이 같다. 네가 가서 하륜에게 일러 이름을 정하여 아뢰어라." 김여지가 복명하는데, 경회루로 정하였다.

그리고 하륜은「경회루기(慶會樓記)」를 통해 경회루의 이름에 담긴 의미를 다음과 같이 밝혔다.

내가 일찍이 들으니, 공자께서 노나라 애공(哀公)의 물음에 대답하시기를, "정사를 잘하고 잘못하는 것은 사람을 잘 얻고 잘못 얻는 데 있다." 하셨다. 대개 인군(人君)의 정사는 사람을 얻는 것을 근본으로 삼는 것이니, 사람을 얻은 뒤에라야 '경회(慶會)'라 이를 수 있을 것이다. …(중략)… '경회'라는 것은 군신 간에 서로 덕으로써 만나는 것을 의미한 것이니 …(중략)… 옛일을 상고하건대, 요·순·우·탕·고종·문왕·무왕 같은 이가 임금이 되고 고요(皐陶)·기(夔)·백익(伯

益)·이윤(伊尹)·부열(傅說)·여상(呂尙)·주공(周公)·소공(召公) 같은 이가 보좌가 되면 참으로 경회라 이를 것이다.

고종 때의 대신이었던 정학순이 경회루와 관련된 각종 문헌을 조사하여 경회루의 건축 원리를 정리한 후 『경회루전도(慶會樓全圖)』라는 글을 남겼는데, 우리는 이를 통해 경회루에 담긴 건축사상을 읽어낼 수 있다. 결론부터 말하자면 경회루는 음양오행 및 『주역』을 기본 사상으로 지어진 것이다. 따라서 경회루와 관련된 주요 시설물의 이름은 주역을 모르면 제대로 이해되지 않는다.

•• 뱀의 발

자금성 내에서 최고의 용 작품은?

임진왜란 이전의 경회루는 지금의 모습과는 아주 달랐다고 한다. 특히 1475년(성종 6) 퇴락한 경회루를 대대적으로 개축할 때 경회루 돌기둥에는 용을 새겨 넣는 등 매우 화려하게 장식되었는데 그 화려한 모습을 보고 유구국(오키나와)의 사신이 "용이 물속에 비치어 그 모습이 장관"이라며 극찬했다는 이야기가 성현의 '용재총화'에 전하고 있다.

온통 수많은 용의 그림이나 조각으로 뒤덮인 자금성에도 특히 용으로써 더 유명한 곳이 있다. 바로 영수궁(寧壽宮, Palace of Peace and Longevity) 권역의 제일 앞쪽에 있는 구룡벽(九龍壁, Nine Dragon Screen)이 그곳이다. 구룡벽은 270조각의 천연색 입체 유리 벽돌을 재료로 생동감 넘치게 서로 짜 맞춘 9마리의 용이 새겨진 용벽(龍壁)인데, 자금성 동쪽 영수궁(寧壽宮)의 출입문인 황극문(皇極門)을 마주 보고 있다.

원래 용벽(龍壁)은 벽에다 용을 조각하거나 그림으로 그려 넣는 중국 특유의 건축 양식인데 삼룡벽, 오룡벽, 칠룡벽, 구룡벽의 여러 형식이 있다. 그중에서도 구룡벽은 가장 높은 서열을 나타내며, 황제나 황후, 왕공(王公)이 거주하는 궁전이나 사원 등의 정문 반대편에 설치하여 내부가 들여다보이지 않도록 하는 것이 주목적이었다. 9마리의 용 중에서 정중앙의 용은 황제를 상징하는 황룡인데, 다른 8마리 용들이 측면을 바라보는 것에 비하여 오로지 이 용만 정면을 응시하고 있다.

荷 [멜] 하　1. 메다, 짊어지다 2. 부담하다 3. 책임지다 4. 담당하다 5. 꾸짖다, 따져 묻다(=訶)
　　[향기] 　 6. 은혜를 입다 7. 짐, 화물 8. 부담 9. 책임 10. 담당 11. 연, 연꽃

香 [향기] 향　1. 향기 2. 향 3. 향기로움 4. 향료 5. 향기롭다 6. 감미롭다

亭 [정자] 정　1. 정자 2. 역마을 3. 여인숙, 주막집 4. 초소 5. 한가운데...

하향정

　　하향정(荷香亭)은 경회루 연못의 북쪽에 있는 육각형 정자다. 연꽃〔荷〕 향기〔香〕가 나는 정자라는 뜻이다. 예전에는 경회루 연못에 실제로 연꽃이 가득하였다고 한다. 그런데 일반인들은 하향정의 존재를 잘 모른다. 그 이유는 하향정이 경회루 서북쪽 일반인 관람 제한구역에 있기 때문이다.

　　또한, 하향정은 『북궐도형(北闕圖形: 19세기 말에 제작된 것으로 추정되는

경복궁의 평면 배치도)』이나 『궁궐지』에는 나타나지 않는다. 그 이유는 1959년 이승만 대통령의 휴식을 위해 지어졌기 때문이다. 그 때문에 철거 논란에 시달리기도 했다. 그런데 하향정은 '조선 시대 마지막 목수'로 불리던 중요무형문화재 제74호 대목장 배희한이 건축했다. 당대 최고의 장인이 만든 것이어서 그런지 하향정을 존치해도 경복궁과 조화를 잘 이루리라는 것이 다수 문화재 전문가들의 의견이다.

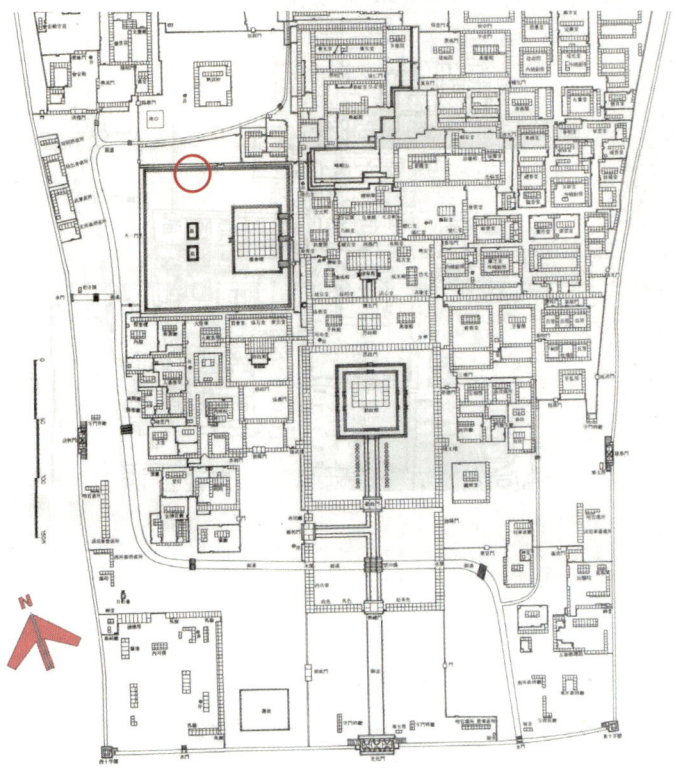

경복궁 북궐도형-임의로 표시한 하향정 위치 [국립문화재연구소]

利 이로울 이 1. 이롭다, 이하다(利--) 2. 이롭게 하다 3. 유익하다(有益--) 4. 편리하다 5. 통하다(通--) 6. 날카롭다 7. 이기다 8. 날래다 9. 탐하다(貪--) 10. 이자 11. 이익(利益)

見 볼 견 1. 보다 2. 보이다 3. 당하다 4. 견해 5. 뵙다(현) 6. 나타나다(현) 7. 드러나다(현) 8. 보이다(현) 9. 소개하다(현) 10. 만나다(현)

門 문 문 1. 문 2. 집안 3. 문벌(門閥) 4. 동문(同門)

이견문

연못 속의 경회루는 동쪽에 있는 3개의 다리를 통해 외부와 연결되는데 각각은 독립된 출입문을 가지고 있고, 남쪽에서 북쪽으로 올라가면서 이견문, 함홍문, 자시문의 순이다. 2010년대 중반까지만 해도 자시문, 함홍문, 이견문으로 현판을 달고 있었으나 최근 재고증의 결과로 인해 이견문과 자시문의 위치가 서로 바뀌었다. 참고로 북궐도형에는 가운데 함홍문만 이름이 표기되어 있고 양쪽의 문에는 이름이 없다.

먼저 3개의 경회루 출입문 중 가장 남쪽의 문은 이견문(利見門)이다. 단순 직역하면 이로움을[利] 보는[見] 문이지만 이것도 출전은

『주역』이다. 이견은 이견대인(利見大人)에서 온 말로, '대인을 만나봄이 이롭다.'라는 뜻인데 『주역』의 건(乾)괘에만 총 6번 등장한다.

九二 見龍在田 利見大人

　나타난 용이見龍 밭에 있으니在田,

　대인(大人)을大人 만나봄이 이롭다利見.

　In the second NINE, undivided, (we see its subject as) the dragon appearing in the field.

　It will be advantageous to meet with the great man

九五 飛龍在天 利見大人

　비룡이飛龍 하늘에 있으니在天,

　대인(大人)을大人 만나봄이 이롭다利見.

　In the fifth NINE, undivided, (we see its subject as) the dragon on the wing in the sky.

　It will be advantageous to meet with the great man.

　조선을 포함한 전통 시대에는 세상을 경영할 뜻을 품고 있는 유학자라면 누구나 자기를 알아주는 주군, 즉 임금을 잘 만나야 했다. 그뿐만 아니라, 임금 역시 자기 뜻과 정치를 잘 펼치려면 능력 있는 신하를 잘 만나야 했다. 즉 서로가 잘 만나야 했다. 그런데 이견대인(利見大人)에서 대인(大人)은 훌륭한 주군이 될 수도 있고, 유능한 신하가 될 수도 있다.

　건(乾)괘의 두 번째 효사(爻辭)에 나오는 용[見龍]은 아직 밭에 있는 용이니 출세하기 전의 유학자로 볼 수 있다. 따라서 대인을 만난다는 것은 곧 자신을 후원할 주군(임금)을 뜻한다. 한편 다섯 번째 효사에 나오는 용(飛龍)은 이미 하늘을 날고 있으니 임금으로 볼 수 있다. 따라서 대인을 만난다는 것은 자신을 잘 보필할 훌륭한 신하를 뜻한다. 이렇듯 이견문(利見門)이 상징하는 대인(大人)은 임금도 될 수 있고, 신하가 될 수도 있다.

하륜이 「경회루기」에서 언급한 대로 경회(慶會)는 군신 간에 서로 덕으로써 만나는 것이라고 했으니 '경회'와 '이견대인'은 서로 뜻이 통하는 바가 있다. 그래서 이견대인(利見大人)에서 이견(利見)을 따와 경회루 출입문의 이름으로 삼은 것이다.

한편 경회루로 건너가는 세 개의 다리 중에서 하나만이 임금 전용의 다리인데, 보통의 경우 셋 가운데서 하나를 고르라면 거의 대

이견문 뒤의 다리

부분이 가운데 다리, 즉 함홍문 뒤의 다리를 고를 것이다. 하지만 임금 전용의 다리는 이견문 뒤의 다리다. 왜냐하면, 이견문이 대전인 강녕전과 가장 가깝기 때문이다. 그래서 이견문 뒤의 다리에는 다른 다리에는 없는 임금의 길, 즉 어로(御路, 3갈래 돌길 중 가운데가 살짝 돋아 있는 길)가 깔려있다.

앞서 언급한 『경회루전도』에 따르면 경회루로 건너가는 3개의 다리는 삼광(三光), 즉 해, 달, 별을 의미한다고 했다. 임금이 출입하는 이견문 뒤의 다리는 당연히 해의 다리, 즉 일교(日橋)가 된다.

여기서 한 가지, 꼭 알고 넘어가야 할 부분이 있다. 통상적으로 이 문을 '이견문'이라고 부르고 있으나 일부에서는 '이현문'으로 해야 한다고 주장하는 사람도 있다. 그 이유는 見이 '보다'라는 뜻으로 쓰일 때는 '견'으로 발음되지만, '만나다'라는 뜻으로 쓰일 때는 '현'으로 발음되기 때문이다. 문법적으로 살펴봐도 '현'이 맞다. 그럼 왜 이견문으로 부를까?

영어로 "그건 저예요"라는 표현은 누구나 'It's me.〔잇츠 미〕'라고 한다. 그러나 문법적으로는 'It's I.〔잇츠 아이〕'가 정답이다. 이렇듯이, 비록 문법적으로는 틀린 표현이라 하더라도 언중(言衆) 대다수가 틀린 표현을 꾸준히 사용한다면 그 말이 새로운 기준으로 설정될 수 있는 것이 언어의 특성이다. 아무튼, 이 부분에 대한 것은 많은 사람의 심도 있는 논의가 있어야 할 것 같다.

舍	머금을	함	1. 머금다 2. 품다 3. 참다, 견디어내다 4. 싸다, 담다, 넣다, 싸서 가지다 5. 초목이 꽃을 피우다 6. 무궁주(無窮珠: 염할 때 죽은 사람의 입속에 넣는 깨알처럼 작고 까만 구슬)
弘	넓을	홍	1. 크다 2. 넓다 3. 넓히다 4. 높다 5. 너그럽다 6. 널리, 넓게 7. 너그러이 8. 활 소리
門	문	문	1. 문 2. 집안 3. 문벌(門閥) 4. 동문(同門)

함홍문

세 개의 출입문 중 가운데 문은 함홍문(含弘門)인데 어디서 많이 본 듯한 이름이다. 바로 앞서 교태전 일원의 함홍각에서 살펴본 이름이다. 실제 함홍각과도 직선거리로 50m도 채 안 되는 매우 가까운 거리에 있다. 다시 한번 복습해보면 함홍(含弘)은 『주역』의 곤(坤)괘에서 너그럽게 품고[含弘] 크게 빛난다는[光大] 뜻의 '함홍광대(含弘光大)'를 줄여서 쓴 말로서, '포용심[含]이 있고 너그럽다[弘]'라는 뜻이다. 여성을 뜻하는 곤(坤)괘에서 이름을 따온 만큼 함홍문 뒤의 다리는 월교(月橋)라고 한다.

　그런데 함홍문은 왜 곤(坤)괘에서 이름을 뽑아왔을까? 경회루 다리와 출입문은 3개다. 서로 다른 사물 3개를 구별할 때 우리는 전통적으로 천지인(天地人)으로 구분했다. 따라서 가운데 함홍문과 그 뒤의 다리는 지(地)에 해당한다. 괘 중에서 가장 땅[地]의 기운을 많이 담고 있는 괘는 땅이 위아래로 중첩된 형태의 중지곤(重地坤)괘다.

資	재물	자	1. 재물(財物) 2. 자본(資本) 3. 바탕 4. 비용(費用) 5. 의뢰(依賴) 6. 도움 7. 돕다 8. 취하다(取--) 9. 주다 10. 쓰다
始	비로소	시	1. 비로소 2. 바야흐로 3. 먼저, 앞서서 4. 일찍, 일찍부터 5. 옛날에, 당초에 6. 처음, 시초 7. 근본, 근원 8. 시작하다 9. 일으키다
門	문	문	1. 문 2. 집안 3. 문벌(門閥) 4. 동문(同門)

자시문

세 개의 출입문 중 가장 북쪽의 자시문(資始門)은 단순 직역으로는 '시작(始)을 돕는다(資)'라는 뜻이다. 창덕궁 성정각(誠正閣)에도 같은 이름의 자시문이 있다. 성정각이 왕세자의 공간이므로 왕세자의 첫(始) 출발을 돕는다는(資) 뜻으로 쓰인 것이다. 그러나 경복궁의 자시문은 왕의 공간이며 동궁과는 반대편에 있으므로 달리 해석을 해야 할 것이다. 자시(資始)를 유교 경전에서 찾으면 이것 역시 『주역』의 건(乾)괘에서 유래했음을 알 수 있다.

앞서 함원전 일원의 대재문(大哉門) 관련 부분에서도 살펴본 바와 같이 『주역』 건(乾)괘의 시작 부분 "위대하구나, 건의 으뜸이여[大哉乾元], 만물은 (건원에) 의뢰해서 비롯되나니[萬物資始], 곧 하늘에 속한다[乃統天]."라는 구절에서 자시(資始)를 따온 것임을 알 수 있다. 결론적으로 자시문은 만물의 생성이 건원(하늘)에 의뢰하여 시작함을 표현한 것이다. 같은 구절에서 뽑아낸 자시문과 대재문은 서로 마주 보고 있다.

萬 알만 만 1. 일 만(一萬) 2. 성(姓)의 하나 3. 현(縣)의 이름 4. 만무(萬無: 절대로 없음) 5. 대단히
6. 매우 7. 매우 많은 8. 여럿 9. 절대로 10. 전혀 11. 많다

始 비로소 시 1. 비로소 2. 바야흐로 3. 먼저, 앞서서 4. 일찍, 일찍부터 5. 옛날에, 당초에
6. 처음, 시초 7. 근본, 근원 8. 시작하다 9. 일으키다

門 문 문 1. 문 2. 집안 3. 문벌(門閥) 4. 동문(同門)

만시문

만시문(萬始門)은 경회루 북동쪽 담장의 모서리 부분에 있는 문으로 원래 흥복전의 서행각과 통하게 되어 있었다. 일단 직역을 하면 '만물이[萬] 시작하는[始] 문' 정도로 해석이 되는데, 자세히 보면 이것 역시도 어디서 많이 본 느낌이 온다. 바로 대재문(大哉門)과 자시문(資始門)의 원전인 『주역』 건(乾)괘에서 본 것이다.

『주역』 건(乾)괘 시작 부분 "위대하구나, 건의 으뜸이여[大哉 乾元], 만물은 (건원에) 의뢰해서 비롯되나니[萬物資始], 곧 하늘에 속한다[乃統天]."라는 구절의 '만물자시(萬物資始)'에서 자시문이 세 번째, 네 번째 글자를 뽑아냈다면, 만시문은 첫 번째, 네 번째 글자를 뽑아낸 것이다. 결국, 만시문과 자시문은 같은 뜻을 담고 있다고 할 수 있다. 그뿐만 아니라 첫 시작 부분의 '대재(大哉)'도 자시문과 마주 보고 있는 문의 이름이다. 실제로 만시문에서 보면 바로 앞쪽에 대재문과 자시문이 보인다. 한 공간에 있는 세 문의 출전이 모두 같은 것은 결코 우연이 아닐 것이다.

必	반드시	필	1. 반드시, 틀림없이, 꼭 2. 오로지 3. 가벼이, 소홀히 4. 기필하다(期必--), 이루어 내다 5. 오로지, 전일하다(專---)
觀	볼	관	1. 보다 2. 보이게 하다 3. 보게 하다 4. 나타내다 5. 점치다 6. 모양 7. 용모 8. 생각 9. 누각(樓閣) 10. 황새 11. 괘(卦)의 이름
門	문	문	1. 문 2. 집안 3. 문벌(門閥) 4. 동문(同門)

필관문

필관문(必觀門)은 경회루 북쪽 담장의 중간 지점에 만들어진 문인데, 하향정으로 가려면 이 문을 거쳐야 한다. 단순 직역은 반드시〔必〕 보라는〔觀〕 뜻을 담고 있다. 이 역시 원전은 따로 있다. 지금까지의 대부분 현판은 주로 『주역』이 원전이었던 반면, 이 필관문의 원전은 『맹자』 「진심(盡心)」 편의 필관기란(必觀其瀾: 반드시 그 파도를 보라)이다.

아무리 노력해도 진척이 없거나 슬럼프에 빠진 사람에게 큰 심리적 도움을 주는 '흐르는 물은 웅덩이를 채우지 않으면 흘러가지 않는다〔不盈科不行〕'라는 유명한 구절이 담긴 바로 그 대목의 앞부분에 '필관'이 나온다. 개인적 견해로는 『맹자』 전체에서 최고의 글이라고 생각하니, 조금 길더라도 일독을 권한다.

孟子曰 孔子 登東山 而小魯
맹자왈孟子曰, 공자께서는孔子
동산에東山 오르고서야登而 노나라가魯 작다고小 여겼다.
Mencius said, 'Confucius ascended the eastern hill, and Lu appeared to him small.

登太山 而小天下
태산에太山 오르고서야登而 천하가天下 작다고小 여겼다.
He ascended the Tai mountain, and all beneath the heavens appeared to him small.

故 觀於海者 難爲水
그러므로故 바다를於海 본觀 사람은者

물을水 다스리는 것을爲 어려워한다難.

So he who has contemplated the sea, finds it difficult to think anything of other waters..

遊於 聖人之門者 難爲言

성인의 문하聖人之門에서於 노닌(배운)遊 사람은者

말을言 다스리는 것을爲 어려워難한다.

and he who has wandered in the gate of the sage,

finds it difficult to think anything of the words of others

觀水 有術 必觀 其瀾

물을水 볼觀 때는 방법術이 있다有.

반드시必 그其 파도를瀾 봐야 한다觀.

There is an art in the contemplation of water. It is necessary to look at it as foaming in waves.

日月 有明 容光 必照焉

해와日 달은月 밝게明 비춤에 있어有

틈새의 빛 줄기라도容光 반드시必 비춘다照焉.

The sun and moon being possessed of brilliancy,

their light admitted even through an orifice illuminates.

流水之 爲物也 不盈科不行

흐르는流 물이水之 사물을物 다스림에는爲也

웅덩이를科 채우지盈 않으면不 나가지行 않는다不.

Flowing water is a thing which does not proceed till it has filled the hollows in its course.

君子之志 於道也 不成章不達

도에於道 군자가 뜻을 둘 때는君子之志也

한 단락을章 이루지成 못하면不 통달하지達 못한다不.

The student who has set his mind on the doctrines of the sage, does not advance to them but by completing one lesson after another.

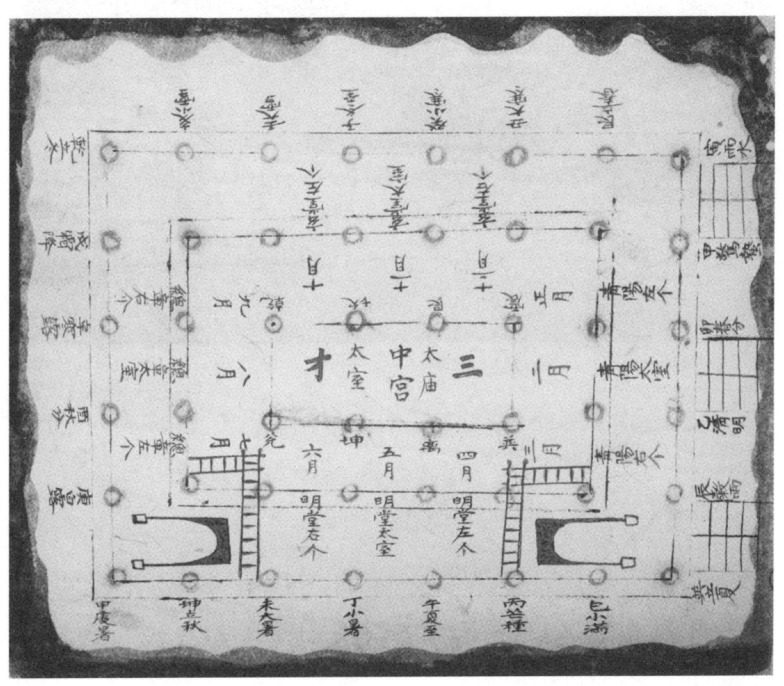

경회루전도

修 닦을 수 1. 닦다, 익히다, 연구하다 2. 꾸미다, 엮어 만들다 3. 고치다, 손질하다
         4. 다스리다, 정리하다 5. 갖추다, 베풀다 …
政 정사 정 1. 정사(政事), 나라를 다스리는 일 2. 구실(온갖 세납을 통틀어 이르던 말), 조세(租稅)
         3. 법, 법규, 정사(政事)를 행하는 규칙 4. 부역, 노역 5. 벼슬아치의 직무나 관직
殿 전각 전 1. 전각(殿閣), 궁궐(宮闕) 2. 큰 집 3. 절, 사찰(寺刹) 4. 전하(殿下)

수정전

　수정전(修政殿)은 사정문의 서쪽, 경회루의 앞쪽에 있다. '수정'은 정사를(政) 잘 수행함(修), 즉 '정치를 잘 하라, 잘 다스려라'라는 뜻을 담고 있다. 수정전은 바로 뒤에 있는 화려한 경회루 때문에 제대로 주목받지 못하는, 조금은 억울한 전각이다. 그렇지만 수정전은 단일 건물로서는 정면 규모만 10칸에 이를 정도로 대단할 뿐만 아니라, 당당히 월대까지 갖춘 건물이기 때문에, 한눈에도 예사로운

건물이 아님을 알 수 있는데, 이름에 정사 정(政)이 들어가 있어서, 편전의 역할도 담당했음을 알 수 있다.

그러나 수정전은 무너진 건물터 위에 새로 만든 전각으로, 그 터에 있던 옛 전각의 이름은 일반인들에게는 수정전보다 훨씬 더 친숙한 이름인데, 바로 그 유명한 집현전(集賢殿)이다. 집현전은 현자들을〔賢〕 모아놓았다는〔集〕 뜻이다. 학문연구를 위해 궁중에 설치한 집현전 제도는 원래 중국에서 시작된 것으로 한나라 때부터 있었는데, 당나라 현종 때 제도가 완벽히 정비되었고, 이후 우리나라로 전해져서 고려 인종 때 이미 집현전이라는 명칭을 사용하기 시작했다.

그러나 세종이 즉위하면서 집현전을 확대 개편하여 학자 양성과 학문연구라는 본연의 업무 외에도 왕을 교육하는 경연, 세자를 교육하는 서연을 담당했고, 왕립도서관, 국왕의 자문 기능까지도 담당했다. 하지만 1456년(세조 2)에 단종 복위를 꾀한 사육신, 생육신 등을 비롯하여 반대파 인사가 집현전에서 많이 나오자, 세조는 집현전을 폐지하는 한편, 그 기능은 홍문관에서 대신하게 하고, 소장된 서적은 예문관에서 관장하게 하였다.

세조 2년(1456) 6월 6일
전 집현전 부수찬 허조가 스스로 목을 찔러 죽었다. 허조는 이개(李塏)의 매부로 역시 모반에 참여하였기 때문이었다. 또한 명하기를, '집현전을 파하고, 경연을 정지하며, 거기에 소장하였던 서책(書冊)은 모두 예문관에서 관장하게 하라.' 하였다.

자경전(慈慶殿) 일원

자경전 일원

萬	일만	만	1. 일 만(一萬) 2. 성(姓)의 하나 3. 현(縣)의 이름 4. 만무(萬無: 절대로 없음) 5. 대단히 6. 매우 7. 매우 많은 8. 여럿 9. 절대로 10. 전혀 11. 많다
歲	해	세	1. 해 2. 나이 3. 세월 4. 새해 5. 일생 6. 한평생 7. 결실 8. 수확 9. 목성 10. 제사의 이름
門	문	문	1. 문 2. 집안 3. 문벌(門閥) 4. 동문(同門)

만세문

　교태전 후원에서 연휘문으로 나가면 정면으로 대비전(大妃殿)인 자경전의 남쪽 행각이 보이는데, 자경전의 정문인 만세문이 그곳에 있다. 만세문(萬歲門)의 뜻은 왕실 어른을 모신 대비전에 어울리도록 일만[萬] 년[歲], 즉 긴 세월 동안 무병장수를 기원하는 마음을 담고 있다.

慈 사랑 자　1. 사랑 2. 어머니 3. 자비 4. 인정(人情), 동정(同情) 5. 사랑하다
慶 경사 경　1. 경사(慶事) 2. 선행(善行) 3. 상, 상으로 내리는 것 4. 복, 다행한 일 5. 하례하다 (賀禮--) 6. 경사스럽다, 축하하다 7. 기뻐하다
殿 전각 전　1. 전각(殿閣), 궁궐(宮闕) 2. 큰 집 3. 절, 사찰(寺刹) 4. 전하(殿下)

자경전

　자경전은 대비의 거처, 즉 대비전이다. 경복궁 내의 많은 전각이 고종 때 중건된 이후로 몇 차례 화재를 겪기도 했고, 일제강점기에는 일제에 의해 강제로 철거를 당하는 등 많은 시련을 겪었지만, 다행히도 자경전만큼은 용케도 지금까지 잘 버티고 있다. 그리고 대비전은 중궁전의 약간 좌측(향우측向右側, 동쪽) 후방에 배치하는 일반적인 궁궐의 유교식 배치원리를 충실히 따랐다. 자경전(慈慶殿)은 자친〔慈〕,

즉 어머니가 복을 누린다는〔慶〕 뜻이다.

자경전은 고종이 양어머니인 신정왕후(神貞王后) 조 씨〔조대비(趙大妃)로 더 널리 알려짐〕를 위해 만들었다. 그리고 '자경'이라는 이름도 경복궁의 대비전에 처음 쓰인 것은 아니다. 원래 정조가 자신의 생모인 혜경궁 홍 씨를 위해 지었던 창경궁의 자경당(慈慶堂) 이름을 그대로 따온 것이다.

> 정조 1년(1777) 5월 16일
> 자경당(慈慶堂)이 완성되었다. 이 당(堂)은 창경궁에 있었는데, 이때 임금이 이어(移御)할 뜻이 있어 혜경궁을 임어하기 위하여 영건하였는데, 구윤옥을 영건당상으로 삼았다. 하교하기를,
> '소자(小子)가 아침저녁 시봉(侍奉)하는데 편리하게 하기 위해 이렇게 새로 짓는 것이니 절대로 크고 사치스럽게 하지 말아서, 겸약(謙約)하게 하려는 자의(慈意)를 우러러 본받도록 하라.' 하였다.

•• 뱀의 발
왕이나 황제의 어머니를 모신 전각은 자(慈)로 시작한다

자금성 안에서 경복궁의 자경전에 비견될 만한 곳은 역시 같은 자(慈)로 시작하는 자녕궁(慈寧宮, Palace of Compassion and Tranquility)으로 황태후(皇太后)나 태비(太妃)들의 거처였다. 따라서 황제들은 수시로 이곳에 들러 어머니께 문안을 올렸고, 태후는 이곳에서 황제 이하 비빈을 포함, 문무백관의 문안 인사를

받았다. 또한, 자녕궁의 바로 서쪽에 있는 부속 건물은 이름이 수강궁(壽康宮, Palace of Longevity and Health)으로 이 역시 태후의 무병장수를 기원하는 뜻을 담고 있다.

자녕궁은 자애로우신[慈] 분[慈親=어머니]이 안녕함[寧]을 뜻한다. 여성의 공간인지라 여성을 위한 배려가 곳곳에 숨어있다. 우선 자녕궁의 뒷건물은 대불당(大佛堂, Big Buddha Hall)으로 여성들의 종교 생활을 지원하였다. 그뿐만 아니라 자녕궁의 정문 바로 앞에는 자녕궁 화원(慈寧宮花園, Garden of Compassion and Tranquility)이 조성되어 있어, 갖가지 꽃과 나무 그리고 돌을 쌓아 만든 가산(假山)과 연못을 꾸며 태후의 휴식공간을 제공하고 있다. 자녕궁 화원 속에는 예불할 수 있는 시설이 곳곳에 갖춰져 있어 각종 예불 행사도 진행되었다. 그러나 아쉽게도 현재 자녕궁 일원은 비공개 지역이다.

淸 맑을 청 1. 맑다 2. 깨끗하다 3. 탐욕(貪慾)이 없다 4. 빛이 선명하다 5. 사념이 없다 6. 분명하다
7. 한가하다 8. 고요하다 9. 끝장을 내다 10. 거스르다

讌 아할 연 1. 이야기하다 2. 잔치하다 3. 술잔치

樓 다락 루 1. 다락 2. 망루(望樓) 3. 집 대마루 4. 층집 5. 점포 6. 동(棟)(단위의 이름)

자경전과 청연루

　청연루(淸讌樓)는 자경전의 동쪽 끝 칸에서 남쪽으로 두 칸을 돌출시켜 누마루 형태로 지었는데, 대비가 여름을 시원하게 지낼 수 있도록 배려를 한 것이다. 이런 식으로 바람이 잘 통하도록 시원하게 지어 놓은 집을 양청(涼廳)이라고 한다. 청연루는 '한가하게〔淸〕 이야기하는〔讌〕' 또는 '조촐하게〔淸〕 잔치를〔讌〕 여는' 누각이라는 뜻이다.

協 화할협 1. 화합하다 2. 돕다 3. 복종하다 4. 적합하다 5. 좇다 6. 맞다 7. 합하다 8. 협력하다

慶 경사경 1. 경사(慶事) 2. 선행(善行) 3. 상, 상으로 내리는 것 4. 복, 다행(多幸)한 일 5. 하례하다(賀禮--) 6. 경사스럽다, 축하하다 7. 기뻐하다

堂 집당 1. 집, 사랑채 2. 마루, 대청 3. 근친(近親), 친족(親族) ...

청연루 측면과 협경당

　　협경당은 자경전의 동쪽에 있는데 청연루가 가운데 끼어 있는 배치구조다. 협경당(協慶堂)은 함께 화합하여[協] 경사를[慶] 누린다는 뜻이다. 한 가지 재미있는 것은 협경당의 좁은 앞마당은 샛담으로 구획되어 자경전 전체 앞마당과는 분리되어 있으나 뒷마당은 자경전과 공유하고 있다는 사실이다. 이런 식으로 부속 건물의 앞마당을 주 건물의 앞마당으로부터 독립적으로 확보해 준 곳은 태원전 구역

의 영사재(永思齋) 앞에서도 찾아볼 수 있다.

여기서 한 가지 재미있는 현상이 나타난다. 경복궁 내 현판 중에서 화합할 협(協) 자가 들어간 전각은 대체로 동쪽에 위치한다는 사실이다. 광화문 안쪽 마당의 협생문(協生門)도 동궁으로 통하는 동쪽 출입문이고, 협경당도 자경전의 동쪽 부속 건물이다. 그뿐만 아니라 신무문 근처에 있는 집옥재(集玉齋) 동쪽 부속 건물도 협길당(協吉堂)이다. 심지어 자금성의 태화문 앞 동쪽 행각 출입문도 협화문(協和門, Gate of Cooperate harmony)이다. 단 하나의 예외는 사정전 서쪽 행각에 있는 협선당(協善堂)뿐인데, 협선당은 같은 행각의 용신당(用申堂)과 남북으로 배치된 상태에서 용(用)과 협(協)의 상대적인 위치 선정을 한 것으로 보인다. 〔이 부분에 대한 자세한 내용은 용신당 부분을 참고하기 바란다〕

그럼 왜 화합할 협(協) 자는 동쪽과 관련이 있는 것일까? 한자 사전에서 협(協) 자를 찾으면 세 개의 힘 력(力) 자 앞에 또다시 열 십(十) 자가 붙어서 많은 사람이 힘을 합쳐 돕는 것을 뜻한다고 풀이가 되어 있다. 그런데 가장 오래된 한자 형태인 갑골문자를 보면 본래 힘 력(力) 자는 쟁기와 같이 밭을 가는 농기구를 그린 것이었다. 밭을 간다는 것은 곧 시기가 봄이라는 뜻이고, 음양오행에서 방향을 설정하면 동쪽에 해당한다. 그런 이유로 협(協) 자는 주로 동쪽을 의미하는 것이 아닐까 추론할 수 있다.

福 복 복 1. 복, 행복 2. 제육(祭肉)과 술 3. 폭(幅), 포백(布帛)의 너비 4. (복을) 내리다, 돕다
5. 상서롭다(祥瑞--) 6. 음복하다(飮福--) 7. 같다

安 편안 안 1. 편안(便安) 2. 편안하다 3. 편안하게 하다 4. 안존하다(安存--) 5. 즐거움에 빠지다
6. 즐기다, 좋아하다 7. 어찌 8. 이에(乃), 곧 9. 어디에

堂 집 당 1. 집, 사랑채 2. 마루, 대청 3. 근친(近親), 친족(親族) ...

복안당

　복안당은 자경전 서쪽 끝이 북쪽으로 꺾인 부분이다. 별도의 편액은 없지만, 북궐도형에서 복안당임을 확인할 수 있다. 이 복안당 때문에 자경전의 평면구조는 전체적으로 'ㄴ'자 모양을 하고 있다. 특히 자경전, 협경당과 함께 뒷마당을 공유하고 있고, 그 마당의 중심에 보물 제810호 십장생 굴뚝이 있다. 복안당(福安堂)은 편안함의〔安〕복을 누린다는〔福〕 뜻이니 대비전의 부속 전각 이름으로서는 꽤

잘 어울린다. 강녕전의 동행각에도 편안함을〔安〕 일으킨다는〔興〕 흥안당(興安堂)이 있다.

십장생 굴뚝

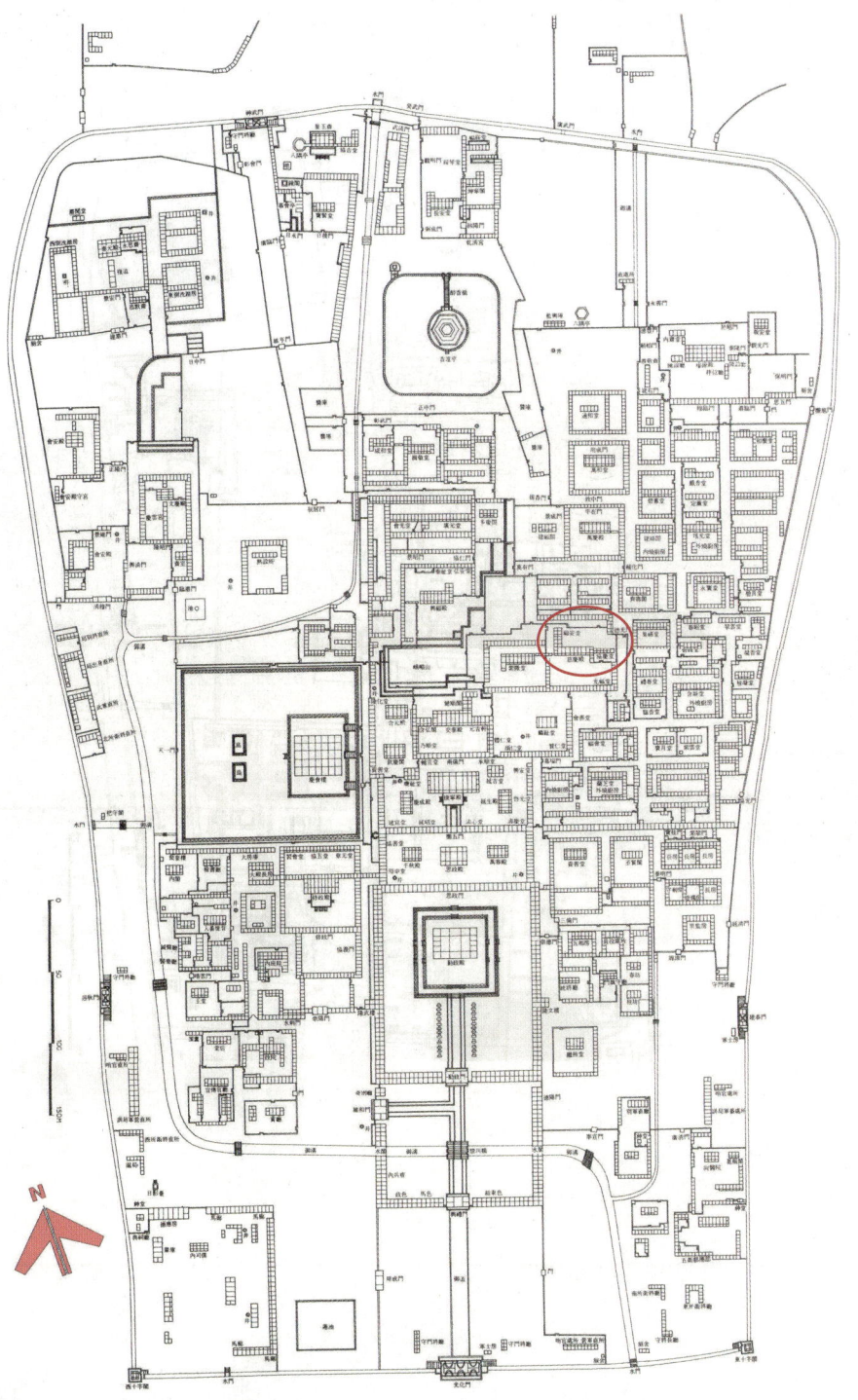

경복궁 북궐도형-자경전 [국립문화재연구소]

소주방(燒廚房) 일원

소주방

福 복 복 1. 복, 행복 2. 제육(祭肉)과 술 3. 폭(幅), 포백(布帛)의 너비 4. (복을) 내리다, 돕다 5. 상서롭다(祥瑞--) 6. 음복하다(飮福--) 7. 같다

會 모일 회 1. 모이다 2. 모으다 3. 만나다 4. 맞다 5. 능숙하다, 잘하다 6. 이해하다, 깨닫다 7. 통계를 내다 8. 합계를 산출하다 9. 반드시 ~해야 한다 10. ~할 가능성이 있다 11. 집회,...

堂 집 당 1. 집, 사랑채 2. 마루, 대청 3. 근친(近親), 친족(親族) ...

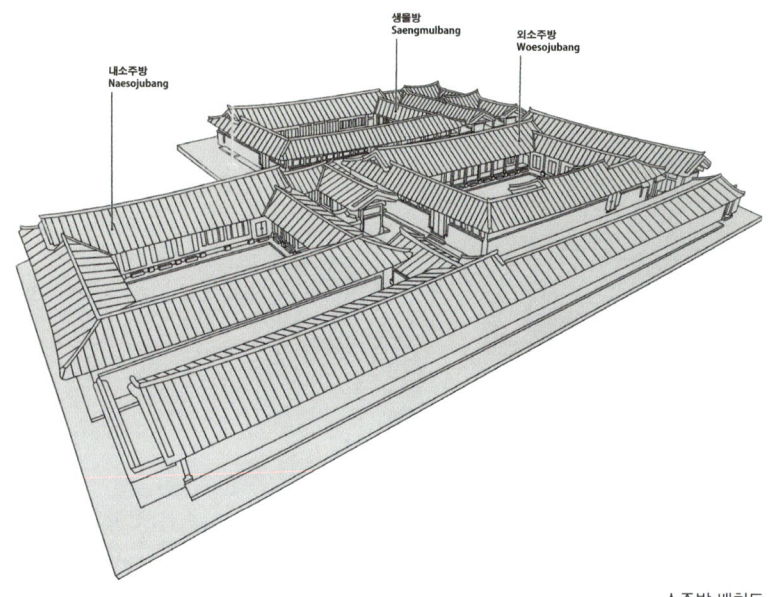

소주방 배치도

　복회당과 난지당은 2015년 복원된 소주방(燒廚房) 일곽에 소속된 전각이다. 소주방은 궁궐에서 일상적인 임금의 수라와 궁중의 잔치 음식 등 각종 음식을 조리·보관·제공하던 공간으로, 한마디로 경복궁의 부엌인 셈이다. 흔히 소주방을 수라간이라고도 부른다. 하지만 엄밀히 말하자면 소주방은 음식을 조리하는 기능을 위주로 하고,

蘭	난초	난	1. 난초(蘭草) 2. 목련(木蓮) 3. 풀의 이름 4. 난간 5. 화란(네덜란드)의 약칭
芝	지초	지	1. 지초(芝草) 2. 영지(靈芝) 3. 버섯 4. 일산(日傘)
堂	집	당	1. 집, 사랑채 2. 마루, 대청 3. 근친(近親), 친족(親族) ...

소주방

수라간은 주로 음식을 차리는 기능이 중심이 된다. 조선왕릉에 있는 수라간 전각도 제수 음식을 만드는 곳이 아니라 정자각에 올라갈 제수 음식을 최종 점검하는 장소다.

경복궁의 소주방은 내소주방[1], 외소주방[2] 그리고 생물방[3] 영역으로 세분할 수 있다. 남쪽으로 내소주방과 외소주방이 나란히 있으며, 외소주방의 뒤쪽으로 생물방이 자리 잡고 있다. 복(福)이 모여든다(會)는 복회당(福會堂)은 생물방에 속한다. 생물방은 생과방이라고도 불렸는데 왕의 다과와 별식을 담당했다.

내소주방은 흔히 '수라'라고 부르는 왕의 일상식을 만드는 곳이다. 반면 외소주방은 연회 음식을 만들던 곳인데, 정월·단오·추석·동지 등의 명절과 왕족 및 종친의 생일, 또는 각종 가례 때의 잔칫상을 책임졌다. 내,외소주방의 위치를 구분하는 기준은 왕이다. 즉, 왕에게서 가까운 쪽이 내소주방, 먼 쪽이 외소주방이다. 내소주방의 위치를 자세히 살펴보면 왕의 침전인 강녕전과 나란히 있는 것을 알 수 있다. 그만큼 임금의 음식을 중요시했다는 것을 알 수 있다.

'재상(宰相)'은 임금을 돕고 모든 관원을 지휘하고 감독하는 일을 맡아보던 최고의 벼슬이나 그 벼슬에 있던 벼슬아치를 가리키는 말이다. 이런 중요한 자리에 요구되는 자격 조건으로는 뛰어난 능력은 물론이거니와, 무엇보다도 임금이 확실히 믿을 수 있는 인물이어야 했다. 한자는 뜻글자이므로 글자를 하나하나 분석해 보면, 글자가 만들어질 때의 원리를 알 수 있다. 재상도 마찬가지다. 재상은 재(宰)와 상(相)의 두 글자가 만나서 생겨난 말이다.

우선 재(宰)는 원래 임금의 요리사를 뜻하는 말이었다. 예로부터 음식을 통해 임금을 독살하려는 시도는 시대와 장소를 가리지 않았다. 따라서 임금은 독살로부터 자신을 지켜줄 수 있는 믿음직한 사람을 전속 요리사로 지명했던 것에서 재(宰)라는 말이 생겨났다. 재(宰)라는 글자를 자세히 보면 위쪽에는 집(家)을 뜻하는 갓머리(宀) 부수가 있고, 그 아래쪽에는 라면 이름으로 유명한 매울 신(辛) 자가 있다. 집안에서 매운 것을 다루는 사람은 바로 요리사다.

춘추시대 역아(易牙)는 제나라 환공(桓公)의 신하로서 당대 제일가는 요리사였고, 특히 환공을 기쁘게 하려고 자기 자식을 삶아서 바쳤다는 일화로 유명하다. 역아는 환공의 총애를 이용해서 수조(竪刁) 등과 함께 권력을 전횡하여 나라를 어지럽혔고, 명재상이었던 관중(管仲)이 죽은 뒤로는 수조와 권력을 다투다가 결국은 환공을 밀실에 가둬 굶겨 죽이는 지경까지 이르렀다.

한편, 상(相)의 뜻을 한자 사전에서 찾아보면 원래 임금의 바로 곁에서 보행을 돕거나 시중드는 사람을 뜻한다고 나와 있다. 그런데 거기에 덧붙여 중요한 기능이 하나 더 있다. 바로 임금이 잠을 자는 동안 불침번을 서는 것이다. 글자를 풀이해보면 나무(木)로 만든 침대 옆에서 눈(目)을 부릅뜨고 지키고 있는 형태다. 결론적으로 재상은 임금의 생명을 지킬 수 있는 믿음직한 사람을 임명하던 것에서 유래하여, 최고의 벼슬자리를 뜻하는 말로 뜻이 바뀌게 된 것을 알 수가 있다.

상서로운 식물인 난초(蘭)와 영지(芝)를 함께 아울러 이르는 말인 난지당(蘭芝堂)은 외소주방에 속한다.

집경당(緝敬堂)과 함화당(咸和堂) 일원

집경당과 함화당 일원

緝 모을 **집** 1. 모으다 2. 모이다 3. 길쌈하다(실을 내어 옷감을 짜다) 4. 꿰매다, 깁다 5. 엮다, 편집하다 6. 잇다, 계속하다 7. 화합하다 8. 화목하다...

敬 공경 **경** 1. 공경 2. 예(禮), 감사하는 예 3. 공경하다 4. 삼가다(몸가짐이나 언행을 조심하다), (마음을)절제하다 5. 정중하다, (예의가)바르다 6. 훈계하다, ...

堂 집 **당** 1. 집, 사랑채 2. 마루, 대청 3. 근친(近親), 친족(親族) ...

집경당

'공경하는(敬) 마음을 계속 이어간다(緝)'라는 뜻의 집경당(緝敬堂)은 원래 독립적인 건물이 아니라 나란히 있는 함화당과 함께 홍복전(興福殿)을 중심으로 하는 커다란 내전 건물군의 부속 건물이었다. 그런데 일제강점기 때 후원의 모든 건물이 헐려 나갈 때, 달랑 이 두 건물만 살아남았는데, 그 이유는 이 두 건물이 조선총독부 박물관의 사무실로 쓰였기 때문이다. 집경당과 함화당의 앞쪽에는 2019년 3

집경당 현판

월 현재 흥복전이 한창 복원공사 중이다.

우리나라는 전통적으로 사람을 지칭할 때 그 사람의 주 거처인 전각의 이름을 사용하는 경우가 많다. 대표적으로 '호(號)'에는 당호(堂號)가 많이 쓰인다. 예를 들면 **당(동춘당 송준길, 한원당 김굉필, 여유당 정약용, 신사임당), **재(회재 이언적, 신독재 김집, 겸재 정선), **헌(회헌 안향, 매헌 윤봉길), **암(정암 조광조, 휴암 백인걸, 우암 송시열) 이런 식이다. 궁궐에서는 세자의 거처가 임금(正殿)의 동쪽에 있다 하여 동궁(東宮)으로 불린다.

그렇다면 후궁(後宮)의 어원은 무엇일까? 궁궐에서 쓰이는 용어로 정궁(正宮)이 있는데 이는 황후나 왕비의 거처를 지칭하는 말이다. 정궁과 같은 말로는 중궁(中宮), 중전(中殿), 중궁전(中宮殿), 내전(內殿), 곤전(坤殿)이 있다. 한편 왕(황제)의 정실부인이 아닌 첩은 후궁이라 하는데, 그 후궁들의 처소는 바로 왕비 정궁(正宮)의 뒤(後)쪽에 자리 잡고 있다. 그래서 후궁이라는 말이 생겨난 것이다.

한창 복원공사 중인 흥복전은 왕비의 침전(중궁전)인 교태전의 바로 뒤쪽에 있으므로 흥복전 건물군은 후궁들의 처소였음을 짐작할

집경당(緝敬堂)과 함화당(咸和堂) 일원 261

수 있다. 후궁들뿐만 아니라 궁궐에서 생활하는 수많은 상궁 나인들도 함께 거처한 것으로 보인다. 그 증거로 북궐도형에서는 흥복전의 동서 양쪽에 큰 장꼬(醬庫)가 각각 하나씩 보이는데 현재는 서쪽 장꼬 하나만 복원되어 있다.

한편, 집경당의 원전은 『시경(詩經)』 대아(大雅) 문왕지십(文王之什) 편이다.

穆穆文王 於緝熙敬止

심원하신穆穆 문왕이시여文王,

아於, 공경을敬 계속해서緝 밝히셨도다熙止.

Profound was king Wen;

Oh! continuous and bright was his feeling of reverence.

假哉天命 有商孫子

위대한假哉 천명은天命 상商왕조의 자손에게孫子 있었도다有.

Great is the appointment of Heaven! There were the descendants of [the sovereigns] of Shang; -

•• 뱀의 발
자금성 내 여인들의 애환이 서린 곳

자금성 내에서 후궁들의 처소로 대표적인 것이 동육궁(東六宮, Six Eastern Palaces)과 서육궁(西六宮, Six Western Palaces)이다. 물론 후궁들의 처소로만 쓰인 것이 아니라 황제의 독서처나 황태자의 공간으로도 쓰였지만 주 용도는 여성인 황후, 비빈들과 궁녀들의 생활공간이었다. 동육궁과 서육궁은 처음 자금성이 지어졌을 때는 완벽한 대칭 구조였으나 시간이 지남에 따라 화재 등의 사건으로 많은 부분이 보수되거나 증축되어 지금은 전체 윤곽만 대칭일 뿐 세부적인 모습은 차이가 있다.

우선 동육궁에 속한 전각을 살펴보면 종수궁(鍾粹宮, Palace of Gathering Essence)은 순수함[粹]을 모은다[鍾]는 뜻이고, 경양궁(景陽宮, Palace of Great Brilliance)은 커다랗고 밝은[景] 양기[陽]를 뜻하며, 승건궁(承乾宮, Palace of Bearing Heaven)은 하늘[乾]을 계승함[承]을 뜻한다. 또, 영화궁(永和宮, Palace of Eternal Harmony)은 영원[永]한 조화로움[和]의 뜻이고, 경인궁(景仁宮, Palace of Great Benevolence)은 커다랗고 밝은[景] 어짊[仁]을 뜻하며, 연희궁(延禧宮, Palace of Lasting Happiness)은 기쁨[禧]을 늘이는[延] 것을 뜻한다.

맞은편의 서육궁에 속한 전각의 경우에는 함복궁(咸福宮, Palace of Universal Happiness)은 모든[咸] 복[福]을 담은 곳이고, 저수궁(儲秀宮, Palace for Gathering Elegance)은 빼어남을 쌓아두는 곳이며, 장춘궁(長春宮, Palace of Eternal Spring)은 길고 긴[長] 봄날[春]을 의미한다. 또한, 익곤궁(翊坤宮, Palace of Supporting Earth)은 땅(坤=황후)을 돕는[翊] 것을 뜻하고, 태극전(太極殿, Hall of the Supreme Pole)은 말 그대로 우주의 근본인 태극(太極)을 뜻하며, 영수궁(永壽宮, Palace of Eternal Longevity)은 영원히[永] 장수함[壽]을 의미한다.

嚮 향할 향 1. 향하다(向—) 2. 나아가다 3. 길잡다 4. 바라보다 5. 대하다(對—) 6. 대접을 받다 7. 누리다 8. 권하다(勸—) 9. 흠향하다(歆饗—) 10. 메아리치다 11. 제사(祭祀)를 지내다 12. 방향(方向)...

明 밝을 명 1. 밝다 2. 밝히다 3. 날새다 4. 나타나다, 명료하게 드러나다 5. 똑똑하다 6. 깨끗하다, 결백하다 7. 희다, 하얗다 8. 질서가 서다 9. 갖추어지다 10. 높이다, 숭상하다,...

門 문 문 1. 문 2. 집안 3. 문벌(門閥) 4. 동문(同門)

향명문

 향명문, 봉양문, 백상문 모두 집경당 앞마당에 있는 문이다. 먼저 향명문(嚮明門)은 밝음을[明] 향한다[嚮], 또는 밝음을 향해 나아간다는 뜻을 담고 있다. 집경당 남행각의 정문 역할을 하므로 밝음을 강조한 것으로 풀이된다.

鳳	봉새	봉	1. 봉새(鳳-: 봉황) 2. 봉황(鳳凰) 3. 산(山)의 이름
陽	볕	양	1. 볕, 양지 2. 해, 태양 3. 양, 양기(陽氣) 4. 낮, 한낮 5. 남성 6. 하늘 … 15. 드러내다 16. 밝다 17. 맑다 18. 선명하다(鮮明--) 19. 양각하다(陽刻--) 20. 굳세고 사납다
門	문	문	1. 문 2. 집안 3. 문벌(門閥) 4. 동문(同門)

봉양문

 한편 집경당의 동행각에 있는 봉양문(鳳陽門)은 직역하면 '양기를 〔陽〕 받은 봉황새〔鳳〕'라는 뜻인데, 봉황이 상징하는 '상서로움이 드러난다'라는 뜻을 담고 있다. 홍례문 동쪽 행각의 덕양문과 마찬가지로 해가 뜨는 동쪽으로 향한 문이기 때문에 양기를 특별히 강조한 것 같다.

 봉양문의 반대쪽에 있는 백상문(百祥門) 역시 '모든〔百〕 상서로움

百 〔얄﹚백 1. 일백(一百) 2. 백 번 3. 여러, 모두, 모든 4. 온갖 5. 백 배 하다
祥 〔상서﹚상 1. 상서(祥瑞) 2. 조짐(兆朕) 3. 제사(祭祀) 4. 복 5. 재앙(災殃)
         6. 상서롭다(祥瑞--) 7. 자세하다
門 〔문﹚문 1. 문 2. 집안 3. 문벌(門閥) 4. 동문(同門)

백상문

〔祥〕'이 드나든다는 뜻을 품고 있다. 여기서 일백 백(百) 자는 숫자 100을 상징하는 것이 아니라 모든 것을 가리킨다. 백성(百姓)은 백 가지 성씨가 아니라 모든 성씨의 사람들, 즉 일반 국민을 뜻하고, 백수(百獸)는 온갖 짐승, 백화점(百貨店)은 온갖 상품을 갖춰 놓고 파는 큰 규모의 상점, 백과사전(百科事典)은 세상의 모든 지식을 담은 책을 이르는 말이다.

啓 열	계	1. 열다 2. 열리다 3. 일깨워주다 4. 여쭈다 5. 보도하다(報道--) 6. 사뢰다(웃어른에게 말씀을 올리다) 7. 책상다리를 하다 8. 안내하다 9. 인도하다
明 밝을	명	1. 밝다 2. 밝히다 3. 날새다 4. 나타나다, 명료하게 드러나다 5. 똑똑하다 6. 깨끗하다, 결백하다 7. 희다, 하얗다 8. 질서가 서다 9. 갖추어지다 10. 높이다, 숭상하다,...
門 문	문	1. 문 2. 집안 3. 문벌(門閥) 4. 동문(同門)

계명문

계명문과 영춘문은 집경당과 함화당을 구분짓는 담장에 난 문이다. 계명문은 집경당과 함화당의 앞쪽에 있지만, 영춘문은 뒤쪽에 있다. 계명문(啓明門)은 '밝음을(明) 열어젖힌다(啓)'라는 뜻이고 영춘문(迎春門)은 '봄을(春) 맞이한다(迎)'라는 뜻이다. 그런데 이 두 문은 다른 문과는 달리 벽돌로 예쁘게 무지개 모양으로 만들었다. 교태전의 뒤쪽에도 비슷한 모양의 연휘문(延暉門)이 있다.

원래 돌로 만든 둥근 아치 모양의 문을 가리켜 석월문(石月門)이라고 하는데 계명문과 영춘문의 경우는 벽돌이라서 그냥 월문이라고 부른다. 그런데 계명문은 남쪽에 있고 영춘문은 북쪽에 있기 때

迎 맞을 영 1. 맞다 2. 맞이하다 3. 영접하다 4. 마중하다 5. 맞추다 6. ~를 향하여 7. ~쪽으로
春 봄 춘 1. 봄 2. 동녘 3. 술 4. 남녀의 정 5. 젊은 나이 6. 정욕(情慾)
門 문 문 1. 문 2. 집안 3. 문벌(門閥) 4. 동문(同門)

영춘문

문에 음양론에 따라 계명문을 일문(日門), 영춘문을 월문(月門)이라고도 한다.

 '복에[福] 응답 또는 화답한다[應]'라는 뜻의 응복문(應福門)은 집경당의 북쪽 문으로 이 문을 나서면 향원정이 눈앞에 보인다.

應 응할 응　1. 응하다(應--) 2. 대답하다 3. 맞장구치다 4. 승낙하다 5. 화답하다 6. 당하다
　　　　　　7. 응당 ~하여야 한다 8. 받다 9. 아마도 10. 조짐(兆朕)이나 대답(對答) ...

福 복 복　1. 복, 행복 2. 제육(祭肉)과 술 3. 폭(幅), 포백(布帛)의 너비 4. (복을)내리다, 돕다
　　　　　5. 상서롭다 6. 음복하다

門 문 문　1. 문 2. 집안 3. 문벌(門閥) 4. 동문(同門)

응복문

집경당(緝敬堂)과 함화당(咸和堂) 일원　269

咸 함 다
　　　　1. 다(남거나 빠진 것이 없이 모두) 2. 모두 3. 소금기 4. 함괘 5. 짜다 6. 소금기가
　　　　있다 7. 두루 미치다 8. 널리 미치다...

和 화 화할
　　　　1. 화하다(和--: 서로 뜻이 맞아 사이좋은 상태가 되다) 2. 화목하다 3. 온화하다(溫和
　　　　--) 4. 순하다(順--) 5. 화해하다 6. 같다 7. 서로 응하다(應--) 8. 합치다 9. 허가하다...

堂 당 집
　　　　1. 집, 사랑채 2. 마루, 대청 3. 근친(近親), 친족(親族) ...

함화당

　집경당(緝敬堂)과 나란히 있는 함화당(咸和堂)은 '모두 다[咸] 함께 화목하자[和]'라는 뜻을 담고 있다. 한 가지 재미있는 사실은 집경당과 함화당은 거의 같은 듯 보이지만 위계질서가 분명하게 드러나 있다는 점이다. 결론부터 말하자면 집경당이 함화당보다 서열이 높다.

　우선 집경당은 동쪽에 있고 함화당은 서쪽에 있다. 음양오행에

함화당 현판

따라 동쪽의 서열이 높다. 둘째, 집경당은 정면 9칸 측면 2칸의 규모인 데 비해, 함화당은 정면 7칸 측면 2칸으로 규모 면에서도 차이가 난다. 셋째, 집경당의 건물이 함화당보다 약간 앞으로 위치해 있다. 따라서 집경당과 함화당을 연결하는 복도각은 집경당의 후면과 함화당의 전면을 이어주고 있다.

한편, '함화'는 『서경(書經)』 주서(周書) 무일(無逸) 편에서 발췌한 것이다.

自朝 至于日中昃

아침부터自朝 해가 중천에서日中 기울昃 때까지至于

From morning to mid-day, and from mid-day to sundown,

不遑暇食

한가로이遑 밥먹을食 경황도暇 없이不 (보살펴서)

he did not allow himself leisure to eat;

用咸和萬民

모든 백성을萬民 모두 화합하게咸和 하셨다用.

thus seeking to secure the happy harmony of the myriads of the people.

進 나갈 진
德 덕 덕
門 문 문

1. 나아가다 2. 오르다 3. 다가오다 4. 힘쓰다 5. 더하다

1. 크다 2. (덕으로)여기다 3. (덕을)베풀다 4. 고맙게 생각하다 5. 오르다, 타다 6. 덕, 도덕 7. 은덕 8. 복, 행복 ...

1. 문 2. 집안 3. 문벌(門閥) 4. 동문(同門)

진덕문

진덕문과 승광문은 함화당 영역의 남행각에 속하는 문이다. 서쪽에서 진입할 때 먼저 진덕문을 거치고, 이어 함화당의 정문 역할을 하는 승광문으로 들어서면 함화당 앞마당이다. 진덕문(進德門)은 '덕(德)을 향해 나아간다〔進〕'라는 뜻이고 승광문(承光門)은 '빛〔光〕을 받들고 계승한다〔承〕'라는 뜻이다.

承 이을 승
光 빛 광
門 문 문

1. 잇다, 계승하다 2. 받들다 3. 받다, 받아들이다 4. 장가들다 5. 돕다 6. 도움 7. 후계, 후사 8. 절구(節句)에서 둘째 구의 이름 9. 차례, 순서

1. 빛, 어둠을 물리치는 빛 2. 세월 3. 기세, 세력, 기운 4. 경치, 풍경 5. 명예, 영예 6. 문화, 문물 7. 문물의 아름다움 8. 빛깔, 번쩍거리는 빛 …

1. 문 2. 집안 3. 문벌(門閥) 4. 동문(同門)

승광문

　승광문(承光門)뿐만 아니라 광화문(光化門)이나 동궁의 중광문(重光門), 건청궁의 함광문(含光門)처럼 경복궁에서 빛 광(光) 자가 들어간 문은 모두 남쪽을 가리키는 공통점이 있다.

迎 맞을 영 1. 맞다 2. 맞이하다 3. 영접하다 4. 마중하다 5. 맞추다 6. ~를 향하여 7. ~쪽으로
祉 복 지 1. 복(福) 2. 하늘에서 내리는 행복(幸福)
門 문 문 1. 문 2. 집안 3. 문벌(門閥) 4. 동문(同門)

영지문

영지문과 창무문은 함화당의 뒤편에 있다. '복(祉)을 맞이한다(迎)'라는 뜻의 영지문(迎祉門)을 나서면 장꼬의 예성문(禮成門)이 앞쪽에 보인다.

한편, 함화당의 북문인 창무문(彰武門)은 경복궁의 북대문인 신무문이나 계무문, 광무문과 같은 작명 원리로서 북쪽을 수호하는 '현무의(武) 기운을 드러내다(彰)'로 해석할 수 있다. 이 문을 나서면 함화당에서 향원정 쪽으로 나갈 수 있다.

그런데 창무문을 나서면 바로 앞쪽의 화단에 석조(石槽) 형식의 돌로 만든 조그만 연못이 있는데 하지(荷池)라고 쓰여있다. 하지는 곧

彰 드러날 창
1. 드러나다 2. 드러내다, 나타내다 3. 밝다, 뚜렷하다 4. 선명하다(鮮明--)
5. 게시하다(揭示--) 6. 가로막다 7. 무늬 8. 문채(文彩: 아름다운 광채)

武 호반 무
1. 호반(虎班: 무관(武官)의 반열(班列)) 2. 무인(武人) 3. 무사(武士), 병사(兵士)
4. 군대의 위용, 무위(武威) 5. 병법, 전술 …

門 문 문
1. 문 2. 집안 3. 문벌(門閥) 4. 동문(同門)

창무문

荷 멜 하 1. 메다, 짊어지다 2. 부담하다 3. 책임지다 4. 담당하다 5. 꾸짖다, 따져 묻다(=訶)
6. 은혜를 입다 7. 짐, 화물 8. 부담 9. 책임 10. 담당 11. 연, 연꽃
池 못 지 1. 못, 연못 2. 해자(垓子: 성 밖을 둘러싼 못) 3. 도랑(매우 좁고 작은 개울), 수로
(水路) 4. 연지(硯池) 5. 물받이 6. 관(棺)의 장식(裝飾)

창무문 앞 하지

연꽃[荷]이 핀 못[池]이라는 뜻이다. 교태전 뒤 아미산에 있었던 낙하담과 함월지와 같은 성격의 구조물이다. 그런데 아미산의 낙하담과 함월지는 교태전 뒤쪽에 연못을 만들 공간이 전혀 없기 때문에 부득이 석연지(石蓮池)를 만든 것이 이해되지만, 창무문을 나서면 바로 눈앞에 커다란 향원지가 있는데도 왜 굳이 하지를 만들었을까?

그 해답은 북궐도형이 갖고 있다. 지금은 창무문을 나서면 곧바

로 향원지에 닿을 수 있지만, 옛날에는 함화당과 향원지는 담으로 완전히 분리되어 있었다. 따라서 시각적으로는 향원지와 격리된 공간인 함화당 뒤편에 석연지를 만들어 여인들의 심리적 위안으로 삼지 않았을까 추론해 본다.

뒤에 향원정 부분에서 자세히 다루겠지만 경복궁 내에서 가장 아름다운 장소로 꼽히던 곳이 경회루 연못과 향원지였다. 그래서 사신들이 올 때마다 그 두 곳에서 집중적으로 접대했고 사신들의 극찬이 있었음을 실록에서 확인할 수 있었다. 따라서 경회루 연못과 향원지는 지금처럼 경복궁 안에 있다고 해서 아무나 볼 수 있는 곳이 아니었다. 두 곳 모두 철저하게 사방이 담으로 둘러쳐져 있었던 것이 북궐도형에서 확인되고 있다.

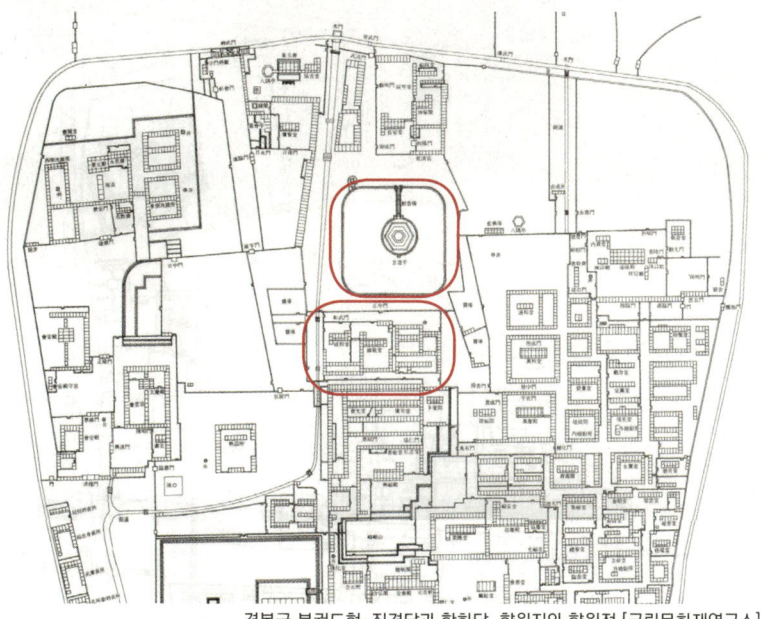

경복궁 북궐도형-집경당과 함화당, 향원지와 향원정 [국립문화재연구소]

禮 예도 예
成 이룰 성
門 문 문

1. 예도 2. 예절 3. 절(인사) 4. 인사 5. 예물 6. 의식 7. 책의 이름(=예기(禮記)) 8. 경전(經典)의 이름 9. 단술(=감주), 감주(甘酒) 10. 예우하다 11. (신을)공경하다 12. 절하다

1. 이루다 2. 이루어지다 3. 갖추어지다, 정리되다, 구비되다 4. 살찌다, 비대해지다 5. 우거지다, 무성해지다 6. 익다, 성숙하다(成熟--) 7. 일어나다, 흥기하다...

1. 문 2. 집안 3. 문벌(門閥) 4. 동문(同門)

예성문

 함화당의 서북쪽에는 궁중의 장독대인 장꼬(醬庫)가 있다. 자칫 '장고'로 읽기 쉽지만 발음할 때는 '장고'가 아니라 '장꼬'로 해야 한다. 표준국어대사전에도 그렇게 나와 있다. 한자에는 이런 식으로 한자의 대표음이 실제 발음할 때는 달라지는 것들이 많은데 궁중 용어 중에도 여럿 있다. 예를 들면 임금의 행차는 거동(擧動)이 아니라 '거둥'이라 발음하고, 궁궐에서 일하는 궁녀도 내인(內人)이

라 쓰고 '나인'이라 읽는다. 궁중 용어가 아닌 것도 발음이 달라지는 것이 있다. 전통 국악기 중 '장구'의 한자 표기는 杖鼓(장고)이며, 또 다른 국악기인 '나발'은 喇叭(나팔)로 표기한다.

이 장꼬로 들어가는 문이 예성문(禮成門)이다. '예성'은 의례를[禮] 완성했다는[成] 뜻이다. 그런데 '장독대로 들어가는 문의 이름치고는 너무 거창한 것 아닐까?' 하는 의문이 들 수 있다. 결론부터 말하면 천만의 말씀이다.

예로부터 우리 민족은 집안의 장맛이 변하면 가운(家運)의 흉조라고 여길 정도였다. 그래서 장을 담글 때도 길일을 택하고 목욕재계를 했으며 외부 사람의 출입을 금할 정도로 정성을 들였다. 민간에서도 그 정도였으니 궁궐은 두말할 필요도 없다. 그래서 잡귀나 사악한 기운이 범접하지 못하도록 예성문에는 금줄까지 쳐 놓았고, 장꼬 앞을 지날 때도 몸가짐을 신중히 하도록 했다고 한다.

한편 북궐도형을 보면 장꼬는 향원지의 동남쪽에도 있었다. 다만 복원된 것은 향원지의 서남쪽에 있는 지금의 장꼬뿐이다. 그래서 서쪽의 장꼬를 뜻하기 때문에 이름 속에 성(成) 자가 들어가 있는 것으로 보인다.

辰 별진때신 1. 별의 이름, 수성 2. 별의 총칭 3. 다섯째 지지(地支)
　　　　　　 a. 때, 시각 (신) … f. 해, 달, 별의 총칭, 일월성(日月星) (신) g . 북극성 (신)
居 살 거   1. 살다, 거주하다(居住--) 2. 있다, 차지하다 3. (처지에)놓여 있다 4. (벼슬을)하지 않다
　　　　　　 5. 자리 잡다 6. 앉다 7. 쌓다, 저축하다(貯蓄--) 8. 곳, 자리, 거처하는 곳 9. 집 10. 무덤
門 문 문   1. 문 2. 집안 3. 문벌(門閥) 4. 동문(同門)

신거문

　신거문(辰居門)은 장꼬의 남쪽에 있는데 북문인 신무문에서 경회루 쪽으로 갈 때 거치는 두 번째 문이다. 첫 번째 문은 장꼬의 북쪽에 있는 유형문(維亨門)이다. 신거문은 유형문과 마찬가지로 현판이 북쪽에서 남쪽으로 걸려있기 때문에 방향성을 알 수 있다.

　신거문을 '진거문'으로 발음하는 사람도 있는데 신거문이 맞다. 여기서 신(辰)은 북신(北辰)을 줄여서 표현한 것으로 북신은 하늘의

중심인 북극성과 같은 말이다. 따라서 '신거(辰居)'라는 말은 '북극성의(辰) 거처(居)'를 말한다. 또한, 북극성은 곧 제왕을 상징하기 때문에 신거문은 결국 왕이 살고 있다는 뜻이 된다. 실제로 신거문을 열고 나가면 바로 눈앞에 경회루와 교태전, 강녕전으로 이어지는 길이 보인다. 세자의 거처인 동궁에는 이극문(貳極門)이 있다. '이극'이란 두 번째 북극성, 곧 세자를 뜻하는 말이다.

건청궁(乾淸宮) 일원

乾 하늘 **건** 1. 하늘 2. 괘(卦)의 이름 3. 임금 4. 남자 5. 아버지, 친족 관계 6. 마르다, 건조하다
7. 말리다 8. 건성(어떤 일을 성의 없이 대충 겉으로만 함)으로 하다, 형식적이다 9. 텅 비다…

淸 맑을 **청** 1. 맑다 2. 깨끗하다 3. 탐욕(貪慾)이 없다 4. 빛이 선명하다 5. 사념이 없다 6. 분명하다(分明—) 7. 한가하다(閑暇—) 8. 고요하다(조용하고 잠잠하다) 9. 끝장을 내다 10. 거스르다

宮 집 **궁** 1. (왕족의) 집, 가옥 2. 대궐(大闕), 궁전(宮殿) 3. 종묘(宗廟) 4. 사당(祠堂) …

건청궁 솟을대문

　건청궁은 경복궁의 가장 북쪽, 즉 향원정의 뒤쪽에 있다. 장안당과 곤녕합 등의 주요 건물들이 부속 건물과 담으로 둘러싸여 독자적인 권역을 형성하고 있는데, 건청궁 현판은 남쪽 행각 중에서도 약간 동쪽으로 치우쳐 있는 주 출입문 위에 걸려있다. '건청'은 '하늘이(乾) 맑다(淸)'라는 뜻이다. 그런데 여기서 건(乾)은 단순히 하늘을 가리키는 말 이외에도 임금을 상징하는 중의법(重義法)으로

봄이 옳다.

그런데 '경복궁 속에 웬 건청궁이라는 또 다른 궁궐 이름이 나올까?' 하고 궁금해하는 사람들이 많다. 원래 궁(宮)이라는 말은 경복궁이나 창덕궁처럼 특정 고유명사 뒤에 붙어서 왕궁(王宮) 전체를 나타내기도 하지만, 궁궐 내부 또는 외부에 왕족(王族)이 거처하던 특정한 곳〔내부사례: 동궁, 중궁 / 외부사례: 운현궁, 용흥궁〕이나 심지어 왕족 개인을 지칭할 때 쓰이기도 한다.

궁이 왕족 개인을 가리키는 가장 대표적인 사례로는 정조의 생모인 혜경궁을 꼽을 수가 있고, 심지어 덕수궁은 고종을 지칭하는 말로 쓰이기도 했다. 왜냐하면, 살아있는 임금의 이름을 절대 부를 수가 없었기 때문이다. 우리가 알고 있는 모든 조선 임금의 이름〔태정태세문단세…〕은 죽고 난 이후, 종묘에 신주가 모셔질 때 붙여진 묘호(廟號)이다.

순종 2년(1909) 1월 8일
御釜山行在所 停宿 부산(釜山) 행재소(行在所)에 나아가 정숙(停宿)하였다.
親電于德壽宮 問候 덕수궁(德壽宮)에 친히 전보를 쳐서 문안하였다.

동궁(東宮)이 왕세자의 거처를 가리키는 말이라는 것은 이미 자선당에서 알아보았으며, 왕비가 거처하는 곳도 중궁(中宮) 또는 정궁(正宮)이라고 부른다. 앞에서 홍복전, 집경당, 함화당 설명할 때 자세히 언급했지만 왕의 첩을 가리키는 후궁이라는 말도 후궁들의 처소가 바로 정궁(正宮)의 뒤〔後〕쪽에 자리 잡고 있기 때문에 후궁이라는 말이 생겨난 것이다.

한편 궁궐 건물은 위치에 따라 전전(前殿)·정전(正殿)·후전(後殿), 또는 간단히 전전(前殿)·후전(後殿)으로 나누기도 하는데 건청궁은 후전(後殿)에 속한다. 중국 자금성의 경우 규모가 워낙 크기 때문에 전전과 후전도 전3전(前三殿), 후3전(後三殿)으로 구분하는데, 전3전은 태화전[1], 중화전[2], 보화전[3]이며, 그 뒤에 있는 건청궁[1], 교태전[2], 곤녕궁[3]이 후3전(또는 후3궁)이다. 공교롭게도 건청궁이라는 이름은 경복궁과 자금성의 후전에 모두 쓰이고 있음을 알 수 있다.

건청궁은 고종 10년(1873)에 건립된 건물로, 그때는 고종이 즉위한 지 10년이 되는 시점이자, 아버지 흥선대원군의 섭정을 종식하고 친정을 선언한 해다. 따라서 건청궁의 건립은 고종이 대원군의 그늘에서 벗어나, 정치가로서 스스로 독립하려는 의지를 상징적으로 보여주는 건물이라고 할 수 있는데, 그런 점을 한 번 더 확인시켜주는 것이 이 건청궁의 건립에 국가 재정이 아니라, 왕의 개인적인 내탕금을 사용했다는 점이다. 그만큼 주위로부터 방해받지 않고, 자신만의 환경을 구축하려고 했던 것으로 풀이된다.

•• 뱀의 발

황제의 마지막은 무조건 건청궁에서

자금성의 건청궁(乾淸宮, Palace of Heavenly Purity)은 황제들의 공식 침전이었고 명, 청 시대에 걸쳐 정침으로 사용한 황제는 총 14명이었다. 건청궁 내에서도 실제 거처하던 공간은 건청궁 양 끝단의 동난각(東暖閣)과 서난각(西暖

閣)이었는데 이름에서도 알 수 있듯이 난방이 잘 되던 곳이었다. 그뿐만 아니라 건청궁 밖 양쪽에 붙어있는 보조 전각인 소인전(昭仁殿, Hall of Displaying Benevolence)과 홍덕전(弘德殿, Hall of Promoting Virtue)에서 지내기도 했다. 소인전은 이름에 어질 인(仁)이 들어간 것만으로도 동쪽의 보조 전각임을 알 수 있다. 소인전은 인(仁)을 밝게 빛낸다[昭]는 뜻이고, 홍덕전은 덕(德)을 넓게[弘] 펼친다는 뜻이다.

여기서 한 가지 주의해야 할 점은 유교 문화권의 궁궐에서는 침궁(寢宮) 또는 침전(寢殿)이라고 해서 잠만 자는 곳은 아니라 일반 집무실로도 사용이 되었다는 것이다. 그러던 중 황제를 시해하려는 시도가 잇따르자 청나라의 옹정제 때 건청문(乾淸門)의 바로 서쪽에 있는 양심전(養心殿, Hall of Mental Cultivation)으로 침전을 이전하였다. 그런데도 황제가 사망하면 마지막 숨은 정침에서 거둔다는 뜻의 수종정침(壽終正寢) 원칙을 지키기 위해 황제의 시신은 양심전이 아닌 건청궁에 모시고 장례를 치렀다.

건청궁의 어좌 위에는 순치제의 어필로 된 '정대광명(正大光明)'이라는 편액이 걸려있다. 말이나 행실이 떳떳하고 정당함을 뜻하는 광명정대(光明正大)처럼 앞뒤의 순서를 바꿔서도 많이 사용하는 말인데, 정대(正大)는 의지나 언행 따위가 올바르고[正] 당당하다[大]는 뜻이며, 광명(光明)은 밝고[明] 환함[光]을 뜻한다. 이 편액과 관련하여 재미있는 일화는 이 편액의 뒤쪽에 제위 계승자의 이름을 적은 쪽지를 작은 함에 넣어 보관했다가 황제의 사후, 왕공 대신들의 입회하에 함을 개봉해서 차기 황제가 즉위하도록 했다는 점이다.

初	처음	초	1. 처음, 시초 2. 시작 3. 시종(始終) 4. 초승(初生), 초순(初旬) 5. 근본, 근원 6. 본래(本來) 7. 옛일 8. 이전(以前), 종전(從前), 옛날 9. 첫, 첫째 10. 처음으로...
陽	볕	양	1. 볕, 양지 2. 해, 태양 3. 양, 양기(陽氣) 4. 낮, 한낮 5. 남성 6. 하늘 … 15. 드러내다 16. 밝다 17. 맑다 18. 선명하다(鮮明--) 19. 양각하다(陽刻--) 20. 굳세고 사납다
門	문	문	1. 문 2. 집안 3. 문벌(門閥) 4. 동문(同門)

초양문

 건청궁 현판 밑으로 진입하면 좌측에 보이는 초양문(初陽門)은 건청궁의 주 전각인 장안당의 동쪽에 난 문인데, 장안당의 정문 역할을 한다. '초양'을 직역하면 '처음으로〔初〕 나타나는 양기(陽氣)'라는 뜻인데 사전에는 아침에 뜨는 해, 또는 그 해의 빛이라고 나온다.

長 길 장
1. 길다 2. 낫다 3. 나아가다 4. 자라다 5. 맏 6. 어른 7. 길이 8. 우두머리 9. 처음 10. 늘 11. 항상(恒常)

安 편안 안
1. 편안(便安) 2. 편안하다 3. 편안하게 하다 4. 안존하다(安存--) 5. 즐거움에 빠지다 6. 즐기다, 좋아하다 7. 어찌 8. 이에(乃), 곧 9. 어디에

堂 집 당
1. 집, 사랑채 2. 마루, 대청 3. 근친(近親), 친족(親族) ...

장안당

건청궁은 크게 세 공간으로 나뉘는데 고종이 거처했던 사랑채 장안당[1], 명성황후가 거처했던 안채 곤녕합[2], 그리고 상궁 나인들의 거처와 기타 공간인 복수당[3]이다. 따라서 사랑채 장안당(長安堂)이 건청궁의 주 전각임을 알 수 있다. '장안(長安)'이라는 글자 그대로의 뜻은 '오래오래 항상[長] 편안하게[安] 지내라'라는 뜻이다. 그러나 장안은 '장안의 화제'라는 관용어구에서 확인되듯이 도읍의 대명사로

건청궁(乾淸宮) 일원 289

쓰였다. 천자문에는 다음과 같은 구절이 나온다.

'도읍화하(都邑華夏) 동서이경(東西二京)'
'배망면락(背邙面洛) 부위거경(浮渭據涇)'

화하(華夏)는 중국의 별칭이니 곧 '중국의 도읍(都邑)은 동(東)과 서(西)에 두 개(二京)가 있다'라는 뜻이다. 이 두 고도(古都)는 중국 고대사를 통틀어 역대 주요 왕조들이 번갈아 가며 도읍으로 삼았는데, 그중에서 낙양(洛陽, 지금의 뤄양, 洛阳, Luoyang)은 동쪽에 있다고 하여 동경(東京)으로, 그리고 장안(長安, 지금의 시안, 西安, Xi'an)은 서쪽에 있다고 하여 서경(西京)으로도 불렸다.

이어지는 아래쪽 시구에서 '배망면락(背등 배, 邙북망산 망, 面낯 면, 洛물 이름 락)'은 낙양을 의미하는데, 북망산(北邙山)을 뒤로(背)하고 남쪽의 낙수(洛水, 황하의 지류)를 바라보고(面) 있다는 뜻이다. 북악산을 뒤로하고 한강을 앞에 둔 서울과 자연환경은 비슷하다.

낙양은 BC 770년 주나라가 도읍을 호경(鎬京, =장안)에서 동쪽인 낙읍(洛邑, =낙양)으로 옮긴 이후로 후한(後漢), 서진(西晉), 수(隋) 등의 왕조에서 수도로 삼았던 곳이다. 낙양이라는 이름도 낙수(洛水)라는 강 이름에서 나온 것이다. 마치 한수(漢水, =한강)라는 강 이름에서 한양(漢陽)이 나온 것처럼 말이다(풍수지리에서 산남수북(山南水北), 즉 산의 남쪽과 물의 북쪽 사이의 땅은 양(陽)의 성질을 지닌다고 한다]. 또한, 우리나라 낙동강(洛東江)의 이름 역시, 낙양(여기서는 고령가야의 수도였던 상주를 뜻함)의 동쪽에 있는 강이라는 뜻이며, 수원화성의 건물 중 낙남헌(洛南軒)은 낙양(=한양)의 남쪽[南]에 있는 집[軒]이라는 뜻이다.

한편 '부위거경(浮뜰 부, 渭물이름 위, 據근거 거, 涇통할 경)'은 낙양과 쌍벽을 이루는 고도(古都) 장안을 뜻하는데, 위수(渭水, 황하의 지류)가에 떠[浮] 있으면서 경수(涇水, 황하의 지류)가 옆으로 둘러있다[據]는 뜻이다.

장안은 BC 1046년 주나라가 최초의 도읍(그 당시의 이름은 호경, 鎬京)으로 삼은 이후, 전한(前漢), 신(新), 당(唐) 등의 왕조에서 수도로 삼았다. 특히 장안은 중국 역사상 가장 오랫동안 도읍이었다. 수원화성의 사대문 중 북대문 이름이 장안문인데, 이 역시 북쪽의 한양에서 내려오는 국왕이 가장 먼저 진입하는 문이기에 붙여진 이름이다. 수원화성을 제2의 수도로 만들겠다는 정조의 의지도 엿보인다.

위수(渭水)는 위하(渭河)라고도 하는데 장안의 위쪽(북쪽)으로 흐르는 큰 강으로 역사에서는 강태공이 낚시하던 곳으로 더 유명하다. 반면 경수(涇水)는 장안 주변을 흐르는 고만고만한 8개의 지류 중 하나인데, 다른 지류들을 제쳐두고 경수가 천자문에 채택된 이유는 8번째 글자가 'ㅇ' 받침으로 끝나는 천자문의 운율(각운)에 맞기 때문이다.

秋	가을	추	1. 가을 2. 때, 시기 3. 세월 4. 해, 1년
水	물	수	1. 물 2. 강물 3. 액체, 물과 관련된 일 4. 홍수, 수재, 큰물 5. 수성(水星)
芙	연꽃	부	1. 연꽃 2. 부용(芙蓉: 아욱과의 낙엽 관목)
蓉	연꽃	용	1. 연꽃 2. 부용(芙蓉: 아욱과의 낙엽 관목)
樓	다락	루	1. 다락 2. 망루(望樓) 3. 집 대마루 4. 층집 5. 점포 6. 동(棟)(단위의 이름)

추수부용루와 장안당

　추수부용루(秋水芙蓉樓)는 장안당에 부속된 누마루이다. 추수(秋水)는 가을 물이고 부용(芙蓉)은 연꽃이니 '추수부용'은 '가을 물속에 핀 연꽃'이라는 아름다운 그림을 연상시킨다. 특히 앞에는 향원정과 향원지가 있어서 추수부용루에서 바라보는 풍경은 그야말

正 바를 정　1. 바르다 2. 정당하다, 바람직하다 3. 올바르다, 정직하다 4. 바로잡다 5. 서로 같다
　　　　　　6. 다스리다 7. 결정하다 8. 순일하다(純---), 순수하다(純粹--) 9. (자리에) 오르다
化 될 화　1. 되다, 화하다(化--) 2. 교화하다(敎化--), 감화시키다(感化---) 3. 가르치다
　　　　　4. 따르다, 본받다 5. 변천하다(變遷--), 달라지다 … 11. 교화(敎化) …
堂 집 당　1. 집, 사랑채 2. 마루, 대청 3. 근친(近親), 친족(親族) ...

정화당

로 한 폭의 동양화였을 것이다.

　한편 정화당(正化堂)은 추수부용루의 뒤쪽에 있는 장안당의 침방(寢房)이다. 정화는 궁궐의 정문들이 모두 백성에 대한 임금의 교화를 뜻하는 될 화(化) 자가 들어간 것처럼 '올바른(正) 교화(化)를 펼침'을 뜻한다.

含 머금을 함 1. 머금다 2. 품다 3. 참다, 견디어내다 4. 싸다, 담다, 넣다, 싸서 가지다 5. 초목이 꽃을 피우다 6. 무궁주(無窮珠: 염할 때 죽은 사람의 입속에 넣는 깨알처럼 작고 까만 구슬)

光 빛 광 1. 빛, 어둠을 물리치는 빛 2. 세월 3. 기세, 세력, 기운 4. 경치, 풍경 5. 명예, 영예 6. 문화, 문물 7. 문물의 아름다움 8. 빛깔, 번쩍거리는 빛 …

門 문 문 1. 문 2. 집안 3. 문벌(門閥) 4. 동문(同門)

함광문

　함광문(含光門)은 왕비의 공간인 곤녕합으로 들어가는 정문 역할을 한다. '함광'을 직역하면 '빛(光)을 품고(含) 있다'라는 뜻인데 왕비가 있는 곳의 정문 이름치고는 선뜻 의미를 알아채기 쉽지 않다. 이것 역시도 여성을 상징하는 『주역』의 곤(坤)괘에서 따왔는데, 원문은 '함만물이화광(含萬物而化光)', 즉 만물을 품고서(含) 교화가 빛난다(光)는 뜻이다. 임금의 교화가 빛처럼 비춘다는 광화(光化)에서 시작한 경복궁이, 왕비의 교화가 빛나는 화광(化光)으로 마무리되는 느낌이다.

<blockquote>

坤 至柔而 動也剛 至靜而 德方

곤坤은 지극히至 유순柔하지만而 그 움직임은動也 강직剛하고 지극히至 고요하지만靜而 그 덕德은 방정方하다.

Kun is most gentle and weak, but, when put in motion, is hard and strong; it is most still, but is able to give every definite form.

後得主而 有常 含萬物而 化光

뒤이어後 따르면서 주인主을 얻되得而, 항상常 지켜야 할 도리가 있다有.

만물을萬物 포용하면서含而 교화化가 빛난다光.

'*By following, it obtains its (proper) lord,*' *and pursues its regular (course). It contains all things in itself, and its transforming (power) is glorious.*

坤道 其順乎 承天而 時行

곤坤의 도道는 유순하도다其順乎!

하늘의天 뜻을 이어 받아承而 때에時 맞게 행한다行.

Yes, what docility marks the way of Kun!

It receives the influences of heaven, and acts at the proper time.

</blockquote>

坤 땅 곤　1. 땅 2. 괘(卦)의 이름 3. 왕후(王后), 왕비(王妃) 4. 서남쪽(西南-)
　　　　　　5. 유순함(柔順-)
寧 편안할 녕　1. 편안하다 2. 편안히 하다 3. 문안하다 4. 친정가다 5. 편안 6. 차라리 7. 어찌
閤 쪽문 합　1. 쪽문(-門) 2. 협문(夾門: 대문이나 정문 옆에 있는 작은 문) 3. 마을 4. 대궐(大闕)

곤녕합

　곤녕합은 건청궁 경내의 동쪽에 있는 왕비의 공간이다. 남쪽에는 정문 역할을 하는 함광문이 있고 북쪽으로는 복수당을 비롯한 부속 건물들이 있다. 곤녕합(坤寧閤)을 직역하면 '땅〔坤〕이 편안한〔寧〕 곳'이라는 의미인데 곤(坤)은 곧 왕비를 상징한다. 건청궁의 건(乾)이 하늘 즉 임금을 상징한다면 대비되는 효과를 노려 왕비를 상징하는 곤(坤)을 사용한 것이다.

홍릉(고종과 명성황후의 합장릉)

주역 8괘의 건(乾)과 곤(坤)을 이용한 이런 식의 건물 명명법은 앞서 건청궁 부분에서도 설명한 바와 같이 북경의 자금성에서도 찾아볼 수 있는데 경복궁과는 약간 차이가 있다. 즉, 전각에 대한 명명법만 놓고 보았을 때, 자금성이 황제의 건청궁과 황후의 곤녕궁을 같은 급(宮)으로 배치했다면, 경복궁에서는 건청궁 속에 왕의 장안당(堂)과 왕비의 곤녕합(閤)을 차별적으로 배치하여 서열(전당합각재헌루정)을 분명히 했다는 점이 다르다.

한편 이곳은 우리 민족사에서 치욕의 장소로 기억된다. 고종 32년(1895) 8월 20일 일본 낭인(浪人: 떠돌이 무사)들에 의해 명성황후가 시해된 장소이기 때문이다.

건청궁(乾淸宮) 일원 297

玉 구슬 **옥** 1. 구슬 2. 옥(玉) 3. 아름다운 덕(德) 4. 미칭(美稱), 상대편의 것을 높여 이른 말 5. 옥(玉)과 같은 사물의 비유 6. 아름답다 7. 훌륭하다 8. 가꾸다 9. 소중히 하다

壺 병 **호** 1. 병 2. 술병 3. 박 4. 단지 5. 투호 6. 물시계 7. 주전자 8. 예의

樓 다락 **루** 1. 다락 2. 망루(望樓) 3. 집 대마루 4. 층집 5. 점포 6. 동(棟)(단위의 이름)

옥호루

옥호루와 사시향루는 곤녕합 동쪽 끝에 부속된 누각에 걸린 현판인데, '옥호루'는 남쪽을 향하고 있고, '사시향루'는 동쪽을 향하고 있다. 건물 내부에는 사방에 돌아가면서 여러 개의 글을 편액으로 걸어두는 경우는 흔하지만, 하나의 작은 독립공간에 이렇듯 두 개의 현판이 외부로 걸린 곳은 경복궁 내에서 이곳이 유일하다.

옥호루(玉壺樓)의 '옥호'는 글자 뜻만 본다면 '옥으로 만든 호리병'이라는 뜻이다. 이 말은 당나라 시인 왕창령의 부용루송신점(芙蓉樓送辛漸: 부용루에서 친구 신점을 보내며)이라는 시 속에 나오는 옥호빙(玉壺氷)의 준말로서 옥으로 만든 호리병 속의 얼음처럼 깨끗한 마음을 비유적으로 가리킨다. 실은 귀양 온 처지에 다시 도읍지로 돌아가고픈 마음을 표현한 것이다.

寒雨連江夜入吳
 찬비寒雨 줄곧連 강에江 내리는데 밤에夜 오나라吳 땅에 들어와入
平明送客楚山孤
 아침에平明 손님을 보내자니送客 초산이楚山 쓸쓸하네孤.
洛陽親友如相問
 낙양의洛陽 친구들이親友 만약如 내 소식을 묻거든相問
一片氷心在玉壺
 한 조각一片 얼음氷 같은 마음이心 옥호리병에玉壺 있다在 하소.

한편 옥호루는 을미사변 때 곤녕합 중에서도 명성황후가 일본 낭인들에게 비참하게 살해된 바로 그 장소로 알려져 있다.

| 四 | 넉 | 사 | 1. 넉, 넷 2. 네 번 3. 사방(四方) |

四 1. 넉, 넷 2. 네 번 3. 사방(四方)

時 때 시 1. 때 2. 철, 계절 3. 기한 4. 세대, 시대 5. 기회 6. 시세 7. 당시, 그때 8. 때마다, 늘 9. 때를 맞추다 10. 엿보다, 기회를 노리다 11. 좋다 12. 훌륭하다…

香 향기 향 1. 향기 2. 향(香) 3. 향기로움 4. 향료 5. 향기롭다 6. 감미롭다

樓 다락 루 1. 다락 2. 망루(望樓) 3. 집 대마루 4. 층집 5. 점포 6. 동(棟)(단위의 이름)

사시향루

300 경복궁 현판으로 읽다

사시향루(四時香樓) 현판은 곤녕합 부속 누각에서도 동쪽으로 향한 면에 걸려있는데 '사시(四時)사철 향기가[香] 나는 누각[樓]'이라는 뜻을 직관적으로 알 수 있다. 아무래도 여성의 공간이기에 이런 식의 작명을 한 것으로 보이며 장안당에 걸려있는 추수부용루(秋水芙蓉樓) 현판과 묘한 대조를 이룬다. 의도된 것인지는 알 수 없으나 공교롭게도 추수부용루는 5글자라서 양수이고, 사시향루는 4글자라서 음수이다. 또, 추수부용루는 누각의 아랫부분이 개방형으로 뚫려있으나 옥호루는 누각임에도 불구하고 아랫부분이 폐쇄형으로 막혀있는데 누각이 폐쇄형인 경우는 매우 드물다.

이런 것을 종합해보면 아마도 음양을 고려한 듯하다. 즉 남성의 공간[양]은 개방형으로 꾸미고 여성의 공간[음]은 폐쇄형으로 꾸민 것이다. 이는 마치 종묘 정전(正殿)과 영녕전(永寧殿)에서 동쪽[양] 익랑(翼廊) 구조는 벽체가 없는 개방형이고, 서쪽[음] 익랑 구조는 벽으로 막힌 폐쇄형인 것과 마찬가지 원리인 셈이다.

종묘 정전

正 바를 정 1. 바르다 2. 정당하다, 바람직하다 3. 올바르다, 정직하다 4. 바로잡다 5. 서로 같다
6. 다스리다 7. 결정하다 8. 순일하다(純---), 순수하다(純粹--) 9. (자리에) 오르다

始 비로소 시 1. 비로소 2. 바야흐로 3. 먼저, 앞서서 4. 일찍, 일찍부터 5. 옛날에, 당초에
6. 처음, 시초 7. 근본, 근원 8. 시작하다 9. 일으키다

閤 쪽문 합 1. 쪽문(-門) 2. 협문(夾門: 대문이나 정문 옆에 있는 작은 문) 3. 마을 4. 대궐(大闕)

정시합

    정시합은 곤녕합의 동북쪽 끝에 붙어있는 침방이다. 서쪽을 바라보는 현판은 녹금당과 비스듬히 마주 보고 있다. 정시합(正始閤)을 직역하면 시작을〔始〕 바로잡는다는〔正〕 뜻이다. 그런데 재미있는 사실은 같은 이름의 전각이 경희궁의 편전인 홍정당(興政堂)의 서쪽 행랑에도 있었다는 점이다. 경희궁의 정시합은 영조가 직접 이름을 지은 것인데 『궁궐지(宮闕志)』에 그 의미가 기록되어 있다.

즉 영조는 신하들을 인견하는 장소로 정시합을 사용하면서 "처음이 바르지 않은데 그 끝이 바를 수 없듯이 백성을 다스림에도 처음을 바르게 하지 않을 수 없다"라고 했다.

그러나 건청궁의 정시합은 경희궁과는 달리, 정치적인 의미가 아니라 부부관계의 올바른 시작을 의미한다. 공자의 제자 자하(子夏)에 의해 편찬된 「모시서(毛詩序)」에는 "『시경』의 첫 편인 「주남(周南)」과 「소남(召南)」이 처음을 바르게 하는[正始] 도(道)이며, 왕화(王化)의 기틀이다."라고 하였다.

사실 주남과 소남의 첫 시(詩)인 「관저(關雎)」편은 남녀가 서로 짝을 구하는 사랑의 노래다. 그러나 공자를 비롯한 유가(儒家)는 관저 편의 내용이 남녀 간의 저급한 사랑이 아니라 후비(后妃, 황후와 왕비)의 덕을 노래한 것으로서 시를 통한 가르침이라고 견강부회(牽强附會)했는데, 이러한 억지 해석은 시경을 경전화 하여 통치수단으로 활용하기 위한 하나의 방편이었다.

주희는 한술 더 떠서 "임금의 도는 집안에서 시작하고 천하에서 마무리되는데, 「주남」과 「소남」은 집안을 바로잡는 일을 담고 있다. 임금의 교화는 반드시 법도가 창성하고 예악이 갖추어지며, 아름답게 칭송하는 노랫소리가 만들어진 뒤에야 완성되었다 할 수 있다. 그러나 그 처음이 없으면 무엇으로 이를 세울 수 있겠는가?"라고 하면서 집안을 바로잡는 것이 무엇보다 앞섬을 강조하였다. 『시경』 「주남」에 대한 견강부회한 해석은 정시합의 북쪽에 있는 복수당에서도 다시 확인된다.

한편, 『시경』의 「주남」과 「소남」 관련하여 또 다른 재미있는 사연이 있다. 흔히 쓰는 말로 '알아야 면장을 한다.'라는 표현을 많이 알고 있을 것이다. 그리고 아마도 십중팔구는 '알아야 출세를 한다.'라는 의미로 사용하고 있을 것이다. 또한 여기서 면장은 행정구역인 읍, 면, 동에서 면 단위의 지방관리인 면장(面長)일 것으로 대부분 생각할 것이다. 그런데 '알아야 면장을 한다.'라는 표현에서의 면장은 면장(面長)이 아니라 면장(免牆)으로, 담장〔牆, 담벼락〕을 모면〔免〕하라는 뜻이다. 면장(免牆)은 원래 면면장(免面牆)에서 가운데 글자인 면(面)이 탈락한 말이다. 출전은 『논어』양화(陽貨) 편에 등장하는 구절로서 『시경』의 중요성에 대해 공자가 아들인 백어(伯魚)에게 한 말인데, 백어가 평소 『시경』 공부에 소홀한 것을 질책하는 장면이다.

子謂 伯魚曰

 공자子가 백어伯魚에게 말하여謂 가로되曰

 "The Master said to Bo Yu

女爲 周南 召南 矣乎?

 너女는 주남周南, 소남召南을 (공부)했느냐爲矣乎?

 "Do you give yourself to the Zhou Nan and the Shao Nan.

人而不爲 周南 召南

 사람人이 주남周南, 소남召南을 (공부)하지 않는다면而不爲

 The man who has not studied the Zhou Nan and the Shao Nan

其猶正牆面 而立也與

 아마도其 담장牆을 정면正으로 마주보고面 서 있는 것과而立 같으

리라猶也與.

is like one who stands with his face right against a wall."

결론적으로 '모르면 면장(面牆), 알면 면면장(免面牆)'이 되는 것이다. 이 면장(面牆) 표현은 명심보감 근학 편(勤學篇)에서도 등장한다.

他日面墻 (타일면장)
훗날에他日 담장의 벽墻을 보고面 (서는 꼴이 되어서)
悔之已老 (회지이로)
후회해도悔之 그 때는 이미已 늙어버린老 뒤일 것이로다.

綠 푸를 녹　1. 푸르다, 푸르게 하다 2. 검고 아름답다 3. 초록빛 4. 초록빛 비단 5. 검은빛
　　　　　　6. 조개풀

琴 거문고 금　1. 거문고 2. 거문고 타는 소리 3. (거문고를) 타다 4. 심다

堂 집 당　1. 집, 사랑채 2. 마루, 대청 3. 근친(近親), 친족(親族) ...

녹금당

　녹금당(綠琴堂)은 복수당의 서쪽 행각에 있는 건물이다. 현판은 정시합과 비스듬히 마주 보고 있다. '녹금'은 글자 그대로 풀이하면 녹색[綠]의 거문고[琴]라는 뜻이다. 이는 녹음이 우거진 숲 속에서 들려오는 바람 소리를 거문고 소리에 비유한 멋진 표현이다. 실제로 건청궁의 동쪽에는 녹산(鹿山)이라 부르는 나지막한 동산이 붙어있다. 대부분이 평지로 이루어진 경복궁에서는 색다

른 지형인데 숲속에서 사슴이 뛰어놀았기 때문에 붙여진 이름이다. 그러나 녹산은 우리 역사에서 아름다운 곳이라기보다는 끔찍한 곳으로 기억된다. 왜냐하면, 바로 이 녹산에서 일본 낭인들이 명성황후의 시신을 불태우는 만행을 저질렀기 때문이다.

한편, 거문고는 유교 사회에서 특별한 의미를 지니고 있다. 공자는 유학자의 가장 중요한 덕목으로 인(仁)을 꼽았지만, 그것을 위한 실천 덕목으로는 예(禮)와 악(樂)을 중요시했다. 〔종묘대제(宗廟大祭)에서 제례악(祭禮樂)이 빠지지 않는 이유가 바로 이것이다.〕 그리고 선비들이 악(樂)을 실생활에서 구현하기 위해 가장 선호하던 개인 악기가 바로 거문고였다.

하지만 실제로는 많은 선비가 거문고 연주에 능숙하지 못했다. 따라서 집에는 형식적으로 거문고를 보유하고 있되, 정상적인 것이 아닌 줄이 없는 거문고가 많았다. 이 줄이 없는 거문고는 무현금(無絃琴)이라고 불렀고, 심적 수양을 위한 표현 방법 중 하나로 삼았다. 거문고의 한자 표기가 금(琴)인데 이는 군자가 바른 것을 지키고 스스로의 언행을 삼가면서 금(禁)한다는 의미와 일맥상통하기 때문이었다. 그래서 예로부터 거문고는 손으로 연주하는 기교보다는 마음속 깊은 곳에서 우러나오는 연주를 중히 여겼고, '심금(心琴)을 울리다'라는 표현도 생겨났다.

福 복 **복** 1. 복(福), 행복 2. 제육(祭肉)과 술 3. 폭(幅), 포백(布帛)의 너비 4. (복을) 내리다,
돕다 5. 상서롭다(祥瑞--) 6. 음복하다(飮福--) 7. 같다

綏 편할 **수** 1. 편안하다 2. 편안히 하다 3. 물러가다 4. 기의 장식(裝飾) 5. 끈, 줄

堂 집 **당** 1. 집, 사랑채 2. 마루, 대청 3. 근친(近親), 친족(親族) ...

　복수당은 곤녕합의 북행각 뒤편에 자리 잡고 있으며 'ㄱ'자로 꺾여서 녹금당과 연결되어 있다. 복수당(福綏堂)의 단순한 뜻은 '복을〔福〕 받아 편안하다〔綏〕'라는 것이다. 그러나 여기서 '복수'는 단순하게 만들어진 글귀가 아니라 『시경』의 「주남(周南)·규목(樛木)」편이 원전이다. 한 가지 유념할 부분은 앞서 정시합 부분에서도 설명했다시피 『시경』에서는 복을 받아 편안한 주체를 군자(君子)라고 표현했으나, 주희는 문맥상 '군자'를 후비(后妃. 황후와 왕비)로 보고, 시의 내용을 질투하지 않는 왕비의 덕을 칭송한다고 억지로 풀이했다는 점이다.

　　南有樛木 葛藟纍之
　　남쪽에南 가지 늘어진 나무樛木 있으니有,
　　칡덩쿨이葛藟 감겨纍之 있고
　　In the south are the trees with curved drooping branches,
　　With the doliches creepers clinging to them.
　　樂只君子 福履綏之
　　즐거워라樂只 우리 군자君子(=后妃)는

복록으로福履 편안하시다綏之

To be rejoiced in is our princely lady:

May she repose in her happiness and dignity!

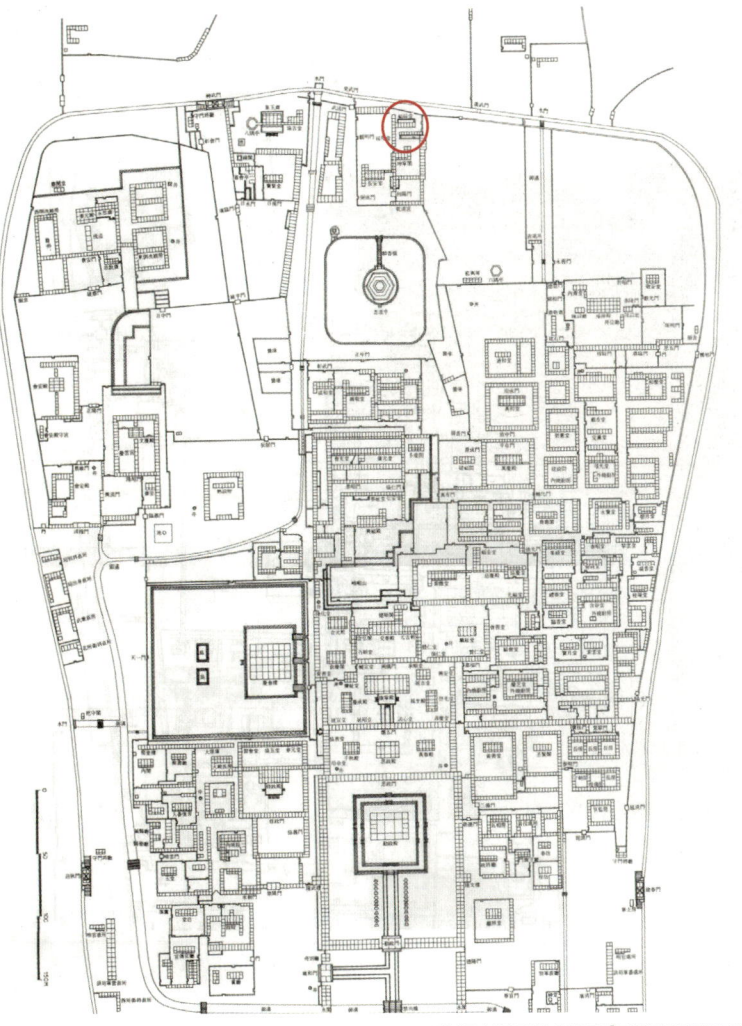

경복궁 북궐도형-복수당 [국립문화재연구소]

弼 도울 필　1. 돕다 2. 보필하다 3. 바루다 4. 바로잡다 5. 도지개(트집난 활을 바로잡는 틀)
　　　　　　6. 돕는 사람 7. 보좌하는 사람
成 이룰 성　1. 이루다 2. 이루어지다 3. 갖추어지다, 정리되다, 구비되다 4. 살찌다, 비대해지다
　　　　　　5. 우거지다, 무성해지다 6. 익다, 성숙하다(成熟--) 7. 일어나다, 흥기하다...
門 문 문　1. 문 2. 집안 3. 문벌(門閥) 4. 동문(同門)

필성문

건청궁의 서쪽 담장에는 3개의 문이 있는데 그 중 제일 앞쪽의 것이 필성문[1]이고 두 번째가 관명문[2], 세 번째가 취규문[3]이다. 필성문은 장안당과 통하며, 관명문과 취규문은 지금은 없어진 관문각으로 통하던 문이었다. 필성문(弼成門)은 현판을 내거는 형식이 아니라 벽돌로 만든 월문(月門: 둥근 아치형을 이루도록 만든 문) 윗부분의 돌에 이름을 새겼는데, '보필해서〔弼〕 이룬다는〔成〕' 뜻이다. 서쪽 담장의 문이므로 이름 속에 서쪽을 뜻하는 성(成)이 들어 있다. 출처는 『서경』「우서(虞書) 익직(益稷)」편인데 우(禹, 훗날 우임금)가 순임금〔虞舜〕에게 아뢰는 말

중에 나온다.

弼成五服 至于五千

(이처럼) 보필하여弼 다섯 지역을五服 이루어成

오천 리에于五千 이르렀으며至

(Then) I assisted in completing the five Tenures, extending over 5000 li;

州十有二師 外薄四海

주마다州 12명의十有二 제후를師 두었으며

밖으로外 사방의 바다에四海 이르기까지薄

(in appointing) in the provinces twelve Tutors, and in establishing in the regions beyond, reaching to the four seas,

咸建五長 各迪有功

모두咸 다섯 수령을五長 세우니建

각각各 나아가迪 공적이功 있게有 되었습니다.

five Presidents. These all pursue the right path, and are meritorious

건청궁(乾淸宮) 일원 311

觀	볼	관	1. 보다 2. 보이게 하다 3. 보게 하다 4. 나타내다 5. 점치다 6. 모양 7. 용모 8. 생각 9. 누각(樓閣) 10. 황새 11. 괘(卦)의 이름
明	밝을	명	1. 밝다 2. 밝히다 3. 날새다 4. 나타나다, 명료하게 드러나다 5. 똑똑하다 6. 깨끗하다, 결백하다 7. 희다, 하얗다 8. 질서가 서다 9. 갖추어지다 10. 높이다, 숭상하다,...
門	문	문	1. 문 2. 집안 3. 문벌(門閥) 4. 동문(同門)

관명문

관명문(觀明門)은 필성문과 취규문 사이에 있는데 지금은 없어진 관문각(觀文閣)으로 통하던 문이다. (관문각은 경복궁 내의 유일한 서양식 건물이어서 건청궁 복원사업에서 제외되었다.) 관명문은 단순하게 해석하면 밝음을〔明〕 본다는〔觀〕 아리송한 뜻인데, 유교 경전에서는 명확한 전거를 찾아볼 수 없었다. 혹자는 북송의 성리학자 정이가 『주역』의 명이(明夷)괘를 풀이한 「상전」 구절에 대한 해석에서 출처를 찾기도 하지만 명확하게 '관명(觀明)'이라는 말이 나오지 않기 때문에 약간 억지에 가까운 주장이다.

그래서 역발상으로 관명문을 풀이하자면 지금은 없는 관문각과 연계해서 풀어볼 필요가 있다고 판단된다. 왜? 관문각으로 통하던 문이니까! 관문각(觀文閣)은 고종이 서구 근대화를 몸소 실천하고 있다는 사실을 대내외적으로 알리기 위해 건청궁 내에 세우게 한 서양식 건물로 양관(洋官)이라고도 불렀다. 그래서 이름도 서양 문명〔文〕을 직접 보라는〔觀〕 뜻으로 붙였을 것이다. 그런 관문각으로 통하는 문이 관명문(觀明門)이었으니 당연히 서양 문명〔明〕을 본다〔觀〕는 뜻이 아니었을까?

聚 모을 취 1. 모으다, 모이다 2. 거두어들이다 3. 갖추어지다 4. 저축하다, 쌓다 5. 함께 하다
6. 무리(모여서 뭉친 한 동아리) 7. 마을, 동네 8. 저축 9. 줌(한 주먹으로 쥘 만한 분량)

奎 별 규 1. 별, 별자리의 이름, 규성(奎星) 2. 글, 문장(文章) 3. 가랑이

門 문 문 1. 문 2. 집안 3. 문벌(門閥) 4. 동문(同門)

취규문

창덕궁 부용지와 규장각

건청궁의 서쪽 담장에 있는 3개의 문 중 가장 뒤쪽의 취규문(聚奎門)은 뭇별들이 규(奎) 별자리 주위로 모여든다는(聚) 뜻이다. 규성(奎星)은 동양 천문학의 28수 중에서도 서쪽 백호 자리(규,루,위,묘,필,자,삼)의 첫 번째 별자리이다. 특히 규(奎) 글자 모양의 윗부분이 글월 문(文)과 비슷하므로 문운(文運)을 주관한다고 알려졌다. 또한, 모든 글 중에서도 임금의 글을 가리킬 때도 규(奎)라고 한다. 그래서 역대 국왕의 어제나 어필을 보관하는 곳을 규장각(奎章閣)이라고 한다. 결론적으로 취규문은 임금 주위로 인재들이 모여드는 것을 의미한다.

麟	긴	인	1. 기린(麒麟), 암키린(-麒麟) 2. 큰 사슴의 수컷 3. 빛나는 모양
遊	놀	유	1. 놀다 2. 즐기다 3. 떠돌다 4. 여행하다, 유람하다 5. 사귀다 6. 배우다, 공부하다 7. 사관하다(仕官--), 벼슬살이하다 8. 유세하다 9. 놀이 10. 유원지
門	문	문	1. 문 2. 집안 3. 문벌(門閥) 4. 동문(同門)

인유문

인유문과 청휘문 그리고 경화문은 건청궁의 동쪽 담장에 있다. 먼저 인유문(麟遊門)은 건청궁의 남쪽 행각과 동쪽 행각이 만나는 모서리에 있는데 건청궁 동쪽에 있는 동산, 즉 녹산(鹿山)으로 들어가는 문이다. 여기서 '인유'는 '기린이〔麟〕 노닌다〔遊〕'라는 뜻인데

淸	맑을	청	1. 맑다 2. 깨끗하다 3. 탐욕(貪慾)이 없다 4. 빛이 선명하다 5. 사념이 없다 6. 분명하다(分明—) 7. 한가하다(閑暇—) 8. 고요하다(조용하고 잠잠하다) 9. 끝장을 내다 10. 거스르다
輝	빛날	휘	1. 빛나다 2. 비추다 3. 빛 4. 불빛 5. 아침 햇빛
門	문	문	1. 문 2. 집안 3. 문벌(門閥) 4. 동문(同門)

청휘문

기린은 봉황과 더불어 태평성대를 상징하는 상서로운 동물의 대명사다. 따라서 인유문은 상서로운 조짐이 드러남을 뜻한다.

청휘문(淸輝門)은 곤녕합의 동쪽 행각 가운데쯤에 있는 문이다. 청휘문은 건청궁에서 볼 때 해와 달이 뜨는 동쪽에 있어서인지 맑게

瓊	구슬 경	1. 구슬 2. 옥(玉) 3. 붉은 옥 4. 패옥(佩玉) 5. 주사위(놀이 도구의 하나)
華	빛날 화	1. 빛나다 2. 찬란하다 3. 화려하다 4. 사치하다 5. 호화롭다 6. 번성하다 7. 머리 세다 8. 꽃 9. 광채 10. 때 11. 세월 12. 시간...
門	문 문	1. 문 2. 집안 3. 문벌(門閥) 4. 동문(同門)

경화문

〔淸〕빛나는〔輝〕 문이라는 뜻을 지니고 있는데, 여러 한시에서도 '청휘'는 특히 맑고 밝은 달빛을 가리킬 때 자주 쓰이는 글귀다.

● 月夜(월야: 달밤) 중에서 - 두보(杜甫)
香霧雲鬟濕 밤안개에 아름다운 쪽머리 적시고
淸輝玉臂寒 맑고 밝은 달빛에 옥같이 고운 팔이 차가우리.
何詩倚虛幌 언제나 둘만의 창문 휘장에 기대어
雙照淚痕乾 달빛 함께 받으며 눈물 자국 말리리.

● 月圓(월원: 둥근 달) 중에서 - 두보(杜甫)
未缺空山靜 달이 둥그니 적막한 산은 고요하고
高懸列宿稀 달이 높이 걸려 환하니 별빛들도 희미하네.
故園松桂發 고향에는 소나무와 계수나무 무성하리니
萬里共淸輝 만 리 먼 곳도 함께 맑게 비추겠네.

'구슬〔瓊〕처럼 빛난다〔華〕'라는 아름다운 뜻의 경화문(瓊華門)은 녹산으로 드나들던 복수당의 동북쪽 끝에 있는 문이다. 자선당 유구를 본 후 북쪽으로 조금만 더 이동하면 현판이 보인다. 자금성에도 북쪽 끝의 어화원(御花園) 지역은 가장 아름다운 지역으로 꼽히는데 그래서인지 어화원을 구슬〔瓊〕처럼 빛나는 정원〔苑〕이라는 뜻으로 경원(瓊苑)이라고도 불렀다. 어화원의 서남쪽 모퉁이에는 경원서문(瓊苑西門)이 있어서 서육궁(西六宮)으로 통하고, 동남쪽 모퉁이에는 경원동문(瓊苑東門)이 있어서 동육궁과 통한다.

香 향기 향 1. 향기 2. 향 3. 향기로움 4. 향료 5. 향기롭다 6. 감미롭다
遠 멀 원 1. 멀다 2. 심오하다, 깊다 3. 많다 4. (세월이)오래되다 5. 멀리하다, 멀어지다 6. 소원하다(疏遠—) 7. 내쫓다, 추방하다 8. 싫어하다 9. 어긋나다 10. 먼 데 11. 선조(先祖)
亭 정자 정 1. 정자 2. 역마을 3. 여인숙, 주막집 4. 초소 5. 한가운데...

향원정

건청궁 영역으로 접근하려면 반드시 향원지(香遠池)와 향원정(香遠亭)을 거쳐야 한다. 향원지와 향원정은 경복궁 내에서도 가장 아름다운 곳으로 손꼽히는 장소다. 특히 향원정은 건축물이 아니라, 마치 하나의 공예품을 보는 듯한 착각에 빠지게 한다. 향원정은 건청궁 앞의 연못인 향원지(香遠池)의 가운데 섬에 있는 육모 지붕의 정자이다. '향원'을 직역하면 '향기가〔香〕 멀다〔遠〕'라는 뜻인데 이는 북송시대의 대학자인 주돈이가 지은「애련설(愛蓮說)」중에서 '향기는 멀리 갈수록 더욱 맑아진다〔香遠益淸〕'라는 대목에서 따온 것이다. 향원지라는 이름에서 우리는 원래 이 못에 연꽃〔蓮〕이 많이 있었다는 것을 알 수 있다. 애련설은 길지 않으면서도 너무 아름다운 시라서 여기에 전문을 수록한다.

● 애련설(愛蓮說) - 주돈이(周敦頤)

水陸草木之花 可愛者甚蕃

　물이나 땅에서 자라는 풀이나 나무의 꽃은 정말 사랑스러운 것이 무척 많다.

晉陶淵明 獨愛菊 自李唐來 世人甚愛牡丹

　진나라의 도연명은 홀로 국화를 사랑하였다. 당 이래로 세상 사람들은 모란을 무척 좋아한다.

予獨愛蓮之出於 泥而不染 濯淸漣而不夭

　나는 홀로 연꽃이 진흙 속으로부터 나왔으면서도 진흙에 물들지 않고, 맑은 잔물결에 씻기면서도 요염하지 않은 것을 사랑한다.

中通外直 不蔓不枝 <u>香遠益淸</u>

줄기 속은 비었고, 겉은 곧으며 덩굴로 자라거나 가지를 치지 않으며, 향기는 멀수록 더욱 맑고

亭亭淨植 可遠觀而不可褻翫焉

우뚝히 깨끗하게 서 있어서 멀리서 바라볼 수는 있지만, 함부로 가지고 놀 수는 없다.

予謂 菊花之隱逸者也 牡丹花之富貴者也 蓮花之君子者也

내가 생각하기에 국화는 꽃 중의 은자이고, 모란은 꽃 중의 부귀한 자이며 연꽃은 꽃 중의 군자이다.

噫 菊之愛 陶後鮮有聞

아! 국화를 사랑하는 이가 도연명 후에 또 있었다는 것은 들은 일이 거의 없다.

蓮之愛 同予者 何人 牡丹之愛 宜乎衆矣

연꽃을 사랑함을 나와 함께하는 이는 몇이나 될까? 모란을 사랑하는 이는 의당 많을 것이다.

그런데 조선 전기의 기록에는 이토록 아름다운 향원지와 향원정에 관한 기록이 전혀 나타나지 않는 것으로 봐서는, 고종 때 경복궁을 중건하면서 향원지와 향원정을 새로 만든 것 같다. 그렇지만 꼭 그 이름은 아니라 하더라도, 비슷한 위치에 비슷한 분위기의 정자가 있었다는 기록은 남아있다.

세조 2년(1456) 3월 5일
경복궁의 후원에 신정(新亭)을 낙성(落成)하니, 제조 금천군 박

향원지와 향원정

<u>강, 동지중추원사 김개 등에게 잔치를 내려 주고, 또 역부(役 夫)에게 술을 내려 주었다. 이름은 '취로정(翠露亭)'이라 하고 앞에 못을 파서 연꽃을 심게 하였다.</u>

세조 2년에 새로 만든 정자를 취로정이라고 했는데, 위치는 경복궁의 후원이며, 정자 앞에 못을 파서 연꽃을 심었다는 대목이 오늘날의 향원지, 향원정과 거의 비슷한 분위기로 보인다. 이 취로정 또한 절경이었던 모양이다. 그래서 중국에서 사신이 오면 꼭 이곳으로 데리고 와서 대접했고, 그 사신들도 이런 좋은 곳을 보여줘서 매우 고맙다는 인사를 했다는 기록이 실록에 남아있다.

洌 맑을 열 1. 맑다 2. [=冽](맵게)차다, 한랭하다 3. [=冽](몹시)차갑다 4. [=冽](맵게)춥다 5. [=冽]차가운 바람, 매운 바람 6. 강(江)의 이름

上 위 상 1. 위, 윗 2. 앞 3. 첫째 4. 옛날 5. 이전 6. 임금 7. 군주 8. 사성의 일종 9. 높다 10. 올리다 11. 드리다 12. 진헌하다(進獻--) 13. 오르다 14. 탈것을 타다

眞 참 진 1. 참 2. 진리 3. 진실 4. 본성 5. 본질 6. 참으로 7. 정말로 8. 진실하다 9. 사실이다 10. 참되다 11. 명료하다(明瞭--) 12. 또렷하다 13. 뚜렷하다 14. 똑똑하다

源 근원 원 1. 근원 2. 기원(起源·起原) 3. 출처 4. 수원(水源) 5. 발원지(發源地)

열상진원샘

향원지의 동북쪽 모서리에는 향원지로 흘러드는 샘물의 우물 뚜껑이 있는데 그 측면에는 열상진원(洌上眞源)이라 쓰여있다. 진원이란 진짜(眞) 근원(源)이라는 뜻이므로 '열상의 진짜 근원'이라는 뜻인데, 그렇다면 열상은 무엇일까? 단순히 글자만 해석하면 '열상'은 맑은 강(洌)의 위쪽(上)이란 뜻이다. 그렇다면 맑은 강은

어디며, 왜 위쪽이라는 표현을 썼을까?

　결론부터 말하자면 열상(洌上)은 한양(漢陽)과 같은 말이다. 즉 열상진원은 '한강의 수원지'라는 뜻이다. 한강을 옛날에는 다른 말로 '아리수' 또는 '열수(洌水)'라고 했었다고 한다. 그런데 풍수지리에서 산남수북(山南水北), 즉 산의 남쪽과 물의 북쪽 사이에 끼어 있는 땅은 양(陽)의 기운을 가진다고 했다. 한양은 삼각산과 백악산(북악산)의 남쪽에 있고 한강(漢江, =漢水)의 북쪽에 끼어 있는 양(陽)의 기운을 가진 땅이기 때문에 생겨난 이름이다. 중국 낙양(洛陽)이 북망산과 낙수(洛水) 사이에 끼어 있는 것과 마찬가지다.

　마찬가지 이유에서 한강을 열수(洌水)로 바꾸면 열양(洌陽)이라는 지명이 된다. 『열양세시기(洌陽歲時記)』는 조선 순조 때 김매순이 열양, 곧 한양의 연중행사(세시풍속)를 기록한 책이다. 또한 열양은 상승하는 양의 기운을 가지므로 열상(洌上)으로도 쓸 수 있다. 사실 한강의 진짜 수원지는 강원도 태백에 있는 검룡소다. 하지만 왕궁의 샘에서 솟아난 물이 청계천을 거쳐 한강으로 흘러 들어가기 때문에 상징적인 의미에서 이곳에 한강의 진짜 근원[열상진원]이라는 이름을 붙인 것으로 보인다.

　열상진원 샘이 풍수지리 때문에 붙여진 이름이라는 것을 알려 주는 또 하나의 증거가 있다. 열상진원 샘에서 솟아난 물이 향원지로 들어가는 물길을 자세히 보면 북쪽에서 흘러나온 물이 인공적으로 만든 둥근 그릇 모양의 수조에 모인 뒤에 오른쪽(동쪽)으로 난 구멍으로 들어가게 되어 있다. 이는 정남향의 건물이나 지형의 배치에서 명당수가 갖추어야 할 조건인 서류동입(西流東入),

즉 서쪽으로부터 흘러 와서 동쪽으로 흘러 들어가야 한다는 조건을 맞추려고 일부러 인공적으로 물길을 만든 것이다.

경복궁의 명당수는 영제교 밑을 지나가는 물길이다. 서쪽 경회루 연못에서 나온 물이 영제교 밑을 통과해서 동쪽으로 흘러 들어가는 전형적인 서류동입(西流東入) 물길이다. 또한, 자금성의 명당수인 내금수하(內金水河)도 서쪽 무영전(武英殿) 쪽으로부터 흘러 와 태화문 앞을 지난 뒤, 동쪽 문화전(文華殿) 쪽으로 흘러 들어가는 서류동입(西流東入) 물길이다.

참고로 한양 전체를 명당으로 만드는 명당수가 있다. 한양 역시 남향을 하고 있으므로 명당수의 조건은 서류동입이다. 그런데 한강은 동쪽에서 서쪽으로 흐르기 때문에 명당수가 될 수 없다. 바로 청계천이 서쪽에서 동쪽으로 흐르기 때문에 한양의 명당수는 청계천이 된다. 그래서 옛날 부잣집은 모두 청계천 이북에 있었다. 북촌이니 서촌이니 하는 곳이 모두 고관대작들의 집이었다. 반면 청계천 이남에는 못사는 선비들이 몰려 살았다. 그래서 남산골 샌님이라는 말이 나온 것이다.

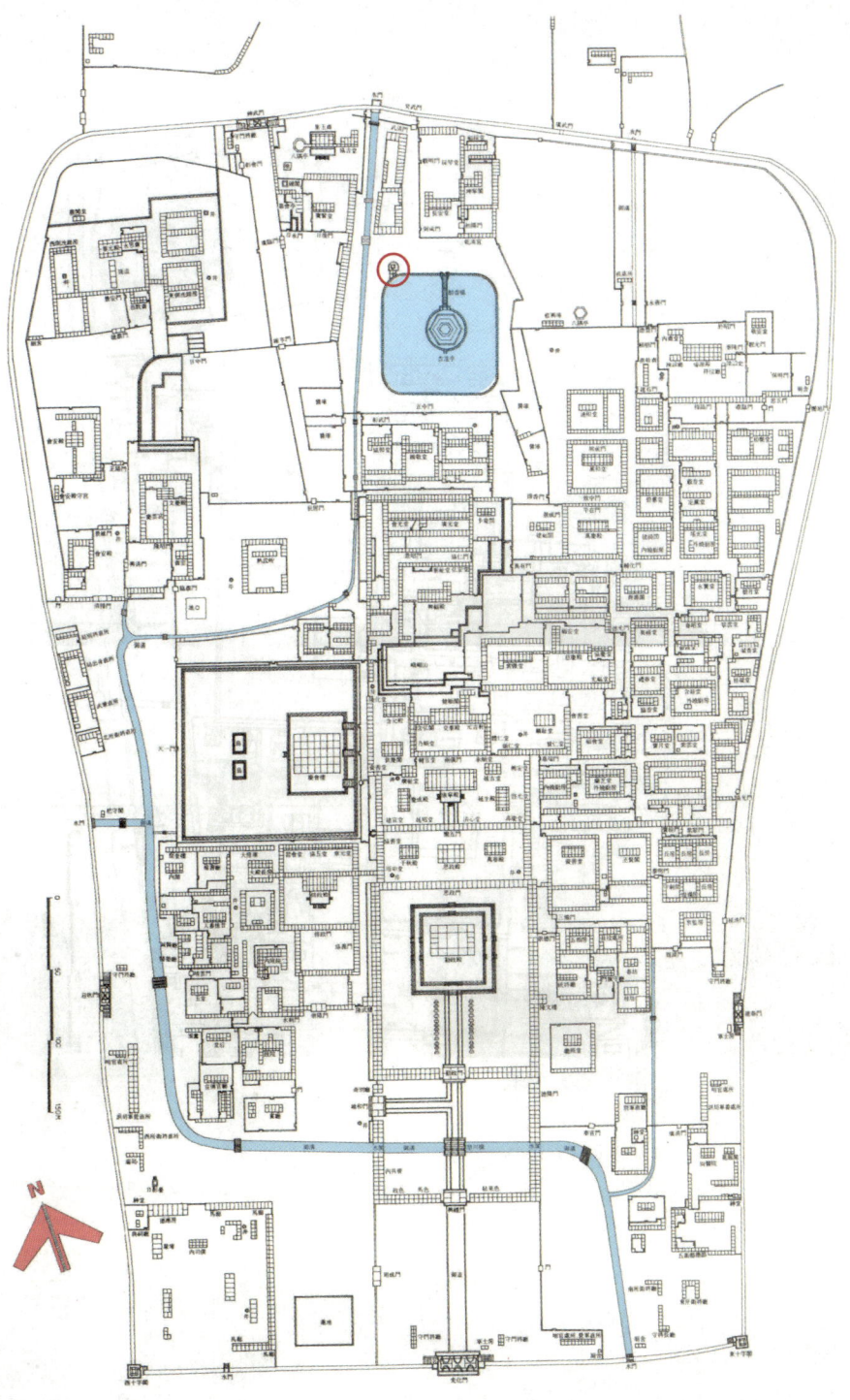

경복궁 북궐도형-열상진원샘 [국립문화재연구소]

집옥재(集玉齋) 일원

集	모을 집	1. 모으다 2. 모이다 3. 편안히 하다 4. 이르다(어떤 장소나 시간에 닿다), 도달하다 (到達--) 5. 가지런하다 6. 이루다
玉	구슬 옥	1. 구슬 2. 옥(玉) 3. 아름다운 덕(德) 4. 미칭(美稱), 상대편의 것을 높여 이른 말 5. 옥(玉)과 같은 사물의 비유 6. 아름답다 7. 훌륭하다 8. 가꾸다 9. 소중히 하다
齋	집 재	1. 재계하다(齋戒--) 2. 정진하다 3. 공경하다 4. 시주하다 5. 집, 방

집옥재

    집옥재는 건청궁의 서쪽에 있고, 신무문의 동쪽에 있으며 팔우정과 협길당을 좌우로 거느리고 있는 배치를 하고 있다. 집옥재(集玉齋)는 글자 그대로 귀한 옥(玉)을 모은다는[集] 뜻에서도 알 수 있듯이 초기에는 옥처럼 귀한 수많은 도서를 모아놓은 도서관 역할을 했다. 현재 규장각에는 집옥재의 장서 목록인 『집옥재 서적 목록(集玉齋書籍目錄)』이 남아있다.

그런데 집옥재는 경복궁 내 다른 전각들과는 외양이 많이 다르다. 궐내 대부분 주요 전각이 팔작지붕인 데 비해 집옥재는 맞배지붕이며 게다가 건물의 벽면도 특이하게 벽돌로 마감되어 있다. 현판도 세로로 달려있고 기둥을 받치고 있는 주춧돌 형태도 우리의 전통적인 천원지방이 아니라 북 모양이다. 그뿐만 아니라 건물의 맨 앞쪽은 마치 사당 건축에서 보는 것과 같이 툇간을 모두 개방했다. 용마루는 자연스러운 곡선이 아니라 직선에 가깝고, 용마루 양 끝에 있는 치미도 우리의 전통적인 모습과는 많이 다르다. 건물의 뒤쪽으로 돌아가면 이국적인 냄새는 훨씬 더 강하게 느껴진다. 이런 건축방식은 중국 청나라풍의 영향을 받은 것인데 당시 중국으로부터 최신 문물을 받아들이려는 의지와 시도를 보여주고 있다.

집옥재 창문

•• 뱀의 발

자금성의 왕실도서관은 어디?

경복궁의 집옥재처럼 자금성 내에서 왕실도서관 역할을 했던 곳을 찾는다면 단연코 경양궁(景陽宮, Palace of Great Brilliance)과 문연각(文淵閣, Pavilion of Literary Profundity)을 꼽을 수 있다. 먼저 동육궁 내의 경양궁을 살펴보자. 동육궁과 서육궁이 대부분 비빈의 처소였지만 경양궁만큼은 강희제(康熙帝) 이후 도서를 보관하는 곳으로 바뀌었다. 특히 경양궁의 후전(後殿)은 '어서방(御書房)'이라 하여 진귀한 도서들을 보관하였고, 건륭제(乾隆帝)는 경양궁 내부에 '학시당(學詩堂)'이란 친필 편액을 걸었으며, 황제들은 시간이 있을 때 이곳에서 책을 읽었다.

또 다른 한 곳은 문화전(文華殿, Hall of Literary Brilliance)의 부속 전각인 문연각이다. 문연각은 특히 건륭제(乾隆帝)의 명에 따라 제작된 중국 최대 총서(叢書)인 《사고전서(四庫全書)》를 보관하였다. 당시의 거의 모든 서적을 총망라한 《사고전서》를 화재로부터 지켜내기 위해 문연각은 특별한 장치를 했다. 그것은 지붕을 검은 기와로 덮은 것이다. 자세히 보면 자금성의 지붕은 대부분이 황색이지만 문연각만큼은 검은색이다. 목화토금수의 오행에서 수(水)는 방위로는 북쪽이고, 계절로는 겨울이며, 색깔로는 검은색이다. 따라서 음양오행의 힘을 빌려서라도 화마로부터 《사고전서》를 지켜내려 했던 당시의 생각이 참으로 가상하다. 연암 박지원은 『열하일기』에서 이 문연각에 관한 내용과 소현세자가 볼모 시절 머물렀다는 기록을 다음과 같이 상세히 남기고 있다.

"문화전 앞에 있는 전각[실제로는 문화전의 뒤쪽에 있음]을 문연(文淵)이라 부른다. 여기는 천자가 장서(藏書)하는 곳이다. 명(明)의 정통(正統) 6년

(1441년)에 송(宋)·금(金)·원(元) 때의 모든 책을 합하여 목록(目錄)을 만들었는데 모두 4만 3천2백여 권이라 하였다. 그 뒤에 또 《영락대전(永樂大全)》의 2만 3천9백37권을 더 보태게 되었다 한다. 만일 그 뒤 다시금 근세에 와서 간행된 《도서집성(圖書集成)》과 지금 황제가 수집한 《사고전서(四庫全書)》를 더 보태었다면 아마도 서고는 다 차고 밖에 노적해 두었을 것만 같다. 문을 채웠으므로 간신히 주렴 틈으로 대강 전각의 웅심함을 바라보았으나 천자의 풍부한 장서는 한 번도 엿보지 못하였으니 매우 한스러운 일이 아닐 수 없겠다. 일찍이 듣건대, "옛날 우리나라 소현세자(昭顯世子)가 구왕(九王)을 따라 이 전각에 묵었다."한다. 구왕이란 곧 청(淸)의 초기 예친왕(睿親王) 다이곤(多爾袞)이다."

協 화합할 협   1. 화합하다 2. 돕다 3. 복종하다 4. 적합하다 5. 좇다 6. 맞다 7. 합하다(合--)
                 8. 협력하다

吉 길할 길   1. 길하다, 운이 좋다, 일이 상서롭다 2. 좋다, 아름답거나 훌륭하다 3. 착하다
                 4. 복, 행복, 길한 일, 좋은 일 5. 혼인 6. 제사(祭祀) 7. 음력 초하루 8. 오례(五禮)의 하나

堂 집 당   1. 집, 사랑채 2. 마루, 대청 3. 근친(近親), 친족(親族) ...

협길당

    협길당은 집옥재의 동쪽에 있는 팔작지붕의 전각이며 집옥재와는 복도각으로 연결되어 있다. 협길당은 건물 뒤편 언덕에 굴뚝이 있고 온돌을 갖추고 있으므로 바닥 전체가 마루로 되어 있는 집옥재의 침전 역할을 한 것으로 여겨진다. 협길당(協吉堂)은 화합 또는 협력하여[協] 복[吉]을 누린다는 뜻이다.

八	여덟	**팔**	1. 여덟 2. 여덟 번 3. 팔자형(八字形) 4. 나누다
隅	모퉁이	**우**	1. 모퉁이 2. 구석 3. 귀(네모진 것의 모퉁이) 4. 절개(節槪·節介) 5. 정조(貞操)
亭	정자	**정**	1. 정자 2. 역마을 3. 여인숙, 주막집 4. 초소 5. 한가운데...

팔우정

집옥재(集玉齋) 일원

팔우정은 집옥재의 서편 부속 건물인데 별도의 현판은 없다. 창호지가 아닌 유리창에서 알 수 있듯이 집옥재와 마찬가지로 중국식이 절충된 양식이다. 팔우정(八隅亭)이라고 하면 이름에 특별한 뜻이 있을 것 같지만 실은 여덟[八] 모서리[隅]를 가진 정자라는 아주 평범한 이름이다. 널리 쓰이고 있는 팔각정(八角亭)이라는 이름과 같은 뜻인데 고유명사라기보다는 오히려 보통명사에 가깝다.

집옥재, 협길당, 팔우정 이 3채의 건물은 애초 창덕궁 함녕전(咸寧殿)의 별당으로 지어진 건물이었으나, 1888년 고종이 창덕궁에서 경복궁으로 거처를 옮기면서 이 전각들도 함께 옮겨온 것이다. 여기서 주의할 부분이 있다. 팔우정 포함 3채의 건물이 원래 창덕궁 함녕전의 별당 건물이었다는 앞의 설명에 대해 조선 궁궐에 관한 약간의 지식이 있는 사람이라면, 현재 덕수궁의 대전(왕의 침전) 건물이 '함녕전'이므로 앞의 설명 내용이 틀렸다고 생각하기 쉬울 것이다.

그런데 역사성을 갖는 대상물은 그것이 무엇이든 시간 정보가 매우 중요하다. 왜냐하면, 시점에 따라 완전히 다른 결과가 나올 수 있기 때문이다. 우리가 알고 있는 덕수궁 함녕전은 1897년(광무 1)에 고종의 침전으로 세워졌으나 1904년에 화재로 타서 그해 다시 지은 건물로, 고종이 1919년 1월 22일 승하하신 곳이다.

그런데 창덕궁의 함녕전은 덕수궁 함녕전이 세워지기 9년 전인 1888년, 고종이 거처를 창덕궁에서 경복궁으로 옮길 때 집옥재 일체가 부속되어 있던 창덕궁 내의 건물이었다. 원래 대조전과 경훈각의 서북쪽에 있던 건물로서 처음에는 이름이 '수정전'이었는데(동궐도에서 확인된다.) 1881년 함녕전으로 바뀐 내용이 실록에 나와 있다.

고종 18년(1881년) 7월 22일
전교하기를, "수정전(壽靜殿)의 전호(殿號)와 당호(堂號)를 써서 내려보내야 하겠다. 제술관(製述官)과 서사관(書寫官)의 별단(別單)을 써서 들이도록 하라." 하였다.【수정전(壽靜殿)의 이름을 함녕전(咸寧殿)으로, 동별당(東別堂)의 이름을 연복당(衍福堂)으로, 남별당(南別堂)의 이름을 정선당(正善堂)으로 써서 내려보냈다.】

廣 넓을 광
　　넓은 광
1. 넓다 2. 넓게 되다 3. 넓히다 4. 널찍하다 5. 공허하다 6. 바다 7. 빛나다
8. 널리 9. 넓이 10. 무덤

臨 임할 림
　　림 림
1. 임하다(臨--) 2. 내려다보다 3. 다스리다, 통치하다 4. 대하다(對--), 뵙다
5. 비추다, 비추어 밝히다 6. 본떠 그리다 7. 접근하다 8. 지키다

門 문 문
1. 문 2. 집안 3. 문벌(門閥) 4. 동문(同門)

광림문

　광림문은 집옥재의 서쪽 담장에 있는데 신무문으로 가기 위해서는 반드시 거쳐야 하는 문이다. 그러나 현판이 서쪽에서 동쪽을 향해 걸려 있으므로 집옥재 쪽에서 바라보는 광림문은 문의 안쪽이 되는 셈이다. 따라서 이 광림문의 소속을 집옥재 권역으로 보지 않고 태원전 권역으로 보는 것이 일반적이다. 하지만 대부분의 경복궁 답사객 동선을 고려하면 집옥재 권역으로 보아도

무방하다 할 것이다.

광림문(廣臨門)을 한자 뜻 그대로 풀이하면 임금이 넓게〔廣〕내려다보면서 통치함을〔臨〕가리킨다. 임금으로서 나라를 거느리고 다스림을 뜻하는 군림(君臨)이라는 말과도 비슷한 느낌을 주는 말이다.

광림문과 유형문

維 벼리 유 1. 벼리(그물코를 꿴 굵은 줄·일이나 글의 뼈대가 되는 줄거리) 2. 바(밧줄)
3. 구석 4. 오직 5. 발어사(發語辭) 6. 조사(助詞) 7. 생각하다 8. 유지하다 9. 매다

亨 형통할 형 1. 형통하다 2. 통달하다 3. (제사)올리다 4. 제사(祭祀)

門 문 문 1. 문 2. 집안 3. 문벌(門閥) 4. 동문(同門)

유형문

한편, 광림문 현판 앞에서 남쪽을 바라보면 끝 쪽에 굳게 잠긴 채 담장으로 둘러싸인 유형문이 보인다. 유형문은 북대문인 신무문에서 남쪽의 경회루 쪽으로 가다 보면 만나는 첫 번째 문이다. 따라서 현판도 북쪽에서 남쪽으로 걸려있다. 평소에는 잠겨 있는 이 문을 지나면 장꼬(醬庫) 남쪽에 있는 신거문이 나온다. 유형문(維亨門)의 유(維)는 흥례문 일원의 유화문(維和門)이나 태원전 일원

유형문 현판

의 유정당(維正堂)과 마찬가지로 어조사로 쓰였기 때문에 뜻은 없고 뒤에 나온 형(亨) 자로 인해 '만사가 형통하다'라는 뜻을 나타낸다.

태원전(泰元殿) 일원

建 세울 건 1. 세우다 2. 일으키다 3. 아뢰다(말씀드려 알리다)

肅 엄할 숙 1. 엄숙하다 2. 공경하다 3. 정중하다 4. 정제하다 5. 맑다 6. 경계하다 7. 엄하다 8. 절하다

門 문 문 1. 문 2. 집안 3. 문벌(門閥) 4. 동문(同門)

건숙문

 태원전 영역은 평소에는 태조의 어진을 모시던 진전(眞殿)으로, 국상 때는 왕과 왕비의 시신을 모신 빈전(殯殿)으로, 국상이 끝나면 종묘에 부묘(祔廟, 3년상을 마치고 신주를 사당으로 옮겨 모시는 일)할 때까지 위패를 봉안하던 혼전(魂殿)으로 사용되던 곳이다. 가장 중심 전각은 태원전이며, 영사재와 공묵재가 각각 내재실과 외재실의 역할을 했다.

景 볕 경 1. 볕, 햇빛, 햇살 2. 해, 태양 3. 경치, 풍치, 풍물 4. 바람의 이름 5. 남풍, 온화한 바람 6. 환하다, 빛나다 7. 경사스럽다, 상서롭다 8. 우러러보다, 숭배하다 9. 크다(=京)

安 편안 안 1. 편안(便安) 2. 편안하다 3. 편안하게 하다 4. 안존하다(安存--) 5. 즐거움에 빠지다 6. 즐기다, 좋아하다 7. 어찌 8. 이에(乃), 곧 9. 어디에

門 문 문 1. 문 2. 집안 3. 문벌(門閥) 4. 동문(同門)

경안문

 그중에서도 건숙문과 경안문은 태원전으로 진입하는 주 출입문으로 각각 외삼문, 내삼문의 역할을 하고 있다. 건숙문(建肅門)은 글자 뜻 그대로 엄숙함을〔肅〕세우는〔建〕문이다. 태원전의 주 용도 가운데 하나가 국상 때 빈전으로 사용하였던 점을 고려하면 충분히 이름의 의미를 짐작할 수 있다.

 경안문(景安門)은 건숙문을 들어서면 마주하는 문인데, 크게〔景〕편

안하다는(安) 뜻이다. 돌아가신 분의 명복을 비는 의미가 깃들어 있다. 그런데 고종 9년(1872)에 영희전(永禧殿, 태조 외 다섯 왕의 영정을 봉안한 진전)의 어진을 태원전으로 이봉(移奉)할 때, 보안문과 건숙문을 내외의 신문(神門)으로 삼았다는 기록으로 미루어 본다면, 처음에 이 문은 보안문(寶安門)으로 불렸으나, 뒤에 경안문으로 바뀐 것이 아닌가 추측된다. 태조의 어진이 있었다면 곧 국가의 보물이니 보배 보(寶)자를 쓰는 보안문(寶安門)으로 불러도 잘 어울리는 이름인 듯하다.

경안문을 들어서면 주 전각인 태원전까지 천랑(穿廊: 벽면이 뚫려있는 복도각)이 연결되어 있다. 창덕궁에도 빈전으로 많이 사용되었던 선정전(편전) 앞에 천랑이 설치되어 있고, 동궐도에서도 창경궁의 편전인 문정전(정성왕후의 국상 때는 잠시 휘령전이라 이름을 바꾸고 혼전으로 사용함) 앞에 천랑이 설치되어 있었음을 확인할 수 있다. 따라서 천랑과 관련하여 세 궁궐의 공통점을 뽑아보면 국상 때는 천랑이 설치된 건물을 빈전과 혼전으로 활용했다는 것을 알 수 있다.

경안문에서 태원전까지 이어지는 천랑

泰 클 **태** 1. 크다 2. 심하다 3. 편안하다 4. 교만하다 5. 너그럽다 6. 통하다(通--)
7. 산(山)의 이름 8. 64괘의 하나 9. 술동이…

元 으뜸 **원** 1. 으뜸, 처음, 시초 2. 우두머리, 두목, 임금 3. 첫째, 첫째가 되는 해나 날
4. 기운, 천지의 큰 덕, 만물을 육성하는 덕 5. 근본, 근원 …

殿 전각 **전** 1. 전각(殿閣), 궁궐(宮闕) 2. 큰 집 3. 절, 사찰(寺刹) 4. 전하(殿下)

태원전

    태원전(泰元殿)은 직역하면 크나큰(泰) 으뜸(元)이며, 의역하면 하늘(天)을 뜻한다. 『한서(漢書)』 「예악지(禮樂志)」의 다음 구절에서 '태원'이 등장하는데 여기서 '태원'은 하늘로 해석이 된다.

    惟泰元尊　오직惟 태원泰元만이 존귀하며尊
    媼神蕃釐　토지신은媼神 변방을蕃 다스린다釐.

태원전(泰元殿) 일원　347

經緯天地 하늘을天 씨줄로經 하고 땅을地 날줄로緯 하며,
作成四時 네 계절을四時 이루었다作成.

•• 뱀의 발

목욕재계 기간을 틈탄 권력다툼의 흔적

 자금성 내에서 경복궁의 태원전[진전(眞殿)]과 가장 비슷한 성격을 지닌 곳을 꼽으라면 봉선전(奉先殿, Hall for Ancestral Worship)을 들 수 있겠다. 선조[先]를 받든다[奉]는 뜻의 봉선전은 황실의 조상을 제사 지내는 가묘(家廟) 성격의 전각으로, 자금성 내정 동쪽 중에서도 동육궁의 남쪽에 있다. 국가적인 경조사나 제사, 대규모 행사가 있을 때 이곳에서 조상신에게 고유제를 통해 그 사실을 고했다. 자금성 바깥에 있는 태묘와도 성격이 비슷하므로 '내태묘(內太廟)'라고 불리기도 했다.

 봉선전의 성격이 선조에게 제사를 지내는 신성한 곳이라서 그런지 봉선전의 서쪽에는 황제가 목욕재계(沐浴齋戒)를 하던 재궁(齋宮, Palace of Abstinence)이 별도로 있다. 재궁에서는 황제가 조상신뿐만 아니라 천지신명(天地神明)에게 제사를 지낼 때도 목욕재계를 했다. 원래 하늘과 땅의 신에게 제사를 지낼 때는 자금성 밖에 별도로 설치된 천단(天壇)과 지단(地壇)이라는 시설에서 했다[지금도 천단공원과 지단공원이 남아있다]. 이때 의전상 3일간의 목욕재계 기간이 필요했는데 그것을 위해 천단과 지단에도 자체의 재궁이 마련되어 있었다. 그러나 강희제(康熙帝) 이후 황제의 아들들 사이에서 제위를 물려받기 위한 치열한 권력다툼이 심해지자 옹정제(雍正帝)는 목욕재계를 위한 3일 중에서 이틀은 자금성 내의 재궁에서 재계했고 천단(天壇)과 지단(地壇)에서는 단 하루만 재계하여 권력 공백을 최소화하였다.

弘 넓을 홍　1. 크다 2. 넓다 3. 넓히다 4. 높다 5. 너그럽다 6. 널리, 넓게 7. 너그러이
　　　　　　 8. 활 소리
景 볕 경　1. 볕, 햇빛, 햇살 2. 해, 태양 3. 경치, 풍치, 풍물 4. 바람의 이름 5. 남풍, 온화한 바람
　　　　　　 6. 환하다, 빛나다 7. 경사스럽다, 상서롭다 8. 우러러보다, 숭배하다 9. 크다(=京)
門 문 문　1. 문 2. 집안 3. 문벌(門閥) 4. 동문(同門)

홍경문

　공묵재(恭默齋) 영역은 한마디로 외재실(外齋室) 또는 어재실(御齋室) 공간이다. 내명부의 중전이나 대비, 세자빈 등이 사용하는 내재실(內齋室)인 영사재(永思齋)와 내외하는 공간이다.

　먼저 홍경문(弘景門)은 공묵재 앞마당으로 들어오는 동쪽 문이다. 동쪽 세답방 쪽으로 들어가는 보강문(保康門)과 마주 보고 있다. 글자의 뜻은 크고 넓은[弘] 햇살[景]이라는 뜻이다. 해가 뜨는 동쪽의 출입문이라는 의미가 담겨있는 듯하다.

　공묵재는 태원전의 남행각 중에서도 동쪽에 치우쳐 연결되어 있

恭 공손할 공 1. 공손하다, 예의 바르다 2. 삼가다(몸가짐이나 언행을 조심하다), 직분을 다하다
3. 받들다 4. 섬기다 5. 높이다, 존중하다 6. 고분고분하다, 순종하다 7. 조심하다

默 잠잠할 묵 1. 잠잠하다 2. 입을 다물다 3. 묵묵하다(말없이 잠잠하다) 4. 고요하다(조용하고 잠잠하다) 5. 조용하다

齋 집 재 1. 재계하다(齋戒--) 2. 정진하다 3. 공경하다 4. 시주하다 5. 집, 방

공묵재

다. '공손히〔恭〕 침묵한다〔默〕'라는 뜻에서도 알 수 있듯이 국상 때 이곳에서 왕은 발인 전까지 몸가짐을 삼가면서도 신하들을 소견 하여 산릉에 대한 문제를 논의하거나 외국의 조문 사절을 접견하기도 했다.

'공묵'의 출전은 『서경』의 「열명(說命)」 편인데 여기에서 임금은 신중하고 과묵한 품성을 가져야 하며 자신을 보필할 어진 신하를 기

다려야 한다는 유교의 일반적인 생각을 잘 나타내고 있다.

王庸作書 以誥日 以台 正于四方

왕용이王庸 글을 지어作書 고하길以誥日,

나로써以台 사방을四方 바로잡게正于 하시기에

On this the king made a writing, for their information, to the following effect:

'As it is mine to serve as the director for the four quarters (of the kingdom),

惟恐德弗類 玆故弗言

나는 덕이德 (선왕과) 같지類 못할까弗 두려워惟恐

이 때문에玆故 말을言 하지 않고弗

I have been afraid that my virtue is not equal to (that of my predecessors),

and therefore have not spoken.

恭默思道

공손하고恭 침묵하여默 도를道 생각하였는데思,

(But) while I was reverently and silently thinking of the (right) way,

夢 帝賚予良弼 其代予言

꿈에夢 상제께서帝 나에게予 좋은 보필을良弼 내려 주셨으니賚,

그가其 나의 말을予言 대신할代 것이다."

I dreamt that God gave me a good assistant who should speak for me.'

敬 공경 경 1. 공경 2. 예(禮), 감사하는 예 3. 공경하다 4. 삼가다(몸가짐이나 언행을 조심하다), (마음을)절제하다 5. 정중하다, (예의가)바르다 6. 훈계하다, ...

思 생각 사 1. 생각, 심정, 정서 2. 의사(意思), 의지, 사상 3. 뜻 4. 마음 5. 시호(諡號) 6. 성(姓)의 하나 7. 어조사 8. 생각하다, 사색하다(思索--) 9. 그리워하다 10. 슬퍼하다, ...

閤 쪽문 합 1. 쪽문(-門) 2. 협문(夾門: 대문이나 정문 옆에 있는 작은 문) 3. 마을 4. 대궐(大闕)

경사합

한편 경사합(敬思閤)은 유정당(維正堂)과 함께 공묵재의 북쪽 행각에 있는 건물로 '공경히〔敬〕 생각한다〔思〕'라는 뜻을 담고 있다. 돌아가신 왕과 왕비에 대한 예를 다하는 뜻을 담고 있는데 내재실의 영사재(永思齋. 길이길이 오래도록 생각한다)와도 뜻이 통한다. 공묵재에 속한 전각임에도 현판은 태원전 마당 쪽에 걸려있어서 태원전 쪽에서 봐야 보인다.

維 벼리 유
正 바를 정
堂 집 당

1. 벼리(그물코를 꿴 굵은 줄·일이나 글의 뼈대가 되는 줄거리) 2. 바(밧줄) 3. 구석
4. 오직 5. 발어사(發語辭) 6. 조사(助詞) 7. 생각하다 8. 유지하다 9. 매다

1. 바르다 2. 정당하다, 바람직하다 3. 올바르다, 정직하다 4. 바로잡다 5. 서로 같다
6. 다스리다 7. 결정하다 8. 순일하다(純---), 순수하다(純粹--) 9. (자리에) 오르다

1. 집, 사랑채 2. 마루, 대청 3. 근친(近親), 친족(親族) ...

유정당

유정당(維正堂) 역시 공묵재의 북쪽 행각에 있는데 행각의 모서리 부분에 있다. 경사합과 마찬가지로 현판은 태원전 마당 쪽에 걸려 있다. 유정당의 맨 앞 유(維) 자는 근정문 동쪽의 유화문에서 보았던 것처럼 어조사로 쓰였기 때문에 뜻은 없으나 정(正) 자로 인해 전체적으로는 '마음을 바르고 순수하게 한다'라는 뜻을 가진다.

유정당 옆에는 태원전 마당에서 동쪽 세답방 쪽으로 통하는 이름 없는 1칸짜리 출입문이 있다[북궐도형에도 그 출입문이 보인다]. 그런데 출입문의 밖에서 세답방 건물 및 태원전 행각을 연결하는 5칸짜리 복도각과 출입문 사이를 자세히 보면 북궐도형의 도면과 다른 점이 보인다. 즉, 북궐도형에는 복도각과 출입문 사이에 여유 공간이 없지만 실제로는 복도각과 출입문 사이에 행각이 1칸 끼어있어서 복도각 및 동쪽 세답방 전체가 1칸씩 남쪽으로 밀려났다는 결론에 도달한다. 한마디로 복원공사에서 실수한 것으로 판단된다.

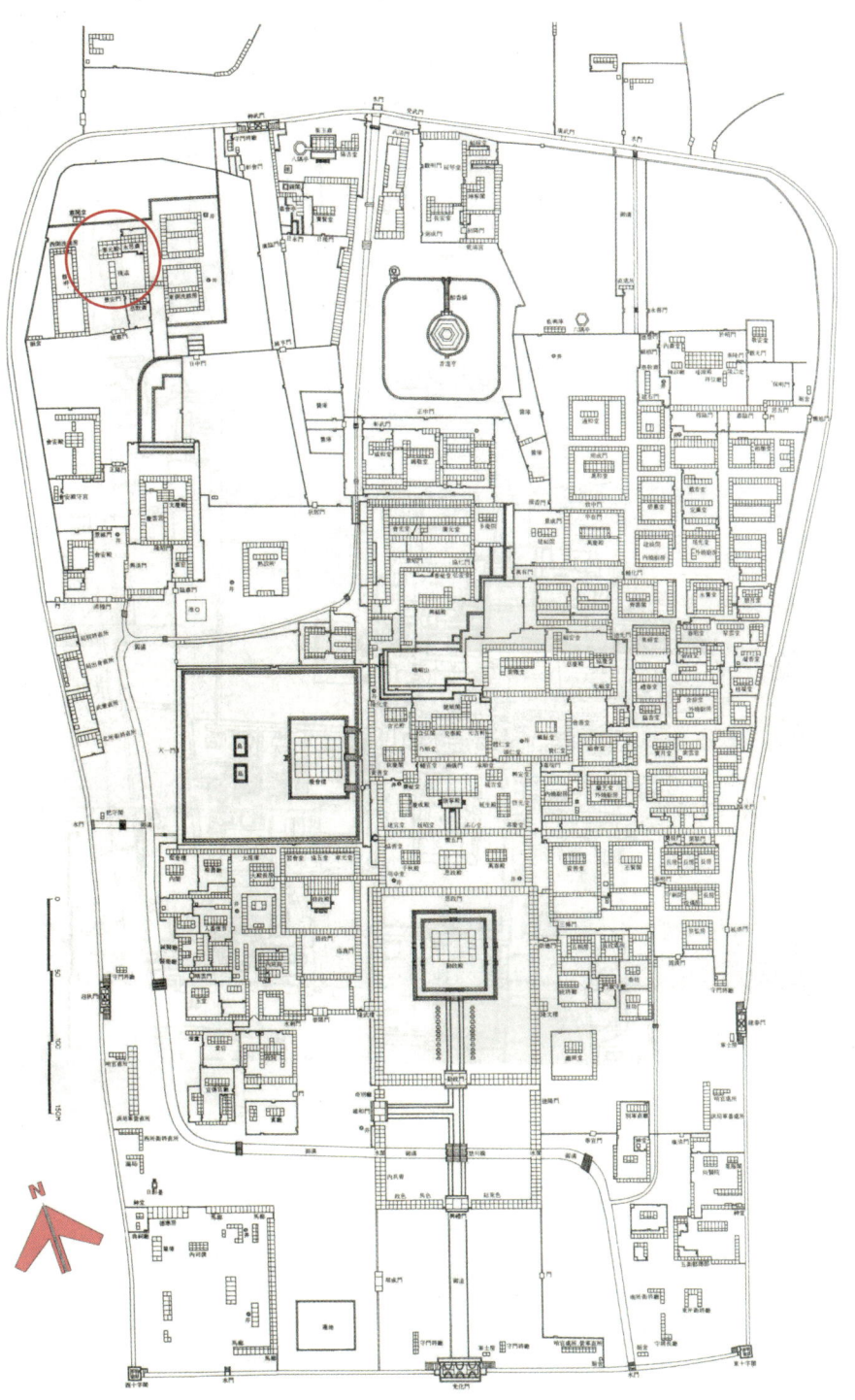

경복궁 북궐도형-태원전 [국립문화재연구소]

永 길 영
思 생각 사   1. 길다 2. (시간이)오래다 3. 길게 하다, 길게 늘이다 4. (시간을)오래 끌다 5. 깊다
齋 집 재   6. 멀다, 요원하다(遙遠·遼遠--) 7. 읊다 8. 깊이 9. 길이, 오래도록, 영원히(永遠-)

1. 생각, 심정, 정서 2. 의사(意思), 의지, 사상 3. 뜻 4. 마음 5. 시호(諡號) 6. 성(姓)의 하나 7. 어조사 8. 생각하다, 사색하다(思索--) 9. 그리워하다 10. 슬퍼하다, …

1. 재계하다(齋戒--) 2. 정진하다 3. 공경하다 4. 시주하다 5. 집, 방

영사재

영사재(永思齋) 영역은 공묵재(恭默齋)와 비교되는 공간으로 왕실 여성들을 위한 내재실(內齋室) 공간이다. 그런 이유로 영사재 앞에는 내외하는 의미에서 별도의 담까지 둘러 태원전 마당과는 서로 독립적인 공간을 확보하고 있다. 영사재는 오래오래[永] 생각하고 기억하겠다[思]는 뜻이다. 그런데 영사재는 민간에서도 많이 쓰이는 말이다. 왜냐하면, 조상이나 선현을 모시는 사당에 자주 쓰이는 말 중의 하

建 세울 건　1. 세우다 2. 일으키다 3. 아뢰다(말씀드려 알리다)

吉 길할 길　1. 길하다, 운이 좋다, 일이 상서롭다 2. 좋다, 아름답거나 착하거나 훌륭하다 3. 착하다 4. 복, 행복, 길한 일, 좋은 일 5. 혼인 6. 제사(祭祀) 7. 음력 초하루 8. 오례(五禮)의 하나

門 문 문　1. 문 2. 집안 3. 문벌(門閥) 4. 동문(同門)

건길문

나이기 때문인데, 영사재 이외에도 영원히 추모하겠다는 뜻의 영모재(永慕齋), 영모당(永慕堂) 등도 많이 쓰이는 말이다.

　복[吉]을 세운다는[建] 뜻의 건길문(建吉門)은 영사재로 들어가는 남쪽 문, 즉 영사재의 정문 역할을 한다. 건길문은 동궁의 길위문, 강녕전 옆 연길당, 집옥재 옆 협길당과 마찬가지로 속자를 쓰고 있어서 길할 길(吉) 자의 윗부분이 선비 사(士)가 아닌 흙 토(土)이다.

태원전(泰元殿) 일원

戴 일 대   1. 이다, 머리 위에 올려 놓다 2. 들다 3. 받들다 4. 느끼다, 생각하다 5. 만나다, 마
         주 대하다(對--) 6. 곁눈질하다 7. 탄식하다, 슬퍼하다 8. 널을 묶는 끈
瑞 상서 서 1. 상서(祥瑞) 2. 홀(笏: 제후를 봉할 때 의식에 쓰던) 3. 부절(符節: 돌이나 대나무·옥 따
         위로 만들어 신표로 삼던 물건) 4. 서옥(瑞玉: 상서로운 구슬) 5. 길조(吉兆) 6. 경사스럽다
門 문 문   1. 문 2. 집안 3. 문벌(門閥) 4. 동문(同門)

대서문

한편, 대서문(戴瑞門)은 동편 세답방 쪽에서 영사재로 들어가는 동쪽 문인데 '상서로움을[瑞] 항상 간직한다[戴]'라는 뜻이다. 원래 대(戴) 자는 '머리에 이다'라는 뜻인데 여기에서 파생되어 유럽에서 왕이나 황제가 즉위한 뒤에, 정식으로 왕관을 받아 쓰고 등극을 선포하는 의식인 대관식(戴冠式)처럼 왕권 또는 황권을 항상 간직함을 보여준다는 의미로도 확대하여 쓰인다.

綺 비단 기
1. 비단(緋緞) 2. 무늬 좋은 비단(緋緞) 3. 무늬, 광택(光澤) 4. 곱다, 아름답다

元 으뜸 원
1. 으뜸, 처음, 시초 2. 우두머리, 두목, 임금 3. 첫째, 첫째가 되는 해나 날 4. 기운, 천지의 큰 덕, 만물을 육성하는 덕 5. 근본, 근원 …

門 문 문
1. 문 2. 집안 3. 문벌(門閥) 4. 동문(同門)

기원문

태원전, 영사재, 공묵재를 중심으로 하는 태원전 권역의 중심부 좌우 편에는 간단한 구조의 집들이 무리를 이루고 있다. 이는 국상이 발생하면 국장도감, 빈전도감, 산릉도감, 혼전도감, 부묘도감 등 수많은 임시 관청이 생겨나고 해당 업무를 맡은 많은 관리가 일할 공간이 필요하기 때문이다. 그러나 평소에는 그 공간에 상주할 일이 없으므로 주로 궁중에서 빨래하는 일을 맡아 하던 부서인 세답방(洗踏房)으로 활용되었다.

그 흔적으로 남아있는 것이 동쪽과 서쪽 건물군 속에 있는 우물이다. 여기서 한 가지 재미있는 사실은 동쪽 세답방의 우물은 원형인 데 반해, 서쪽 세답방의 우물은 네모꼴이라는 점이다. 여기서 우리는 우물의 모양에도 동쪽은 양, 서쪽은 음, 즉 천원지방 사상을 반영했다는 것을 알 수 있다. 수원화성의 동북공심돈과 서북공심돈이 각각 원형과 사각형인 이유도 마찬가지이다.

우선 서쪽을 먼저 살펴보면 건물군의 출입문으로 기원문과 인수문이 있고 가장 뒤쪽에는 숙문당이 자리 잡고 있다. 먼저 기원문(綺元門)은 서쪽 세답방의 남쪽 행각에 있는 문이다. '기원'은 '근본을(元) 아름답게 빛낸다(綺)'라는 뜻이다. 비단 기(綺) 자는 무늬 좋은 비단을 가

경복궁 태원전의 동쪽우물(좌측)과 서쪽우물(우측)

仁 어질 인 1. 어질다, 자애롭다, 인자하다 2. 감각이 있다, 민감하다 3. 사랑하다 4. 불쌍히 여기다 5. 어진 이, 현자(賢者) 6. 인, 어진 마음, 박애 7. 자네 8. 씨

壽 목숨 수 1. 목숨 2. 수명(壽命) 3. 장수(長壽) 4. 머리 5. 별의 이름 6. 헌수하다(獻壽--: 장수를 축하하여 술을 드리다) 7. 오래 살다 8. 축수하다(祝壽--: 오래 살기를 빌다)

門 문 문 1. 문 2. 집안 3. 문벌(門閥) 4. 동문(同門)

인수문

리키는데 벌일 라(羅)와 함께 쓰여서 훌륭한 사람들이 죽 늘어선 것을 비유하는 말인 '기라성(綺羅星)' 같은 표현도 만들어 낸다.

　인수문(仁壽門)은 건숙문 안쪽 마당의 서쪽 행각에 있는 문이다. 단순 번역으로는 '어진 이는[仁] 장수한다[壽]'라는 뜻인데 『논어』

태원전(泰元殿) 일원　361

「옹야(雍也)」편과 『한서(漢書)』 「동중서전(董仲舒傳)」에서 각각 그 용례를 찾을 수 있다.

● 논어 옹야

知者樂水 仁者樂山

　지혜로운 자는知者 물을水 좋아하고樂

　어진 자仁者는 산을山 좋아하며樂.

　　The wise find pleasure in water; the virtuous find pleasure in hills.

知者動 仁者靜

　지혜로운 자는知者 동적이고動 어진 자는仁者 정적이며靜

　　The wise are active; the virtuous are tranquil.

知者樂 仁者壽

　지혜로운 자는知者 낙천적이고樂 어진 자는仁者 장수한다壽.

　　The wise are joyful; the virtuous are long-lived.

● 한서 동중서전

故堯舜行德 則民仁壽

　고로故 요순처럼堯舜 덕을德 행하면行

　즉則 백성들은民 어질고仁 장수하지만壽

桀紂行暴 則民鄙夭

　걸왕과桀 주왕처럼紂 폭정을暴 행하면行

　즉則 백성들은民 비루하고鄙 요절한다夭.

362　경복궁 현판으로 읽다

肅 엄숙할 숙　1. 엄숙하다 2. 공경하다 3. 정중하다 4. 정제하다 5. 맑다 6. 경계하다 7. 엄하다
　　　　　　　 8. 절하다

聞 들을 문　1. 듣다 2. (소리가)들리다 3. 알다, 깨우치다 4. 소문나다, 알려지다 5. (냄새를)맡다
　　　　　　 6. 방문하다, (소식을)전하다 7. 묻다, 질문하다 8. 아뢰다(말씀드려 알리다), 알리다…

堂 집 당　1. 집, 사랑채 2. 마루, 대청 3. 근친(近親), 친족(親族) …

숙문당

　숙문당(肅聞堂)은 태원전 뒤쪽 서북방 석축 위에 있는 정면 3칸짜리 전각이다. 서쪽 세답방의 뒤쪽이지만 연결되는 문이 없어서 태원전 앞마당을 통해 가야 한다. 의미는 '엄숙하게[肅] 듣는다[聞]'라는 뜻인데, 태원전의 부속 건물임을 고려하면 '혼령의 말씀을 엄숙하게 듣는다'라고 해석할 수 있겠다. 가장 외진 곳에 있으므로 관을 모시던 빈전(殯殿)이나 3년간 위패를 모시던 혼전(魂殿)의 용도로 쓰였을 것으로 추정된다.

日	날	일	1. 날 2. 해, 태양 3. 낮 4. 날수 5. 기한 6. 낮의 길이 7. 달력 8. 햇볕, 햇살, 햇빛, 일광(日光: 햇빛) 9. 십이장(十二章)의 하나 10. 나날이, 매일(每日) …
中	가운데	중	1. 가운데 2. 안, 속 3. 사이 4. 진행(進行) 5. 마음, 심중(心中) 6. 몸, 신체 7. 내장(內臟) 8. 중도(中途) 9. 절반(折半) 10. 장정(壯丁) 11. 관아의 장부(帳簿·□簿), 안건(案件)
門	문	문	1. 문 2. 집안 3. 문벌(門閥) 4. 동문(同門)

일중문

일중문(日中門)은 태원전의 동쪽 세답방 남쪽에 있는 문이다. 한자는 매우 간단해서 날 일(日)과 가운데 중(中) 자를 쓰는데 경복궁 내의 모든 전각을 통틀어 가장 획수가 적고 쉬운 글자지만 뜻을 제대

保 재길 보
　　　판판
康 편안 강
　　　문문
門 문 문

1. 지키다, 보호하다, 보위하다(保衛--) 2. 유지하다, 보존하다 3. 보증하다, 책임지다 4. 보증을 서다 5. 돕다, 보우하다(保佑--) 6. 기르다, 양육하다…

1. (몸과 마음이)편안 2. 오거리 3. 편안하다 4. 편안히 하다 5. 온화해지다, 마음이 누그러지다, 정답게 지내다 6. 즐거워하다, 즐겁다 7. 탐닉하다, 열중하여…

1. 문 2. 집안 3. 문벌(門閥) 4. 동문(同門)

보강문

로 알기는 쉽지 않다. 직역하면 '해의 가운데?' 전혀 감이 오지 않는다.

여기서 '일중'은 해가(日) 남중했다는(中) 뜻이다. 남중(南中)은 천체(天體)가 자오선(子午線)의 남쪽을 지나는 것으로 곧 정오를 가리킨다. 따라서 일중문은 해가 하늘 한가운데 떠 있듯이 임금의 덕이 최고점에 다다른 것으로 해석할 수 있다. 실제 일중문 현판 앞에서 일중문을 쳐다보면 문의 한 가운데에 풍수상 경복궁의 주산인 백악(북악산)이 정확히 중앙 부분에 들어온다.

보강문(保康門)은 공묵재의 동쪽 문인 홍경문(弘景門)의 맞은편에 있는 문으로 글자 그대로 편안함을(康) 지키는(保) 문이다.

· 사진 협조 및 구입

국립문화재연구소
(www.nrich.go.kr)

· 경복궁 북궐도형 048 121 223 251 277 309 327 355

국립민속박물관
(www.nfm.go.kr)

· 정아조회지도 058

삼성출판박물관
(ssmop.org)

· 경복궁전도 062 099

※ 본 책을 위하여 사진 촬영에 적극 협력해 주시고, 또한 귀한 사진 자료들을 기꺼이 제공해 주신 관계 기관에 진심으로 깊은 감사를 드립니다.